良妻賢母という規範

新装改訂版

小山静子

KOYAMA Shizuko

keiso shobo

新装改訂版への序文

本書が出版されたのは、今から三〇年以上も前の一九九一年のことである。それから何度か増刷され、英語版も出て、多くの読者を得ることができた。そしてこの度、新装改訂版が刊行されることになり、著者としては嬉しい限りである。これを研究者冥利に尽きるというのだろう。

新装改訂版ということで、どこまで手を入れるか悩んだが、この三〇年の間に出された数多くの研究成果を取り入れればもはや新著になってしまい、収拾がつかなくなるため、論旨や内容の変更、新しい研究への言及は、一切行っていない。ただ、当時は「家庭」が歴史的概念であるということをわかってはいたものの、そのことに対する認識が甘かったために、江戸時代の家庭教育といった不用意な言い方をしている個所がある。(1)そのため、ここだけは家での教育といった表現に改めた。これ以外は、事実誤認や引用文の転記ミスの修正、読みにくい文章や稚拙な表現の手直し、参考文献の不備の補正、表記の統一などを行うにとどめた。とはいえ、これらの最低限の作業でもかなり手を入れることになり、自らの迂闊さに呆れるばかりである。ただ、そのおかげでより正確な記述になったのではないかと思う。今回改めて読み返してみて、わたしがとても肩に力が入った書き方をしており、随分と大上段に振りかぶった議論をしていることに苦笑してしまったが、気負った印象を与える文章は当時のわたしの気持ちを表しているようにも思われるので、そのまま残してある。

本書は歴史書であり、史料に基づいて議論を組み立てているので、執筆時の社会状況の影響を受けにくいと思われるかもしれない。しかし実はそうではない。数多の史料の中からいくつかの史料を選び出し、それを意味づけ、歴史像を構築していく、という一連の作業においては、書き手の視点や問題関心が大きく関わっている。わたしは一九八〇年代に執筆した論文に基づきながら、一九九〇年ころに本書を書いたが、本書には今から三〇~四〇年前の問題関心や研究動向が反映されており、当時の時代状況が透けてみえる。そこで新装改訂版への序文を書くにあたって、なぜ本書をまとめようと思ったのか、当時のわたしの問題関心から述べてみたいと思う。

わたし自身はかなり自由奔放に育ったが、それでも世間には期待される女らしさや女性役割があることに、一〇代のころから気づいていた。女性は結婚して家庭に入り、子どもを産んで家事・育児に専念する主婦になること、これが女性にとっての幸福な人生であるという考え方が根強く存在していたように思う。そしてこのような生き方を象徴する言葉として、日常生活で聞くことはあまりなかったものの、「良妻賢母」という言葉が存在していることも知っていた。

長じてから、良妻賢母思想について書かれた研究をいくつか読んでみたが、残念ながら、それらの研究で論じられていたことは、わたしの実感とは違っていたと言わざるをえない。なぜなら、わたしにとって良妻賢母思想とは、性別役割分業を正当化し、女性に妻役割や母役割を強いるものであったが、当時の研究は、良妻賢母思想を戦前日本の家制度と深く関わる思想、封建的あるいは儒教的な思想としてとらえる傾向が強かったからである。これでは、わたしが現実に感じている生き難さを説明することは難しいように思われた。わたしは家制度に苦しんでいたわけではなかったし、封建的・儒教的と言われてもピンとこなかったというのが正直なところである。わたしにとって良妻賢母という言葉は過去のものではなく、現実に存在している「男は仕事、女は家事・育児」という性別役割分業を象徴するものであったし、そのことこそが問題とされなければならないように感じられた。

一九八〇年代は、今よりもはるかに強く性別役割分業が存在している時代だった。それはごく当たり前のものとして人々に認識されていたが、それに対する違和感を抱いても、それをどのように表現したらいいのか、適確に語る言葉をわたしはもっていなかった。ジェンダーという概念は研究の世界においてもまだ流布していなかったし、わたしも本書で用いてはいない。

たとえば中学校や高等学校での家庭科の授業は、女子だけが学ぶものだった。中学校では技術・家庭科という教科において、男子が技術、女子が家庭をそれぞれ学ぶという性別分離教育が行われ、高等学校では女子だけに四単位の家庭科が必修教科として課せられていた。家庭科は、将来の家庭内役割に備えて女子だけが学習すればよいとされていたのである。そして高等学校では女子が家庭科の授業を受けていたとき、男子は体育、なかでも柔道や剣道といった武道の授業を受けることが多かった。現代の視点でみれば、家庭的な女性と強く逞しい男性のための教育という、あまりに差異化されたカリキュラムが存在していたことに驚きを禁じえないが、当時は、技術・家庭科の性別分離教育も含めて、多くの人が当たり前のこととして、このような教育を受け入れていたように思う。この体制に変更がもたらされるのは、一九八九年の学習指導要領によってであるから（完全実施は中学校が一九九三年、高等学校が一九九四年）、男女ともに技術や家庭科を学ぶようになったのは、一九八〇年前後に生まれた世代からである。

高等教育に目を転じてみれば、一九八〇年代の進学状況は「男子は四大、女子は短大」という言葉があてはまる状態だった。一九八五年の四年制大学への進学率は、女子が一三・七％であるのに対して、男子は三八・六％であり、短期大学への進学率は、女子が二〇・八％であり、男子が二・〇％だった[(2)]。そもそも、四年制大学と短期大学を合わせた高等教育機関への進学率も男子の方が高かったが、女子の場合はさらに四年制大学よりも短期大学への進学者の方が多く、高等教育を受けよう、あるいは子どもに受けさせようとする場合に、性別によって選択肢に大きな違いがあったのである。

しかも、女子が四年制大学に進学したとしても、大学で学ぶ学問領域は男女で大きく異なっていた。文部省の学校基本調査によれば、一九八五年において女子学生が学んでいる専攻分野は人文科学、教育の順に多かったが、男子学生は社会科学、工学という順になっている[(3)]。文学などを学んで結婚する、あるいは教員になる女性に対して、会社員や技術者になる男性、という大学卒業後の進路の違いが、この専攻分野の相違となって現れていたことがわかる。

戦後に行われた教育改革によって、教育理念や教育制度上の男女平等が実現し、男女の教育機会の均等が実現した。このことの歴史的意義は高く評価されねばならないが、にもかかわらず、現実には性別によるカリキュラムの違いがあり、高等教育機関への進学状況にも随分と男女差があったのが、一九八〇年代の状況だったのである。そしてわたしは、理念や制度としての男女平等の意義を強調する気にはなれず、内実における差異やその問題の方に目が向いていた。

そして女子の四年制大学進学率が短期大学進学率を上回るのは、一九九六年まで待たなければならなかったし、現在でも四年制大学への進学率は男子よりも女子の方が低い。こういうと、当然だろうと思う人がいるかもしれないが、現代ではOECD加盟国のほとんどで四年制大学進学率は女子が男子を上回っており、男子の方が高いのは日本に特有な現象である。また専攻分野に関していえば、二〇〇一年以降、女子学生が最も多い分野は社会科学になった。すっかり様変わりしたが（残念ながら男子学生の専攻分野には変化がない）、リケジョという言葉があることからもわかるように、増えてきたとはいえ、まだ理系へ進学する女子は少ないのが現状である。そして私立大学医学部への入学において女子を排除する動きがあったことは記憶に新しく、隠れたカリキュラムの問題も含めて、現代においても教育の場における男女平等は達成されていない。

また一九八五年には男女雇用機会均等法（正式名称は、雇用の分野における男女の均等な機会及び待遇の確保等に関する法律）が制定されたが（施行は一九八六年四月）、この法律が制定されたこと自体が、女性の雇用をめぐっていかに問題が存在していたのかを示している。一九八〇年代に入っても、女性の仕事は補助的・短期的な性格のものが中心であり、結婚・出産退職が暗黙の了解事項として存在していた（寿退社という言葉もあった）。たとえば一九八五年における女性の労働力率は、二〇〜二四歳では七一・九％であるのに対して、三〇〜三四歳では五〇・六％であり(4)、いかに結婚・出産退職が多かったかがわかる。そのため企業は女性の早期退職を想定して、四年制大学ではなく短期大学の卒業者を採用する傾向があり、四年制大学出身者の就職先は公務員や教員が多くをしめていた。そういう意味では、男女雇用機会均等法の制定はこのような状況に風穴をあけるものであったが、制定後はコース別人事が行われ、男女雇用機会均等法によって女性の雇用状況が一気に好転したわけではない。また他方で、同じ一九八五年には非正規労働者を多数生み出すことになる、労働者派遣法（正式名称は、労働者派遣事業の適正な運営の確保及び派遣労働者の保護等に関する法律）も制定されている。この二つの法律が同時期に制定されたことの意味を当時のわたしは理解できていなかったが、労働者派遣法はその後何度かの改正を経ながら、非正規労働者の大量出現にともなう雇用状況の不安定化、とりわけ女性労働の非正規化という、新たな問題状況をもたらすものとなった。

このような一九八〇年代の状況をどのように考えていったらよいのかということが、当時のわたしの問題関心であった。そしてこれらの事象の根底に性別役割分業観がある以上、それと深く関わっている良妻賢母思想に焦点を絞り、それがどのようにして生まれた、どのような女性観だったのかを歴史的に解明してみたいと思った。歴史研究というものは過去を対象としたものであるが、現在のありようを考えるために、今、わたしたちがいる場所が、どういう道筋をたどって形作られ、今に至っているのかを明らかにするものである。女性の幸せが、結婚して家事・育児に専念する主婦になることであるとしたら、そしてその状態を象徴するものが良妻賢母という言葉であるのならば、良妻賢母思想について、その思想の内実と変容、それがよってきた歴史的経緯や社会的背景を明らかにすべきだと考えた。しかも学問の世界の言葉でこのことを論じたいと思ったが、その時用いたものが、近代家族論という理論的枠組みだった。落合恵美子が近代家族についての論考を初めて雑誌に発表したのは一九八五年であるが[5]、その時わたしは、漠然と思っていたことに対して概念が与えられたと感じたものだ。

それまでの研究では、戦前の家族といえば「家」というとらえ方が一般的であり、それは「遅れたもの」「封建的なもの」であり、そこからいかに脱し、近代的な家族を作っていくのかが、研究の関心事であったように思う。戦前の「家」から戦後の近代的家族へという図式のもとに、「自由」「平等」「民主主義」といった価値理念によって特徴づけられた家族へと転換すべきことが語られ、さらなる家族の近代化、民主化がめざされていた。しかし落合が提起した近代家族論は、このような考え方と全く次元を異にするものであった。彼女は欧米の社会史研究や家族史研究の知見を踏まえながら、家内領域と公共領域の分離、女は家内領域、男は公共領域という性別分業、家族成員相互の強い情緒的関係、子ども中心主義などの特徴をもつ家族として、近代家族をとらえたのである。これは近代という社会が生み出した家族のあり方であり、このような近代家族概念が提示されたことで、女性が担う家庭内役割、ひいては良妻賢母思想を、近代家族に関連づけて理解することが可能となった。そしてそれにより、良妻賢母思想を戦前日本の特殊な思想として把握する軛から脱し、戦後の日本、さらには欧米などの他の近代国家にも通底する思想としてとらえる道が拓かれていった。

また沢山美果子は、近代家族における母親に焦点化した研究を次々に発表していた(6)。これらの研究によって、近代家族においては母親こそが子どもの実質的な養育責任者となること、母と子の一体性を強化するものとして母性という翻訳語や母性イデオロギーが登場し、母子関係はより強い絆で結ばれた特別な関係とみなされるようになったことが、明らかにされていった。すなわち、母親が家庭において子育てや教育に積極的に取り組み、母役割への期待が存在すること自体が、近代という社会において生まれた、歴史的事象なのである。とするならば、賢母論を内包した良妻賢母思想も、近代という社会の枠組みで理解すべきものということになる。

ここからは一気呵成だった。女性が良妻賢母として行う家庭内役割は、たとえ家族という私的な関係性において行われるものであったとしても、次代の国民を育て、男性の社会的・国家的活動を支えるという点で、国家にとって重要な意味をもつものであること、近代国家を構成する国民には性別があり、良妻賢母となる女性は、男性とは異なる回路で国民としてとらえられ、国民統合されていくことがみえてきた。本書の出発点は、期待される良妻賢母像のありようを明らかにしたい、という素朴な思いであったが、そこから女性―家族―国家という三者の関係性を考察するところまで、議論が広がっていった。そしてさらに、女性が家庭で行う教育と学校教育との関係性、つまり、近代社会において学校教育と家庭教育は子どもの教育を担う二大エージェントであり、しかも前者の主導権のもとに後者が位置づけられているということまで、みえてきた。それは爽快な経験だった。

ただ、近代家族概念を用いて良妻賢母思想を考察していった結果、出版後に、良妻賢母思想は

「家」とどのような関係にあるのかという疑問や批判の声が寄せられることになる。ある意味当然だと思われるが、近代家族という一つの視点を通して良妻賢母思想を分析したものが本書であり、「家」という視点からみればまた別のみえ方があるだろうとわたし自身は考えている。歴史事象は見つめる人のまなざしによって様々な姿をみせる複雑なものであるから、本書は性別役割分業という視点からの良妻賢母思想研究であるとしかいえない。ただあえていえば、このような視点は従来の研究にはないものであり、その結果、近代国家の国民として女性が統合されていくありようや、社会的状況の変化に応じて変容していく思想的内実が明らかになったのではないかと思う。そしてそれは、戦後社会の状況をも考察できる、射程の長いものではないかとも考えている。

また近代家族は戦前においてはひと握りの人々が作った家族であるにすぎず、そのような家族の視点から良妻賢母思想を考察することがはたして妥当なのか、という声も聞こえてきた。確かに、高度経済成長以前の日本は農業社会であり、多くの家族が性別分業家族ではなかったし、多くの女性が農業などの家内労働に従事していた。しかしやはり近代家族の規範力の強さというものを考えないわけにはいかない。夫は外で仕事をし、妻は家で家事や育児をする、このような性別役割分業こそが夫婦の姿であり、女性は家庭内役割を果たすことが天職であると、繰り返し説かれていた。そしてそのために女性はどのような教育を受けるべきなのかが語られ、家庭内役割に支障がない範囲で社会的に活動することの必要性も指摘されていった。現実の家族形態は様々であり、女性が家庭内役割だけに従事することが少なかったとしても、あるべき女性像として良妻賢母が提示され続けたということは、やはり重要な意味をもつものだったのではないだろうか。とするならば、近代家族が実態としては少数派だったとしても、その視点から考察することには意味があるのではないかと思う。

ところで、今回読み返してみて一番気になったことは、叙述がぶれているように感じられる個所があったことである。わたしは序において、国民統合という問題は国が一方向的に行っていくことではないと書きながら、規範と実態とを分けて、まずは規範としての良妻賢母思想の解明に力を注ぐと述べている（あとがきでも同様の趣旨のことを書いている）。しかし本文中や終章では、社会に向けて力を発揮したい、国家に対して貢献したいという女性の欲求を吸収しながら、良妻賢母思想はその内実を変化させていったとまとめている。前者においては規範と実態とが分けられるような書き方をしているが、後者では社会的状況に影響を受けながら、規範としての良妻賢母思想が構築されていく、つまり規範と実態との相互作用に言及しているようにも読める。

本書では与謝野晶子や平塚らいてうの思想を検討しているが、女性が良妻賢母思想をどのように受けとめていたのか、何を求めていたのかを、十分に考察してはいない。したがって、女性の欲求といった漠然とした言い方をしながら、それを取り入れて規範が構築されていったと述べているが、それは論証不足ではなかったかと思う。規範は実態との相互作用を経ながら形作られていき、両者を截然と分けることはできないと考えていたが、本書が良妻賢母思想に対する受容や反発のありようを詳細に検証していないために、序のような書き方をしたのかもしれない。ともあれ、規範と実態との相互作用という視点を意識しながらも、本書でこのことをきちんと展開できなかったことは確かであり、この点は反省材料であるとともに、本書に残された課題である。
二〇二一年、ユーキャン新語・流行語大賞において、トップ10の言葉の一つにジェンダー平等が選ばれたが、今世紀初頭のジェンダー・バッシングを知っている身からすれば、このことには隔世の感がある。ジェンダーという言葉はなじみのない外来語であり、巷では様々な意味で用いられているように思われるが、恐らく、意味が明瞭でなくても、ジェンダー平等という言葉が人口に膾炙したのは、それだけ人々がジェンダーの不平等を身近に感じ、おかしいと思うことが多いからだろう。その状況についてここで具体的に論じることはできないが、そのありようは、わたしが本書を執筆した一九九〇年ころとも、そしてもちろん本書で論じた一九世末から一九三〇年にかけての状況とも異なっている。しかし女性に対して女らしさ（その中身は千差万別であるだろうが、控えめ、淑やか、優しさといった言葉がまず思い浮かぶ）を求め、家庭内役割の遂行を第一義的なものとする点では、変わりがないようだ。子どもに何か「問題」があれば、まず母親の責任が問われるし、一人で育児を担い、仕事と家事労働との二重負担に喘いでいる女性も多い。また女性の就労が不安定かつ低賃金の状況におかれている。そういう意味では、性別役割分業を正当化し、女性役割を強いる良妻賢母思想は、良妻賢母という言葉が用いられなくても、まだまだ規範力をもち続けているのではないだろうか。そうであるならば、本書で展開した議論はまだ有効性をもっているといえるだろう。

二〇二二年五月

注

（1）家庭が歴史的概念であるということについては、後に『家庭の生成と女性の国民化』（勁草書房、一九九九年）で詳細に論じたので、参照していただければ幸いである。

（2）性別大学進学率の推移（国立女性教育会館）https://view.officeapps.live.com/op/view.aspx?src=https%3A%2F%2Fwinet.nwec.go.jp%2FPortals%2F0%2Ftoukei%2FL113060.xls&wdOrigin=BROWSELINK、参照。（二〇二二年一月一九日、最終確認）

（3）一九八五年における関係学科別学生数（文部科学省）https://www.e-stat.go.jp/stat-search/files?page=1&layout=datalist&toukei=00400001&tstat=000001011528&cycle=0&tclass1=000001071216&tclass2=000001071283&tclass3=000001071284&tclass4=000001071286&tclass5val=0、参照。（二〇二二年一月一九日、最終確認）

（4）一九八五年の労働力調査（総務省）https://www.e-stat.go.jp/stat-search/files?page=1&layout=datalist&toukei=00200531&tstat=000000110001&cycle=7&year=19850&tclass1=000001040276&tclass2=000001040282&tclass3val=0、参照。（二〇二二年一月一九日、最終確認）

（5）「〈近代家族〉の誕生と終焉——歴史社会学の眼」（『現代思想』一九八五年六月）。

（6）「近代日本における「母性」の強調とその意味」（『女性と文化』白馬出版、一九七九年）、「近代家族の成立と母子関係——第一次世界大戦前後の新中間層」（『女性と文化Ⅲ』ＪＣＡ出版、一九八四年）、「近代的母親像の形成についての一考察——一八九〇〜一九〇〇年代における育児論の展開」（『歴史評論』第四四三号、一九八七年三月）、「教育家族の成立」（『〈教育〉——誕生と終焉』藤原書店、一九九〇年）。

はしがき

ある人は、「良妻賢母」という言葉を聞けば、非常に古めかしい「死語」のごときものをイメージし、何を今さらと思うかもしれない。しかしはたして本当に過去の言葉なのかと問い返してみれば、そうでないことは明らかだろう。職業をもつ女がこれほど増えてきた今日であっても、相変わらず、女は家庭を守り、妻・母役割を果たすことが第一義的に求められている。それを肯定的にとらえるにしろ、否定的にとらえるにしろ、現代の女たちに一つの理想的な生き方として「良妻賢母」が求められていることは紛れのない事実なのである。あるいは、女たちは自らの心の内に「良妻賢母」のイメージを作り、それを一つの価値判断基準にして自らの行動を律している、といえるかもしれない。それはたとえば、家事は自分だけの仕事ではないと思っている女でさえ、家事を十分にしないことを思わず「わたしは悪妻よ」と言ってしまうことにも現れている。家事をしなくても、男たちは決して自分のことを「悪夫」とは言わないだろうに。

つまり、今日、「良妻賢母」という言葉がさほど使われなくなっているとしても、「良妻賢母」という言葉に象徴される生き方が女たちに期待されている状況がなくなっているわけではないし、女たちがそういう価値観を内面化することなく、自由に生きられているわけでもないのである。その結果、たとえ職業についていても、現代の主婦たちは「家庭に迷惑をかけない」範囲で仕事をし、妻・母役割と職業との二重労働をせざるをえない状況に、いやがおうでも追い込まれている。

しかし考えてみれば、「良妻賢母」とは何なのだろうか。「良い」とか「賢い」とかいう形容詞の意味するものは何なのか。あるいはどのような歴史的状況の中で生まれた言葉なのだろうか。次々と疑問は湧き出てくる。わたしはこの書で、わたし自身が、そして女たちがとらわれている「良妻賢母」とは何なのかという問題を歴史的に解きほぐし、わたしなりの解答を出してみたいと思った。

ただ、「良妻賢母」について論じるといっても、それは、女がこの規範によっていかに抑圧されてきたのかを、縷々述べていくことではない。女たちは、家庭にあって家事や育児を行ってきた、あるいはそれが期待されていた。確かにそれは一面からいえば、女の可能性を閉ざし、女の生き方を妻や母としての役割に限定するものである。しかし他方では、職業に携わらなくてもよく、とりわけ子育てや子どもの教育という「楽しく有意義な」仕事に専念できる、一種の「心地好さ」や「魅力」をも女たちにもたらしていたのではないだろうか。そうであるからこそ、多くの女たちが専業主婦になり、またなりたいと思ってきた歴史があるのではないだろうか。すなわち、「良妻賢母」は女の抑圧状況を支えるイデオロギーではあるが、「悪」として簡単に断罪してしまえるほど、単純な思想ではないのである。とすれば、良妻賢母思想の抑圧性を言挙げしたり、この規範を創りあげた国家や男社会を告発してみても、「良妻賢母」のもっている問題はあまり鮮明にみえてはこないだろう。

また、「良妻賢母」について論じることは、それを単に「女の問題」として扱うことでもない。家庭で女たちが行う妻や母としての役割。それは、ごくごく私的な事柄であるかもしれないし、政治的な事件などに比べれば、考察するに足りない「小さなこと」、あるいは「女だけに関係あること」とみなされるかもしれない。しかし、これら私的な営みもまた社会や国家と無関係に存在しうるものではない。一体、女たちが家事や育児を行うことが期待されるのは何のためであろうか、あるいは女たちが活動する場としての家族はどういう意味をもっているのだろうか。ここでもまた疑問が次々と生まれてくる。

つまり、「良妻賢母」について考えるということは、実は、このような規範を存在させている社会や国家のあり方そのものを問うことなのだろう。「良妻賢母」というのは、女の生き方に関する社会規範ではあるが、それは決して女にとってだけ意味をもっているのではなく、社会や国家にとって女とは何なのかを考えていくための指標となるものなのである。

また、次のように言うこともできるだろう。「良妻賢母」は、戦前の日本において、国家公認の女子教育理念として存在しており、学校教育を通して「良妻賢母」が育成されていった。そして学校教育を受けた女性は、やがて「賢母」として、家庭で子どもの教育を担う存在となっていく。とすれば、「良妻賢母」について論じることは、女を媒介として、学校教育と家庭教育との関係性を考察することにもなるだろうし、子どもの教育のありよう総体を問うことにもつながっていくだろう。すなわち「良妻賢母」は、教育という営みを考察するための一つのキーワードともなりうるのである。

わたしが本書で試みようとしていること、それは従来の女性史研究にありがちであった、抑圧史観や被害者史観にのっとった歴史叙述を排することであり、女の問題に限定して、悪くいえば矮小化して、研究課題を設定しないことである。わたしは本書で、良妻賢母思想の成立とその思想的変遷について述べていくが、そのことを通して、この歴史概念がもつ社会的・国家的意味についても明らかにしていきたい。それがどの程度成功しているかは、読者の判断に待つしかないが、以下、わたしの目から「良妻賢母」はどのようにみえたのか、論じていくこととしたい。

良妻賢母という規範　新装改訂版／目次

＊なお、史料からの引用にあたっては、旧字体の漢字は新字体に改めた。また読みやすいように、濁点、句読点、ルビを適宜つけている。

序——問題視角

これまでも良妻賢母思想については様々な研究が積み重ねられ、論じられてきている。それにもかかわらず、わたしがここで改めて論じることは、屋上屋を架すことになるのかもしれない。しかし、なにゆえあえて論じることとしたのか、これまでの先行研究に対する疑問をまずは述べておきたい。

これまでの研究においては、良妻賢母思想は、「「国体観念」に代表される体制イデオロギーの女子教育版(1)」、「家族国家観の女子教育版(2)」と論じられてきた。中には、良妻賢母主義思想と良妻賢母思想とを厳密に区別して、天皇制国家の女子教育規範に限定して良妻賢母主義思想という言葉を使う立場もある(3)。あるいは良妻賢母思想を、日本式と欧米式、儒教型と市民型、などの二種類に分け、日本式や儒教型の良妻賢母思想を戦前日本の支配的な女性観とみなすものもいる(4)。また、明治啓蒙期の「近代的」「開明的」良妻賢母観から、明治三〇年代の「国家主義的」「家父長的」「儒教的」良妻賢母観へと歴史的に変化したととらえる研究もある(5)。

だがいずれにせよ、これまでの研究は共通して、国家公認の女子教育規範としての良妻賢母思想を、特殊な戦前日本の女子教育規範、したがって「遅れた」「反動的」な女性観として把握していた。その結果、良妻賢母思想は、戦後の日本や西欧において女性に妻・母役割を求める女性観とは一線を画すものとして、理解されることになる。そしてそうであるからこそ、良妻賢母主義思想と良妻賢母思想とが区別されたり、日本式と欧米式などの使い分けがなされるのである。

しかしわたしはまさにこの点を問題にしたいと思う。すなわち、良妻賢母思想とはそれほど日本に特殊な思想なのか、国体観念や家族国家観との関連を抜きにしては語れない思想なのか、わたしには疑問なのである。（蛇足として付け加えておけば、欧米と日本、あるいは戦前日本と戦後日本の期待される女性像が全く同じだといっているわけではもちろんない。）

たとえば、良妻賢母思想の解明にあたって第一にひもとくべき書としての地位をしめているものに、深谷昌志著『良妻賢母主義の教育』がある。そこにおいて深谷は、良妻賢母主義と国体観念との関連を指摘することによって、良妻賢母主義の日本的特殊性を強調している。しかし、深谷は国体観念（深谷によれば、それは家族国家観、天皇現人神観、忠孝一致、「和」の精神である）がどのように良妻賢母主義と関連しているのか、論理内在的に論じてはいない。ただ国体観念が支配していた社会において良妻賢母主義もまた存在していたと、両者を並列させているだけである。

そのため、わたしには両者の関連性がうまく説明されているようには思えない。そもそも、明治三〇年代初めに成立した良妻賢母主義を、昭和一〇年代の『国体の本義』や『臣民の道』をひきつつ、国体観念で説明しようとすること自体、あまりに歴史性を捨象しているというべきである。(6)しかし深谷の認識枠組みとしては、明治三〇年ころから昭和二〇年までをひと括りにしてとらえ、そこで機能した天皇制国家の女性観を良妻賢母主義として把握していこうとしていることが窺われる。そしてこのように戦前日本の特殊な思想として理解した結果、「「良妻賢母」は……敗戦まで――意識下の層では現在でも――女子教育を支配しつづけてきた指導理念(7)」とされ、戦後の状況は戦前の「残滓」として位置づけられたのである。とすれば、現代に生きるわたしたちがとらわれている期待される妻・母役割とは一体何なのか、そしてそれをどう歴史的に把握したらよいのだろうか。

深谷以外にも、良妻賢母主義思想と家族国家観との関係を強調する論者は多い。その論拠として掲げられているのは、一つには、妻・母として家事・育児に励むことが国家の安定・発展に結びつき、女の果たす役割と国家との関係性が強化されていくのは、家族国家観があったればこそである、という考え方である(8)。しかし、女の果たす妻・母役割と国家との関係を強固なものとするにあたって、家族国家観がどのような役割を果たしたのかが、明らかにされているとは言い難い。家族国家観とは、一般に、天皇と国民との関係を「父と子」と表現すること、皇室と国民の家との関係を「本家と分家」と表現すること、君民同祖説にのっとって皇室と国民をとらえること、などに立脚しつつ、日本を「家族国家」とみなす国家観である(9)。このような国家観で、女の果たす役割と国家との関係性をどう論理的に説明できるのだろうか。わたしには疑問である。

また二つ目の論拠として、家族国家観の確立期と良妻賢母主義の確立期とがほぼ同時であることを指摘する者もいる(10)。しかし一般に、家族国家観は明治四〇年代から大正期にかけて確立したとされるので、良妻賢母主義の確立と一〇年ほどのずれがあり、これを同時期といってよいかという問題がある。いずれにせよ、良妻賢母主義と家族国家観とを関連づける見方には、さほど説得性がないようにみえるのである。

あるいは中嶌邦は、良妻賢母主義思想と儒教的（封建的）女性観との関連・連続性をかなり重視している。中嶌の図式によれば、明治啓蒙期に西欧的（近代的）良妻賢母教育が登場したものの、明治一〇年代の元田永孚ら侍講派による儒教的立場からの発言をふまえて、明治二〇年代の保守化の風潮の中で、復古的女子教育観が広がりをみせ、それが体制的な良妻賢母主義へと結実していったという。それゆえ、良妻賢母主義思想には、四行（婦徳、婦言、婦容、婦功）、和順、堪忍、慎み、質素倹約、勤労、貞淑、貞節、孝、忠などの儒教的徳目が存在し、儒教的女性観が良妻賢母主義思想の中に導入されているという[11]。

しかし、このような徳目をすべて「儒教的」と形容してよいのだろうか。それにそもそもこれらの徳目の存在に着目することが重要なのだろうか。そうではなく、これらの徳目がどういう教育目標に収斂しているのかを考察することこそが必要だと思われる。つまり、これらの徳目が、良妻賢母主義思想総体の中でどのような位置をしめ、対社会道徳や対国家道徳などの他の徳目とどのような関連があるのかを明らかにした後に初めて、儒教的女性観かどうかを判断できるのではないだろうか。それなのに、中嶌はただ徳目の存在をもって「古い儒教的」徳目が生きていると考えるのである。

しかも、そもそも「良妻賢母」という言葉自体が明治以降のものであり[12]、良妻賢母思想が登場してくるのは一九世紀も末になってからのことであった。とすれば、江戸時代の女性観との相違を考察し、女と近代国家との関係を射程に入れて論じない限り、良妻賢母思想はとらえきれないように思える。さらにいえば、儒教文化圏の「本家」ともいうべき中国や朝鮮において、「賢妻良母」（中国語）、「賢母良妻」（朝鮮語）という言葉が登場してくるのは、一九世紀末から二〇世紀にかけてであり、それは日本からの輸入であったという指摘もある。[13] とするならば、「良妻賢母」と儒教とは必ずしも直接的には結びつかないことになる。

翻って西欧に目を転じれば、近来の社会史研究の隆盛は、家族史の領域にも注目すべき知見をもたらしている。その代表的なものが「近代家族」概念である。[14]「近代家族」というと、第二次大戦後の社会における「家族の近代化、民主化」として誤解する向きもあるかもしれない。が、もちろんそのような意味あいではない。「近代家族」とは、公共領域と家内領域とが分離し、それぞれの領域を「男は仕事、女は家庭」という形で分担すること、家族内においては家族成員相互の強い情緒的関係が存在すること、などの特徴をもつ家族である。それは現代に生きるわれわれからすれば、ごく当たり前の家族形態であるが、決して超歴史的・普遍的に存在するものではなく、「近代」社会において成立した家族形態であった。このような「近代家族」概念の登場により、女が担う家事・育児役割も、「近代」という時代における歴史限定的な役割であると、とらえられるようになってきている。

また、近年の各国の家族史・教育史・女性史研究は、様々な研究成果をあげてきている。思い浮かぶままに取りあげてみれば、たとえば、「近代」を最初に迎えたイギリスでは、一七世紀後半の「子育て書」において、家庭と育児への女の囲い込みがはじまっている。やがて一九世紀前半になると、「母親」を対象とする書物が増加して、「「子育て」がもっぱら母親の仕事に属するものであるとの、女性の家庭内への囲い込みのプロパガンディングが、いっそう広範な社会層に向けられるようになった」[15]。そして家庭に囲い込まれた女たちに家庭教育の役割が課せられ、「教師としての母親」像が鮮明に打ち出されるのは、ヴィクトリア時代の代表的な育児書である、エリス夫人『イングランドの母親たち——その影響力と責任』（一八四三年）やペドレー夫人『育児と子どもの管理』（一八六六年）においてである。そこにおいては、「「国民の強度」の育成という任務にとって母親こそが最適任である」[16]と主張されているという。

フランスにおいては一八世紀後半に、家庭像の変容が起き、家族は未来の国民の生命と社会化に関わる特権的な場として、国家による管理と規制の対象となっていく。それとともに、子どもの保護・養育を家族の中心的役割とし、母親をその担い手とする家族のイメージが作り出されていった。そして第三共和政における公立女子中等教育制度の確立（一八八〇年）は、良妻賢母理念に支えられており、女子リセ・コレージュは「共和国の未来の母の養成」を教育目標に掲げていたといわれている[17]。

ドイツでは、一九世紀末には労働者層の女性に対しても、近代的な主婦の養成を目的とする家政教育が始められていく。そして世紀転換期ころから女を知性および人格面での教育者ととらえる傾向が強くなり、「国家の外に置かれてきた女性を教育者たる母として国家のなかに統合しようとし[18]」ていった。

アメリカにおいては、一九世紀初頭より次第に近代的核家族が成立し、この新しい家族形態を支えるものとして、「家内性」や「女らしさ」を礼讃するイデオロギーが喧伝されていった。それとともに、国民形成の観点から、一方では家庭内での母親の教育的役割が重視され、他方では教職にも女性が多数進出していったという(19)。

かなり断片的な紹介でしかないが、これらの研究からわかるように、西欧においても、母役割が国家的観点から重視され、女子教育の必要性が主張される際の論拠となったのである。それは日本の状況と何と似通っていることだろうか。

このような点を考えあわせてみれば、従来の良妻賢母思想研究がとってきた認識枠組みそのものが無効であり、近代国民国家の形成や「近代家族」の成立と不可分の思想として、良妻賢母思想について論じていく必要があるように思われる。つまり、良妻賢母思想を戦前日本の特殊な女性規範として理解するのではなく、戦後の日本社会や欧米の近代国家における期待される女性像との共通性や連続性をもつ、「近代」の思想としてとらえたほうが、良妻賢母思想に対するもっと豊かな理解に到達できるのではないだろうか。

最初に述べたように、わたしは現代においても「良妻賢母」が期待される状況が根強く存在していると考えている。もちろんそれは戦前の状況とは違っているが、思想的枠組みとしては本質的に共通する部分の方が多い。しかし従来の研究が行ってきたような認識枠組みをとればとるほど、過去の特殊性ばかりが強調され、現代とのつながりは薄れていく。それでは、現代の問題である良妻賢母思想を歴史的に解き明かしていく術を、失うことになるのではないだろうか。そしてそのためにも、本書では良妻賢母主義思想ではなく、良妻賢母思想という表現を使っていくことにしたい。というのも、すでに述べたように、良妻賢母主義思想という言葉には戦前日本の特殊な女性観というイメージが固着してしまっており、良妻賢母思想を「近代」の思想と位置づけて論じていくには、良妻賢母思想という言葉の方がふさわしいからである[20]。

そこで本書では、「近代」において女は何を期待されていたのか、換言すれば、あたかも国家とは無縁の存在であるかのような、家族という私的関係性を生きている女たちが、近代国家を構成する国民の一員としてどのような形でとらえられ、国家へと統合されていったのか、という大きな枠組みにたって論じていくこととしたい。すなわち、近代国家の一員として女性を位置づけるとともに、女性を家庭内存在とし、女に妻・母役割を第一義的に求めるイデオロギーとして、また社会状況の変化に従ってその思想的内実を変化させていく体制思想として、良妻賢母思想を解明していこうと思う。このことを通して、男たちに対する統合の仕方とはまるで違った世界がみえてくるだろう。そしてそれは、国家と家族との関係性を垣間見せてもくれるだろう。

ただ、最初に断っておかねばならないことがある。それは、本書の主たる問題関心が、国家が女をいかにして統合しようとしたかを明らかにすることにあり、そのために規範としての良妻賢母思想の解明に力を注いだことである。したがって、良妻賢母思想が現実の社会においてどのように受けとめられ、機能していったのか、女たちがそれをどのように受容あるいは拒否したかといった、いわば規範と実態との関連づけは十分に行っていない。しかしこのことは、わたしが国民統合という問題を、常に国家の側が一方向的に、あるいは強制的に行っていくことであると理解しているからではない。考察すべきは、まず国家の側がどういう思想を築いていったかであり、ついでそれがどう現実に機能したかである。そこで当然の順序として、本書ではまず規範としての良妻賢母思想を明確化しておきたいと考えたのである。しかも現実を先取りする形で言説が主張されていくため、なおさら実態との関連づけよりはむしろ規範の解明に力を注ぐ必要があった。

では一体、良妻賢母思想とはいかにして成立した、どのような女性観だったのだろうか、そしてどのようにしてその思想的内実を変えていったのだろうか。本書が扱っているのは、時期的にいえば、一八世紀の江戸時代中期から昭和初期までであるが、その間に、大きく分けると三つの期待される女性像が登場している。すなわち、「良妻賢母」という規範がまだ存在していない時代の女性像、良妻賢母像、そして社会的状況の変化に応じてその思想的内実を変化させた良妻賢母像である。本書では、この三つの女性像を検討することを通して、歴史的概念としての「良妻賢母」が登場してきた意味やその思想を変化させていく要因、そしてその思想内容を問うていくこととしたい。

注

(1) 深谷昌志『良妻賢母主義の教育』黎明書房、一九六六年、一一ページ。
(2) 久木幸男「良妻賢母論争」(『日本教育論争史録』第一巻、第一法規出版、一九八〇年)二三一ページ。

（3） 中嶌邦「日本教育史における女性」（女性学研究会編『女性学をつくる』勁草書房、一九八一年）参照。
（4） たとえば、高群逸枝『女性の歴史（下）』一九五八年（講談社文庫、一九七二年）、ひろたまさき「ライフサイクルの諸類型」（女性史総合研究会編『日本女性生活史』第四巻、東京大学出版会、一九九〇年）。
（5） たとえば次のような研究である。樋口恵子「賢母と良妻――良妻賢母主義の女性論」（田中寿美子編『近代日本の女性像』社会思想社、一九六八年）、千住克巳「明治期女子教育の諸問題――官公立を中心として」（日本女子大学女子教育研究所編『明治の女子教育』国土社、一九六七年）、窪田祥宏「良妻賢母教育思想の形成とその役割」（『日本大学人文科学研究所研究紀要』第二〇号、一九七八年）、中嶌邦「女子教育の体制化――良妻賢母主義教育の成立とその評価」（『講座　日本教育史　3』第一法規出版、一九八四年）、芳賀登『良妻賢母論』雄山閣出版、一九九〇年。
（6） このことはすでに、舘かおる「良妻賢母」（女性学研究会編『女のイメージ』勁草書房、一九八四年）において指摘されているところであり、また中嶌前掲論文「女子教育の体制化」においても、若干ふれられている。
（7） 深谷前掲書『良妻賢母主義の教育』一一ページ。
（8） たとえば、窪田前掲論文「良妻賢母教育思想の形成とその役割」、久木前掲論文「良妻賢母論争」、中嶌前掲論文「女子教育の体制化」などを参照。
（9） たとえば、石田雄『明治政治思想史研究』未来社、一九五四年、松本三之介「家族国家観の構造と特質」（『講座　家族8』弘文堂、一九七四年）、伊藤幹治『家族国家観の人類学』ミネルヴァ書房、一九八二年、小山常実『天皇機関説と国民教育』アカデミア出版会、一九八九年、などを参照。
（10） 中嶌前掲論文「日本教育史における女性」、及び、同「女子教育の体制化」を参照。
（11） 中嶌前掲論文「女子教育の体制化」参照。
（12） 深谷前掲書『良妻賢母主義の教育』一五六ページによると、明治啓蒙期に中村正直が、後に森有礼が

「賢母良妻」という言葉を使用しているものの、「良妻賢母」という言葉を意識的に使いはじめたのは、明治二四（一八九一）年に発刊された『女鑑』であったという。
（13）瀬地山角・木原葉子「東アジアにおける良妻賢母主義——近代社会のプロジェクトとして」（『中国——社会と文化』第四号、一九八九年六月）を参照。
（14）「近代家族」概念については、落合恵美子「〈近代家族〉の誕生と終焉——歴史社会学の眼」（『現代思想』第一三巻第六号、一九八五年六月、のち改稿して、『近代家族とフェミニズム』勁草書房、一九八九年、に所収）を参照のこと。なお『近代家族とフェミニズム』所収の落合論文によると、近代家族の特徴は次の八点である。すなわち、家内領域と公共領域の分離、家族成員相互の強い情緒的関係、子ども中心主義、男は公共領域・女は家内領域という性別分業、家族の集団性の強化、社交の衰退、非親族の排除、核家族である。
（15）北本正章「近代小児医学と保育の社会史——イギリス近代を中心として」（小林登ほか編『新しい子ども学』第2巻、海鳴社、一九八六年）三六二ページ。なおこの点については、同「農村共同体の子どもから産業都市社会の子どもへ」（宮沢康人編『世界子どもの歴史　6』第一法規出版、一九八五年）も参照のこと。
（16）寺崎弘昭「子育ての知恵と母親」（宮沢康人編前掲書『世界子どもの歴史　6』）一三二ページ。
（17）阪上孝「王権と家族の秩序——近代化と家族」（『思想』第七〇一号、一九八三年八月）、栖原弥生「女子リセの創設と「女性の権利」」（谷川稔ほか『規範としての文化』平凡社、一九九〇年）、参照。
（18）姫岡とし子「労働者家族の近代——世紀転換期のドイツ」（荻野美穂ほか『制度としての〈女〉』平凡社、一九九〇年）一五三ページ。
（19）森田尚人「アメリカにおける家族の構造変化と子ども観・女性観の転回」（村田泰彦編『生活課題と教育』光生館、一九八四年）、有賀夏紀『アメリカ・フェミニズムの社会史』勁草書房、一九八八年、四一—五二ページ、を参照。

(20) また、舘前掲論文「良妻賢母」においては、イデオロギーであるから良妻賢母主義思想の主義という言葉がつくと指摘されているが、イデオロギーであることと主義という言葉とは関係がないように思う。

第一章　良妻賢母思想の成立

明治維新後、女子教育の振興が初めて主張されたとき、まっ先にその論拠として取りあげられたのが、賢母養成の必要性であった。しかしなぜ明治以降突然に、賢母を作るために女子教育が必要だと、声高に叫ばれるようになったのだろうか。この疑問はまた、明治以前の社会においては賢母たることは女にはあまり期待されていなかったのではないか、という新たな疑問を生み出していく。「良妻賢母」という言葉にも示されるように、現代に生きるわたしたちは、伝統的に女に対して期待されてきたものは妻役割であり、母役割であり、家事・育児をまっとうすることであった、と当然のごとく考えてしまいがちである。しかし明治以前の社会にあっては、賢母であることはそれほど重視されていなかったのではないか、だからこそ、明治以降、女子教育振興の有力な論拠として賢母養成が取りあげられたのではないか、と思えてくる。

そして、はじめに述べた西欧の状況からも明らかなように、母役割への期待が歴史のある時点で生じてくるのは、何も日本の特殊事情というわけではなかった。子どもを産むという生物学的役割を超えて、子どもを愛し、育て、教育するという社会的役割までもが女たちに期待されるようになったのは、そう古いことではなく、いわば「母性」は歴史的産物ということができるのである。しかしそれはどうしてなのだろうか。また、母性愛を賛美し、母親の教育役割を強調したペスタロッチの教育論は、当時にあっては新しい感性の出現であり、近代的家族の成立という家族史上の実態変化を前提としていた、という見解もある。[1]これはあくまでも西欧での話であるが、では一体日本ではどうなのか、という疑問が生じてくる。

そこで良妻賢母思想を解明しようとするにあたって、まずはこのような疑問を解き明かすことから出発していきたいと思う。なぜなら、母親としての女の役割、その中でも特に子どもを育て、教育する母の役割がいつごろから、なにゆえクローズ・アップされるのかを明らかにすることによって、良妻賢母思想が登場してくる歴史的意味も考察することができると考えられるからである。そしてそのために、まずは江戸時代において母役割はどのようにとらえられており、どのような女性像が理想とされていたのかを、検討することにしたい。

一　江戸期女訓書にみる女性観

1　往来物の中の母

江戸時代においては、武家、ならびに上層町人の家に生まれ、育った女の子たちは、結婚するまでの間に、一人前の女性として認められるに必要な、婦徳（女として守らねばならない諸徳）、婦言（女としての言葉使い）、婦容（女らしい身だしなみや立居振舞い）、婦功（女としての手わざ）という四行を身につけねばならなかった。なかでも重視されたのが婦徳の養成であり、そのためにかなりの数にのぼる女子用教訓書（女訓書）が出版されていた。石川松太郎の手になる『日本教科書大系　往来編　第15巻　女子用』（講談社、一九七三年、以下、『教科書大系』と略す）や『女大学集』（平凡社東洋文庫、一九七七年）の解説によれば、それは大きく二種類のものに分けることができる。

一つは江戸時代前期に編集・公刊された、「女四書」、『鑑草』（中江藤樹）、『女子訓』（熊沢蕃山）、『女訓抄』、『比売鑑』（中村惕斎）などで、中国の女訓書の直輸入であったり、仏教思想を取り入れたり、著者自身の理念などを盛り込んだりしたものである。しかしこれらはいずれも浩翰なものであり、内容も難解だったため、一般に普及するには至っていないという。

これに対し第二のものは往来物、つまり習字兼読本用教科書として、江戸中期から編集・出版されはじめたもので、諸教訓をやさしく、短く書き改めたものである。これは寺子屋で教科書として使用されただけでなく、家でも習字用、読本用として広く用いられていた。その代表的なものが、「女大学」として名高い『女大学宝箱』である。

このように女子用教訓書といっても、この二種類のものは内容や普及度においてかなり異なっていたが、ここでは後者の往来物を中心に検討していくことにしたい。なぜなら、広く普及していたという意味で、江戸中期以降の女性観をさぐる上で非常に重要な意味をもっているからである。そして往来物は明治維新後も新たに発行されているために、江戸から明治初期の、母をめぐる言説の推移を検討するためにも便利だからである。

先の石川松太郎の解説によれば、特に女子用にと編集された女子用往来物は約一二〇〇種を数える。それらは教訓型、消息型（手紙文などの習熟をめざすもの）、社会型（社会常識や習慣、行事、たしなむべき趣味などを教材化したもの）、知育型（地理や産業に関する知識を習得するためのもの）に大きく分けられるが、その中で教訓型往来物は三七七種発見されているという。このようにおびただしい数が出版されているのだが、編集方法や内容によっていくつかのタイプに分けることができる。その中でも代表的なものが、「女今川」「女実語教」「女大学」の三種の系統である（たとえば、女大学系往来物というのは、『女大学〇〇』や『〇〇女大学』、あるいは単に『女大学』と名づけられた本を総称した言い方である。一般に「女大学」というとき、それは『女大学宝箱』を指しているが、女大学系往来物の中には、これと全く同文からなるもの、編集方式や思想内容は同じでも異文からなるもの、さらには骨格となる思想・理念までも変化させたものなど、様々なものがある。『女大学集』の二八三―二九七ページには、「女大学」本の系譜として五四種のタイトルや出版年などが掲載されているので、参照されたい）。

『教科書大系』には、一五編の女今川系、女実語教系、女大学系の往来物が収められているが、そのうち、江戸期刊行のものは以下の七編である。

女今川系

『女今川錦の子宝』元文二（一七三七）年刊――一般に「女今川」といわれている
『女童専要女今川』明和八（一七七一）年原板
『絵本女今川』刊年不記
『女用躾今川』享保一三（一七二八）年刊

女実語教系

『女誡絵入女実語教・女童子教』元禄八（一六九五）年刊――一般に「女実語教」といわれている

女大学系

『女大学宝箱』享保一八（一七三三）年刊(2)――一般に「女大学」といわれている
『新撰女倭大学』天明五（一七八五）年刊

これら江戸期の代表的教訓型往来物の中で、子を育て、教育する母の姿はどのように登場し、母としての心得はどのように記されているだろうか。

女今川系の往来物は、みな、二〇字内外の短い文章からなる徳目を列挙した各論部分を前半におき、婦徳・女性観に関する総論的文章を後半にすえる、という編集方法をとっている。そして前半の各論部分には、本によって二三か条から三一か条にわたる、自らを戒めるべき条項が列挙されている。それらの徳目の中で、母としての心得、子どもの養育などについてふれたものは、一つしか出てこない。それは、「継子に疎《おろそか》にして、他人の嘲《あざけり》を不恥事《はじざる》」（『女今川錦の子宝』、『教科書大系』一九六ページ、以下、『教科書大系』からの引用についてはページ数のみ記す）を戒めた徳目である。これは先にあげた四冊の女今川系往来物のうち、『女用躾今川』以外の三冊に、表現が若干異なっているが登場している。しかし、この徳目は継子をなおざりにするなという内容であり、母としての心得としては異色のもので、教育する母親像とは結びついていない。

女実語教系の『女誡絵入女実語教・女童子教』は「序」のあとに、前半に「女実語教」として四七か条の徳目、後半に「女童子教」として一二八か条の徳目が収められており、これらの徳目もやはり二〇字前後の文章から成り立っている。このように徳目数は、女今川系に比べると格段に増えているにもかかわらず、母に関する徳目を取り出してみると、前半の「女実語教」には、継子を子のように愛せ、という一か条があるだけである。また後半の「女童子教」には、「景伯の母崔氏は子の為に九経を教給《たま》ふ」(二六〇ページ)という、中国の教訓がそのまま引きうつされた一か条があるだけである。この中国の教訓が日本の現実生活にどれほど浸透しうるか疑問である。

このように、女今川系にしろ、女実語教系にしろ、母としての心得はほとんどといってよいくらいに述べられていないが、この傾向は女大学系も同様であった。『女大学宝箱』は近世における女訓書の代表的書物というべき地位をしめているが、これは一九か条の徳目と結語の文章から構成されている。ただし、女今川系や女実語教系のような箇条書的な文章と異なり、一か条の文章が五〇字程度から四〇〇字以上にも及ぶ長文によって書き表わされている。けれども、女の母としての側面に視点をおいた徳目は全くみられず、家における女子教育の重要性を主張した個所でも、教育する者として「親」「父母」という言葉が使われている。現実に母親が関与していた女子の教育であっても、母の責任領域とはみなされていないのである。

最後の『新撰女倭大学』は、三八字から三〇〇字程からなる九か条の文章で構成されているが、今まで述べてきた往来物と異なり、唯一、妊娠中の胎教の重要性を指摘している。そして、「母の慎ふかき時は、生る子、賢し。唯母の慎（み）によりて、善悪ありとしるべきなり」（三一六ページ）と述べており、妊娠中の母の態度が子どもの賢愚・善悪を決定すると考えられていたことがわかる。けれども、生まれた後の育児などに関しては何の言及もなく、あくまで「立派な」子を産むことだけが女に期待されていたにすぎなかった。

2 母への期待のなさ

このように、女今川系、女実語教系、女大学系という編集方法や内容が異なる往来物にあっても、いずれも子を育て、教育する母としての徳目は皆無であったといってよい。あるのはもっぱら妻として、嫁としての徳目であった。すなわち、諸徳目は勤勉、質素、倹約、正直などの対自己道徳と、三従、七去といった対家族道徳だけで構成され、夫には主君に仕えるごとく接し、舅姑には従順に孝行を尽くす女性が理想とされた。いってみれば、女の存在意義は妻・嫁という面に限定されていたのであり、「良妻賢母」ではなく、「良妻」という側面だけが当時において意識されていたことがわかる。

そして女子に教育が必要なのも、妻役割・嫁役割を十分に果たせる女性に育てるためであった。それはたとえば、『女大学宝箱』の冒頭の言葉、「女子は成長して他人の家へ行、舅・姑に仕るものなれば、男子よりも、親の教ゆるがせにすべからず。父母寵愛して恣《ほしいまま》に育ぬれば、夫の家に行て必気随にて、夫に疎《うと》まれ……」（三〇五―三〇六ページ）という書き出しにもみてとることができる。一体、これはどうしてなのだろうか。

それは、一つには、女を徹底して愚かな存在と考える女性観と密接に関わっているのではないだろうか。最も典型的にこの女性観が表われている『女大学宝箱』から引用してみよう。

凡《およそ》婦人の心様の悪き病は、和ざ《(ママ)》順《したがわ》ざると、怒恨ると、人を謗《そし》ると、物妬と、智恵浅きとなり。此五疾《やまい》は、十人に七八は必あり。是婦人の男に及ばざる所なり。自顧戒て改去べし。中にも智恵の浅ゆへに、五の疾も発《おこ》る。女は陰性なり。陰は夜にて暗し。所以《ゆえに》女は男に比るに、愚にて目前なる可然《しかるべき》ことをも知らず。又人の誹《そし》るべきことをも弁《わきま》へず。わが夫、我が子の災と成べき事をも知らず。科《とが》もなき人を怨み、怒呪詛、あるひは人を妬にくみて、わが身独《ひとり》立んと思へど、人に憎れ疎《うと》まれて、みな我身の仇となることを知らず、最《いと》はかなく浅猿《あさま》し。子を育れ共、愛に溺れて習はせ悪し。斯《かく》愚なる故に、何事も我身を謙《へりくだり》て、夫に従べし（三一一ページ）。

いかに女が愚かであるかが縷々述べてあり、しかも「愛に溺れて習はせ悪し」と、母の子への愛は否定的に、教育を阻害するものとしてとらえられている。このように愚かであれば、当然何事も夫に従うべきことになり、子どもの教育などとても女が取り組めるものではなくなってしまう。そして女が愚かなのは、天から与えられた、「女＝陰性」という本性のゆえであり、それは変更不可能なことと考えられていたのである。

なお、このように母親の愛を否定的にとらえるのは、『女大学宝箱』に特有の考え方ではなく、女訓書ではない貝原益軒『和俗童子訓』（宝暦七〔一七一〇〕年）や、中村弘毅『父子訓』（文化八〔一八一一〕年）などにもみられるものであった。たとえば『和俗童子訓』では、「凡（そ）小児をそだつるには、もはら（専）義方《ぎほう》のをしえをなすべし。姑息の愛をなすべからず。……姑息とは、婦人の小児をそだつるは、愛にすぎて、小児の心にしたがひ、気にあふを云。是必（ず）後のわざわひとなる（3）」と述べられている。また『父子訓』では、「なべて女の情質は、道理にくらきものゆえ、子をそだつるも情愛に溺るるのみにて、何の弁《わきま》えなく、たまたま父の子を教うることあるをも、さえぎりとどめて、ありたきままにそだてなし、成人の後までもあまき毒をあたえ、ついにわが子を悪におとしいれ、身を亡ぼし家をうしなわしむるにいたるなり（4）」と主張されていた。母の愛は情に流され、姑息なものであるという考え方は、当時にあってはかなり一般的なものだったのであり、その根底には女を先天的に愚かとみる女性観が存在していたのであった。

そして同様の考え方はもちろん女今川系にもみられる。たとえば『女今川錦の子宝』では、「男＝陽、女＝陰」とおいた上で、「陰は陽にしたがふ事、天地自然の道理なるゆへ、夫ふのみちを、天地にたとへたれば、夫を天のごとく、うやまひ、たつとぶは、是すなはち、天地のみちなり」（一九七ページ）と述べられていた。すなわち、夫への従が天地自然の道理、絶対的真理としてとらえられているのである。それゆえ、女には自らの力で考え、物事に対処していく力は不必要、いやそれどころか、期待しえないものになっていく。「我善悪をしらんと思はば、夫の心、おだやかならば、わが行善と思ふべし。せはしく短慮ならば、我心、正しからざると知べし」（一九八ページ）という言葉からもわかるように、夫の態度如何に善悪の判断が委ねられてしまっていた。これほど女は愚かであると考えられており、このような女に教育する母親が求められるはずもないのである。

さて、母としての徳目が存在しないもう一つの理由は、現実問題として、母親には息子を教えることができなかったのではないか、ということが考えられる。当時、女訓書を読み、家で意図的な教育を行っていた階層（武士や上層町人）では、娘に求められる教育内容と息子に求められる教育内容とは全く違っていた。女の子は、一人前の女性として認められるために、四行を身につけねばならなかった。すなわち、婦徳、婦言、婦容、婦功である。そしてこれらは母親自身も身につけていたものであり、娘に対して教えることができた。それに対し、たとえば武士の場合、息子に求められる文武の修業、人前に出ての挨拶の仕方や礼儀作法などは、母親には全く与り知らぬ世界であり、これらは皆、父親あるいは父親に代わる男性の手によってしつけられ、教えられていく。そして上層町人の場合も、家業を継ぐ男子に必要とされる知識を母親がもっていないという点では同様であった。木下比呂美がいうように、江戸時代の子育て書はもっぱら男向けに書かれ、「子育て」は「父道」の一環であるとともに、子育ての方針は「家訓」なのであった(5)。

ただしこのことは、父親たちが自己の独自な見解に基づいて、息子の教育を思い通りに行うことができた、ということを必ずしも意味してはいない。ここに石川謙の興味深い指摘がある。石川は『学校の発達』において、幕府および諸藩によって、寛政改革以降に実施されるようになった学問吟味・素読吟味が、昌平黌を成立させるとともに、藩校を大幅に増加させ、学校の性格を幕府や藩に有能な人材を育成する場所に変化させたと述べている。つまり、彼の言葉によれば、一八世紀末の寛政改革後、学校教育に対する統制がはじまり、学校教育が「近代化」していくのである。

そして彼は、学問吟味・素読吟味は、家任せにしてあった子どもの教育に対する、幕府および諸藩の指導・干渉の開始を意味していたと述べている。彼によれば、試験科目・試験用図書・受験年齢の設定は、学習の内容・順序・程度を整備させ、それらに対する規定を導いていった。それとともに各家では、幕府および諸藩が決めた基準に沿うよう、子どもを教育することが要求・強制されたという。とすれば、すでに寛政期ころから武士の世界においては、学校教育の整備にともなって家での教育のあり方も外的に規制されはじめたのであり、家における父親の教育が、全く私的なものとして、自立できていたわけではなかったのである。

さて、このように現実に父親が息子の教育担当者であれば、往来物から教育する母の姿が抜けていても当然のことになってしまう。なぜなら、「家」の存続・強化が家での教育の最終目標である社会にあって、「家」の継続にとって必要欠くべからざる男子を教えることができないのであれば、いくら娘を教えることができるといっても、母の教育機能などなきに等しかったからである。しかも先に述べたように、女は愚かなのであるから、論理的にいって、愚かでもよい女の子を育てることは、言及するにたる教育機能とは認識されなかったのであろう。

　結局、江戸期の女訓書を読む限り、女性に期待されているのは子どもを産むことであっても、育て、教育することではなかったのであり、まさに「腹は借り物」という言葉があてはまるのであった。そういう意味では、胎教に関する記述があるのに、生まれ落ちて後の記述がないのは、よりよい子を産むことは女の責任であっても、よりよく育てることは女の責任ではないという、当時の母親像を象徴的に示していると思われる。そして事実、胎教に関しては『女重宝記』（草田寸木子〈苗村丈伯〉）をはじめとして、『いなご草』（稲生恒軒）、『小児必用養育草』（香月牛山）、『世継草』（鈴木重胤）など、多くの書物が言及しており(6)、しかも天保年間には、胎教論にのっとった女学校設置論まで登場していた(7)。それに対し、江戸前期に出版された一部の女訓書や吉田松陰の「妹に与ふる書」を除いて、子を育て、教育する母役割に着目した女訓書はほとんどなく、まったく好対照をなしているのである(8)。

　もちろん子どもを立派に育て、子どもに多大の影響を与えた母も、とりわけ下級武士層にはたくさんいた。いやむしろその方が現実には多数派だったかもしれない。しかし多くの賢母がいたとしても、それは、規範として賢母であることが女性に要求された結果ではなかったといえるだろう。すなわち江戸期の女訓書が理想的女性像として掲げたのは、もっぱら良き妻や嫁であり、そこでは夫や舅姑に対する従順という徳目が第一に求められたのであった。

二　明治啓蒙期の賢母論

1　往来物にみる女性観の変化

以上述べてきた江戸期の女性観は、江戸中期以降繰り返し説かれ続けたが、明治維新後は様変わりしていくことになる。ここではその変化を跡づけるために、『教科書大系』に収められている女子用往来物を使って叙述を進めていきたい。が、いわゆる「女大学」や「女今川」などの江戸期の女訓書と違い、以下に検討する諸本は、明治初期の女子教育の場で大きな影響力を発揮したわけではなかった。しかしあえて検討するのは、社会の価値観が大きく変動する中、規範としての女性像がいかに変化していったのかを、これらの往来物がつぶさに示してくれるからである。

『教科書大系』には明治期に刊行された往来物として、次の八編が収められている。

女今川系

『明治女今川』小原燕子、明治一三（一八八〇）年刊

『改正女今川』浦野直輝、明治一三年刊

女実語教系

『女三字経』東条琴台、明治六（一八七三）年刊

女大学系

『新撰増補女大学』萩原乙彦、明治一三年刊
『改正女大学』関葦雄、明治一三年刊
『新撰女大学』西野古海、明治一五（一八八二）年刊
『女黌必読女訓』高田義甫、明治七（一八七四）年刊
『近世女大学』土居光華、明治七年刊
また、『教科書大系』には載っていないけれども、『女大学集』には次の往来物も収められている。
『文明論女大学』土居光華、明治九（一八七六）年刊
これらの往来物は、『女三字経』を除いて、編集方法はいずれも江戸期の往来物の体裁をそのまま受け継いでいるが、その思想内容は非常に多様であった。ここでの課題である、母としての徳目に着目してみると、これら明治期刊行の往来物は三つのタイプに分けることができる。

（1）第一類型

まず第一は、江戸期刊行のものと同じく、子どもを教育する母に関する徳目が全く存在しないもので、『女三字経』と『改正女大学』の二冊である。これらにおいては、妻として、嫁としての心得や三従、四行の必要性が述べられ、旧態依然たる女性観が繰り返されている。

（2）第二類型

ついで第二のタイプは、中心となる思想、女性観そのものは従来のものとほとんど変わりないのだが、母としての徳目が登場しているものである。これには『改正女今川』『新撰増補女大学』『新撰女

大学』『女黌必読女訓』が該当する。

この中で、『改正女今川』と『新撰増補女大学』は、ほんの付け足し程度に母としての徳目を述べているにすぎないが、「姑息の愛に溺れ、子供の教えかた厳ならざる事」（『改正女今川』、二三三ページ）を戒めたり、母としての役割の重要性を指摘していた。この点では江戸期の女訓書から変化してきている。だが、次のようにも述べてもいる。「古より豪傑は。賢母に生《な》ると云伝ふ。孟子已来《このかた》世々の英士が。母は大概賢き者也。今時愚人の最《いと》多きは。女の教訓立ざる故に。母なる者が己の行ふ。道をも知らぬ子なればならん。怯《かか》れば何事も謙《へりくだ》りて。夫を先に立て我身を後にし。天地の理に順《した》がうて」（『新撰増補女大学』、三三八ページ）。つまり、母役割の重要性に気づき、愚母から愚人が生まれていると考えながら、愚母を賢母とするのではなく、だから夫に従え、という論理展開がなされているのである。母に対する言及があるといっても、これでは江戸時代のものと考え方においてほとんど変わりがないといってよいだろう。

これに対し、『新撰女大学』になるともう少し積極的に母としての役割に言及している。すなわち、江戸期のものと同様に、子を育て、教育することを、一応父母の責任としてとらえつつも、「七八歳になるまでは、専《むね》と母の手元に生立《おいたつ》ものなれば、其教育の為に学問せずばあるべからず」（三五四ページ）と、幼児の教育責任を母に求め、そのために学問の必要性を主張しているのである。

これら三冊の第二類型の往来物が、女性観においては江戸期のものとほとんど変わらなかったのに対して、『女黌必読女訓』はそうではない。この書は、三従の教えを説くなど旧来の女性観を継承している側面と、「自主自由の権」や「造物の神」などの言葉を使うなど、当時の文明開化という時代状況から影響を受けた側面とを混在させていた。したがって、一応第二類型に分類したが、第二類型と第三類型との中間ともいえるものである。

この本の特徴は第一に、『新撰女大学』と同様、母親に子どもの教育責任を課し、そのために学問の必要性を主張していることである。しかも、全体の三四か条のうち、三分の一にあたる一三か条もが、小児の養育に関する事項でしめられている。つまり、『新撰女大学』に比べると、女がなすべき役割の中で、育児・教育のもつ比重がかなり増してきており、より積極的に女性の母としての側面が注目されていることがわかる。

ついで第二の特徴は、この本が「家政」という概念を取り入れていることである。今まで述べてきた往来物は、江戸時代のものも含めてすべて、表現は多少違うにしても、「結婚＝他人の家へ行き、舅姑に仕えること」というとらえ方をしていた。この本でもそれは同様である。ただそれだけではなく、妻の役割として家政の管理も指摘している。そしてこの家政とは、次のようなものであった。

家政は家のまつりごととよみて、家を治ることをすべて云なり。この内には、けいざいとて、けんやくならびに金銀そんとくのこと、ぬひはりのこと、朋友の交り、舅姑に仕かた、夫の輔《たすけ》かた、煮たきそのほか子供の育かたに至るまで、一切もるることなくこもれるなり。このことを皇国にて論ぜしもの、いろいろの書物の間にあれども、一にあつめしものいまだあらず。故に我今此事の西洋にてはよく調《ととの》ひ行るる旨を人々に示さんとてイギリス国のビートン、と云る女のあらはしたるものをほんやくして出版せんとす（三七八ページ）。

このあとも、ビートンについての説明が続くのであるが、家を治めることをすべて家政ととらえ、女の役割とする考え方もさることながら、ビートン夫人の著作（『家政読本』一八六一年）の翻訳を行おうとしていたことには驚かざるをえない。(9) なぜなら、角山栄によれば、スマイルズの『自助論』が都市型小市民のための人生論として男の間でベストセラーになったのに対し、ビートン夫人の『家政読本』は家庭をあずかる主婦の心得書として、これまた一九世紀後半の英語圏諸国においてブームになったものだったからである。そしてこのブームは、「生産と消費の分離に伴う男女の役割分担の社会的認識が一般に受け入れられる事情にあったことを示し(10)」たものであると、歴史的に位置づけられている。『女黌必読女訓』の著者、高田義甫自身がどこまで自覚的に近代的な性別役割分業観に立脚していたかはわからないが、あえて問題提起の意味で記しておけば、「家政」という概念を導入し、それを女の役割とした点に、従来とは違う女性観が現れているといえるのである。

（3）第三類型

第三のタイプの往来物は、母としての徳目が登場しているのはもちろんのこと、骨格となる思想・理念そのものが変化しているという点で、第二のタイプとは趣を異にしていた。このタイプに属するものは、『明治女今川』『近世女大学』『文明論女大学』の三冊である。

『明治女今川』には、母としての徳目が、一二三か条の各論部分のうち、三か条収められている。ここにおいては、母は「小児の模範」「子女の品行の責任者」として、子どもの養育責任が課せられていた。同様な考え方は総論部分にも見出され、次のように述べられている。「一家に主婦たらんには、学問なくしては家政成がたかるべし。家は婦人の版図、小児は其属民の如くなりといへり。人の品行を溶鋳模型し、小童より大人にすすましむるゆゑに、家は開化の学校、善良の母は百人の教師にあたると、品行論にも見えたり」（二二七ページ）。

江戸期の女今川系往来物にあっては、陰陽論にのっとって女は愚かである、とされていたのであるが、ここでは陰陽論には全くふれられておらず、家政のために学問が必要なことや、教育する母の役割が重要なことが語られていた。そしてこの前提に立脚して、女も教育を受け、徳を修める必要性が述べられている。なお、ここでも家政という言葉が使われているが、「家は婦人の版図」という表現から察すると、『女黌必読女訓』と同じように、家を治めることすべてを女の責任領域とみなす意味で使われていたといえるだろう。

しかし、この家政や母役割を遂行するための学問の必要性という認識は、第二類型の往来物でもみられたことであった。むしろ『明治女今川』の画期的な点は、これにとどまらず、女の果たす役割を国家的な観点からとらえ直していることにある。つまり『明治女今川』においては、「邦の本は家、家の本は婦、婦は家政を執るの大任なることを知らざる事」（二二七ページ）を戒める徳目に示されるように、女は家政の担当者であるだけでなく、その役割は国家の礎としての意義をもつと考えられていたのである。また婦徳に関しても、次に引用するように、婦徳の有無が一国の開化の度合いを量る尺度ともなるべきものであるからこそ、個々の女性に必要なのであった。「婦徳の長所を観て邦国開化の度を知るに足ると英人のいへる事あり。されば有志の女子、相誡め相慎みて、我邦をして他国の誹議をうけしむる事なかれ」(二二九ページ)。

このように、子どもを教育する母親像が明確に提示されている点に、そしてまた女の担う役割が国家的視点でとらえられている点に、『明治女今川』の特徴が存在していたといえよう。そして後述するように、母役割が国家の側から価値づけられることにこそ、明治以降に賢母養成が求められる必然性が潜んでいたのである。ただ、「天賦の体質をも弁《わきま》へず、男女同権などと称へ、夫に随ふを恥る事」(二三五ページ)が戒められてもおり、妻は夫に従うべきであるとし、それを「天賦の体質」のゆえとして正当化する考え方が支配していたのも事実である。そしてこの点こそが、次に述べる『近世女大学』や『文明論女大学』との相違であった。

最後に残った『近世女大学』と『文明論女大学』であるが、これらの本の著者である土居光華は、尊王攘夷運動家→啓蒙思想家→自由民権運動家、という経歴をたどった人物である。(11) このような経歴からも想像がつくように、彼は旧来の『女大学宝箱』に代表される女性観に対して批判的であった。その基本理念は、「人は男女の差別なく皆、不羈《き》不制自主自立の権有り。他人の抑制を受けざる者なり」(二九四ページ)という、『近世女大学』の第一章の書き出しによく現れている。このように、男女同権を明確に打ち出していることが何といってもこの本の特徴であり、『明治女今川』とも大きく異なる点であった。

しかしながら他方で、先の文章に続けて、「女子は天性柔順、男子の守護に非ざれば、其身体財貨を全《まっと》ふし、其心思の楽みを窮むる事能《あた》はず。故に女子其労に報ひ、其義に謝する為め、多少の権利を剝殺して、是を男子に借与せざるべからず」（同）とも述べている。そして女が男に対して礼儀や信従の徳を欠くことを戒めていた。つまり、理念としては男女同権を掲げつつ、現実には男に譲り、従うことを求めたのである。その意味で、不徹底の譏りは免れないであろうし、男女同権を実質的に実現しようとしていたとは言い難いだろう。

このような特徴をもつ『近世女大学』であったが、彼は二三章中、三章にわたって、母としての徳目を述べている。それによると、母は父よりも子どもに身近な存在であるがゆえに「幼子の標準」となるべきであり、小学校入学以前の子どもに対して、読書、算法、裁縫などの教育を行うべき存在であった。そしてそのために、彼は女子自らも勉学しておくことが必要であると主張している。

また、『女大学宝箱』を逐条批判した『文明論女大学』になると、『近世女大学』では中途半端であった男女同権の考え方をより徹底させている。そしてこの男女同権という考え方から、男女はともに等しく「日本帝国の人民」として権利義務をもち、「我が日本帝国の婦人女子は、男子と同じく日本帝国の人民の権利を有するものにして、日本帝国に報ずる養務を存するものなり」(12)と主張する。またこの部分の頭注では、彼は「皆、明治天皇陛下ノ臣民」と述べてもいる。すなわち、夫と妻は支配―被支配関係ではなく、天皇のもとに臣民として平等であるととらえられているのである。

このようにとらえた上で、彼は子育てに関して次のように述べている。「婦人の子を産むは男子の兵役にして、その子を育つるは学校の教師なり。何《いず》れも婦人の身上においては大任にして、婦人の肝要なる箇条と云うべし(13)」。つまり、彼が、子を産み、育てることを女の主要な役割、それも男の兵役や学校の教師と同じく、国家の盛衰に関わる重要なものととらえていたことがわかる。そしてこのことの当然の帰結として、彼は『女大学宝箱』が女の育児の役割を無視して、これに何ら言及していないことを批判している。しかも批判するだけでなく、このことが「欧米諸国今日の隆盛に赴く所以《ゆえん》と、我が邦及び支那等の開化、之に劣る所以の原由(14)」であるとさえ主張する。『文明論女大学』においては、母としての役割はこれほど高く価値づけられていたのである。

江戸中期から後期にかけて刊行された七冊の往来物の女性観はいずれも似通っており、母としての役割に関する徳目はほとんど述べられていなかった。が、明治期に刊行された往来物は、発行年が明治六（一八七三）年から一五（一八八二）年までと、その間わずか一〇年しかないのに、内容において実に多様であった。社会が目まぐるしく変化する中で、規範としての女性観もまたその変化と無縁ではありえず、揺らいでいたのであり、女に期待されるものが変質しつつあったのである。

では一体、どのような変化を示しているのか。まず一目でわかる大きな違いは、子どもを育て、教育する母としての役割に視点が向けられ、母役割を十分に遂行するために、女子自らも教育を受けるべきだと考えられはじめていることである。すなわち、女子教育思想の展開という視点からとらえてみれば、女を愚かであるとし、ひたすら妻・嫁としての「従」を求める江戸時代の女子教育観から、第二類型に現れた教育する母親への着目を経て、第三類型に示された、子どもの教育を女の果たすべき主要な役割、しかも国家の立場からも重要な役割であるとみなし、そのために女性自らに知識・学問を求める女子教育思想にまで、変化している。

はじめに述べたように、明治維新以後女子教育の必要性が語られるときには、必ず賢母養成ということがその論拠として用いられたが、往来物にもまた同様な論理が貫徹していたのである。そして、女性観の変化と、女の担う育児・教育役割への着目とは、同時平行的に進行していたのであり、女の母としての役割を高く評価するものほど、女の地位を高くみる傾向にあった。いわば、「腹は借り物」の時代から「教育する母親」の時代へと、女は母たることを通して自らの地位を向上させていったということができる。しかし、このことは逆にいえば、女は一個人として価値づけられるのではなく、母としての側面を通してしか評価されなかったことを意味していた。

またさらに注目すべきことは、第三類型の三冊の本は、母役割への高い評価という点では共通していたものの、母役割に目が向けられるに至ったゆえんは大きく異なっていたことである。つまり、『明治女今川』にあっては、主たる問題関心は国家の発展にあり、この視点から母役割への注目が生まれていた。これに対し、『近世女大学』や『文明論女大学』では、女の地位の向上をめざして、女を男と同じ国民として位置づけるときに、母役割への注目が生じていた。それゆえ、『明治女今川』と異なり、男女「同権」も肯定されていた。このように、『明治女今川』と、『近世女大学』や『文明論女大学』は、その主観的意図において相異なる立場にたっていたが、両者はともに国家的視点から母役割を価値づけ、賢母養成をめざしていたのである。収斂していく目標が違っているにもかかわらず、一見すると似通った主張がなされているのは、いわば当時が近代的女性観の揺籃期とでもいうべき、混然一体とした状態だったからであるといえるだろう。そしてここからやがては良妻賢母思想が登場してくることになる。

2　賢母論登場の意味

このように、往来物に現れた女性観は、明治維新後、女の果たす育児・教育機能へ目を向けることによって、その思想内容を大きく転回させていった。しかしながら、なぜ江戸から明治へという時代の変化の中で、それまでほとんど無視されていた母役割が注目されるに至ったのだろうか。明治初期の女子教育論を手がかりとして、この問題を考察していきたい。

明治初期、女子教育の必要性に言及した文章はいろいろある。思いつくまま並べてみても、廃藩置県前にいくつかの藩が女学校を設立した際の理由書、開拓使女学校設立に関する上奏文（明治四年）、文部省の「学制」に先立つ「当今着手ノ順序」（明治五年）、アメリカ人で文部省学監であったＤ・モルレーの「申報」（明治六年）、『明六雑誌』に掲載された、箕作秋坪「教育談」（明治七年五月）、森有礼「妻妾論ノ四」（同年一一月）、中村正直「善良ナル母ヲ造ル説」（明治八年三月）、などがある。

これらは、すでに様々な論文において取りあげられ、論じられてきたので[15]詳述しないが、たとえば、

「学制」に先立つ「当今着手ノ順序」に関していうと、これには全部で九か条が掲げられていた。そのうち女子教育に関しては、「一般ノ女子男子ト均シク教育ヲ被《コウム》ラシムベキ事」として、次のように述べられている。「人子学問ノ端緒ヲ開キ、其以テ物理ヲ弁《ワキマ》フルユヱンノモノ、母親教育ノ力多キニ居ル、故ニ博ク一般ヲ論ズレバ、其子ノ才不才其母ノ賢不賢ニヨリ、既已ニ其分ヲ素定スト云ベシ、而シテ今日ノ女子後日ノ人ノ母ナリ、女子ノ学ビ(ママ)ザル可《ベカ》ラザル義誠ニ大イナリトス、故ニ小学ノ教ヲ敷キ、従来女子不学ノ弊ヲ洗ヒ、之ヲ学バシムル事、務《ツトメ》テ男子ト並行セシメンヲ期ス、是小学ヲ興スニ就テ第一義トス(16)」。

この文書は小学校教育の女子への普及をねらって発せられたものであるが、ここからもわかるように、文部省は女子が将来母となり、その母の賢・不賢が子どもに大きな影響力を発揮するがゆえに、女子にも教育が必要だと考えたのであった。

あるいは、モルレーは「申報」において、「児童ノ幼稚ニシテ心志移リ易キノ時ニ当テ、之ヲヨク教育スルハ必ズ婦人ニ在リ、婦人ノ児童ニ於ル啻《タダ》ニ学事ヲ教フルノミナラズ、其一言一行皆児童ノ模範トナルモノナレバ、国家後来ノ人ヲシテ必善良ナラシメント欲セバ、先其母ノ教育ヲシテ此位置ニ至ラシムルヲ要ス(17)」と述べている。ここでも「当今着手ノ順序」と同じく、子どもに対する母親の影響力の大きさが説かれ、それゆえの女子教育の必要性が主張されている。しかもこのような母役割への着目は単に女子教育の必要性を訴えるにとどまらず、女性は児童を教える最良の教師であるという主張にもつながっていった。そしてこの観点から、彼は女性教員養成のために女子師範学校設立も提言し、現にこの「申報」の数か月後には官立の東京女子師範学校が設立されている。

この二つの文章はいずれも、賢母養成の点から女子教育の必要性を主張しているが、ここでいう「子」や「児童」とは、第一義的には国家の発展を直接的に担う「男子」を指していると思われる。つまりここに至り、娘の教育だけでなく、息子の教育の担当者としても母親が認知されたことがわかる。そしてこれは明治啓蒙期の女子教育論に共通にみられる論理でもあった。そこにおいては、江戸時代において最も求められていた、妻や嫁といった面はもはや忘れ去られたごとく、そしてまた母としての役割が女の役割のすべてであるかのごとく、女子教育の必要性が説かれているのである。

その意味で、女子教育観は大きな歴史的転回をとげたのであるが、それが欧米の女子教育観の影響によってもたらされたことは想像にかたくない。というのも、序で述べたように、一九世紀後半の欧米社会では、すでに母親の教育役割が強調されていたからである。したがってその言説は、欧米文明の摂取に多大なエネルギーを割いていた当時の日本に、当然もたらされたであろう。事実、文部省が編纂した『文部省雑誌』（明治六—九年）や『教育雑誌』（明治九—一五年）には、欧米の女子教育論の翻訳が多数掲載されている。日本でこれらが熱心に学ばれていたのである。(18)

啓蒙期の代表的な開明派知識人である森有礼もまた、母役割の重要性に着目し、女子教育の必要性を説いた一人であった。彼の場合興味深いのは、母の愛情を子どもの教育と結びつけてとらえていたことである。すでに述べたように、江戸期の女訓書は母の愛情を否定的にとらえていたが、彼は、教育を受けていないから女は愛に溺れてしまうのであり、教育を受ければ母の愛は子を育てるのに「よい条件」へと転化しうると、次のように主張している。「女子ハ素ト情ニ富ミ愛淵深キ者ナリ、然《シカ》ルニ少時学バズ、既ニ母ト成リ子ヲ育スルニ方《アタ》リテ其愛力ヲ利用スルノ法ヲ知ラズ、屢《シバシバ》子ヲ其淵ニ溺ラス者アリ。故ニ女子ハ先ヅ学術物理ノ大体ヲ得、其智界ヲ大ニシテ能ク其愛財ノ用法ヲ通知セザル可《ベカ》ラズ。然レバ則《スナワチ》其深淵ノ愛愈《イヨイヨ》加リ、之ニ従フ所ノ徳沢愈大ナルヲ得べシ(19)」。

しかしながら、なぜこのような母役割の強調がなされねばならなかったのだろうか。それは簡単に言ってしまえば、次代を担う国民の養成、それも大量の「質のよい」国民養成が求められ、それが女たちに期待されたからにほかならなかった。先にふれた土居光華は、女の果たす育児・教育役割を国家の盛衰に関わる要因としてとらえていたが、この視点は、欧米思想の影響を色濃く受けたこの時期の女子教育論者に、共通に抱かれていたのである。たとえば、自ら同人社女学校を設立し、後には東京女子師範学校の摂理(校長)に就任した中村正直は、「善良ナル母ヲ造ル説」において次のように述べている。

人民ヲシテ善キ情態風俗ニ変ジ開明ノ域ニ進マシメンニハ、善キ母ヲ得ザルべカラズ。絶好ノ母ヲ得レバ絶好ノ子ヲ得べク、後来我輩ノ雲仍《ウンジョウ》(子孫――引用者)ニ至ラバ日本ハ結好ノ国トナルベク、修身敬神ノ教モ受クル人民トナルベク、技芸学術ノ教モ受クル人民トナルベク、智識上進心術善良品行高尚ナル人民トナルベシ。吾輩ハ先天ノ教育ノ滋養足ラズ、中年碌々志業成リ難ク、窮廬《キュウロ》(粗末な住居――引用者)ニ悲歎シ欧米ノ開明ヲ羨ヤムノミ。何トゾ吾輩ノ雲仍ハ善キ母ノ教養ヲ受

サセ度《タク》深望ノ至ニ堪ヌナリ。扨《サテ》善キ母ヲ造ランニハ女子ヲ教ルニ如《シ》カズ。(20)

ここには欧米への羨望が吐露され、日本も欧米なみの「文明国家」たらんとする心情があふれている。ただ注意せねばならないのは、そのための手段として「善キ母」が求められ、女子教育が必要とされていることである。つまり、「絶好ノ母」→「絶好ノ子」→「結好ノ国」と、いかにも楽観的に、かつ必然性をもって、一本の線で結ばれていたといえる。当時の政府高官や啓蒙知識人にとって最大の課題は、日本の独立維持、近代国家の建設、近代的国民の形成であったが、女子教育の振興もまたこの文脈において語られ、それ以外では決してなかったのである。そしてこういう考え方をするのは、何も中村正直が特殊なわけではなく、啓蒙期の女子教育論に共通にみられる観点であった。

中嶌邦は、「この期（明治初期――引用者）の開明的立場の主張する賢母なり良妻は、夫や子への私的な家内部の女性像が主となっており、良妻賢母主義が国家体制に組み込まれる後の状況とは違う」(21)と述べ、両者を一線を画するものとして理解している。しかしこれまで検討してきたように、啓蒙期に期待された賢母もまた決して私的存在ではなく、次代の国民養成を担う、国家に組み込まれた存在であった。したがって、このような理解には納得できない。

『明治女今川』や『文明論女大学』において、女の果たす役割、その中でも特に母役割は、単に私的意味をもつものではなく、国家的視点からとらえ返され、価値づけられていたが、このこともまた、啓蒙期の女子教育論と同様に考えるべきではないだろうか。すなわち、近代国家の建設という視点を導入した結果、母役割が重要だと発見され、認識されたのであり、母親の子どもを慈しみ、育てる役割そのものが高く評価されたわけではなかった。言葉を代えていえば、妻や嫁としての役割（最も代表的なものでは、夫や舅姑に従順に仕えること）は、国家の側から意義づけにくいのに対して、母役割は次代の国民養成という点で国家と結びつき、容易にとらえうるものであった。それゆえ、教育する母役割が次第に肥大化し、強調されていったのである。とすれば、「腹は借り物」から「教育する母親」へと、確かに女自身の地位は向上し、男と同じく国民の一員と位置づけられはしたけれど、その実、女を手段視するとらえ方が、「家」のためから国家のためへと変化したにすぎなかったともいえそうである。

ところで、明治啓蒙期は女子教育論が初めて本格的に登場した時期であるとともに、女子のための学校教育が開始された時期でもあった。しかし現実には明治二〇年代まで、小学校への女子就学率は低迷し続け、女子中等教育もミッション・スクールを中心とした私立学校によって細々と行われていたにすぎなかった。その意味では、明治啓蒙期の賢母論は現実から遊離した議論であったのかもしれない。しかしながら、明治啓蒙期の賢母論がもつ歴史的意義は決して小さくはないだろうし、学校教育が開始されるにあたり、小学校教育も女学校教育もともに、賢母養成の必要性がその論拠として使われたことは、充分記憶にとどめておかなければならないだろう。なぜならこのことは、女が近代国家を構成する国民の一員として統合されていくとき、男と違い、まず将来の国民を育てる母として統合の網の目にからめとられていく、ということを教えてくれるからである。またそのことを通じて女は自らの地位を向上させることができたともいえるからである。そして日清戦争後の女子教育論においては、単なる賢母論にとどまらず、良妻賢母論が登場し、明治三二（一八九九）年、高等女学校令の公布をもたらすことになる。では、その良妻賢母論とはどのような思想だったのだろうか。

三　良妻賢母思想の登場

1　日清戦争後の女子教育論

学校教育が開始されて二〇年ほどが経過した明治二〇年代半ばになっても、女子教育は低迷し続けていた。『学制百年史　資料編』（文部省、一九七二年）から計算すれば、たとえば明治二五（一八九二）年の小学校への就学率は、男子七二％に対して、女子は三七％である。しかもこれは名目上の数字であり、実際の通学率はもっと低かった。また『学制百年史　資料編』によれば、中学校在学者数が約一万六千人であったのに対して、高等女学校在学者数は約二千八〇〇人。女子中等教育は、明治二四年の中学校令改正において、第一四条で高等女学校が尋常中学校の一種と初めて規定されたものの、その他には何の法的規定も存在していなかった。その意味で、男子中等教育が明治一九年の中学校令によって制度化されていたのとは、好対照であった。そして、明治二〇年前後の鹿鳴館時代に一時的に女子教育に関心がもたれたものの、総体としていえば、一部の熱心な女子教育家を除いて、女子中等教育は教育世論上も教育政策上も、ほとんど無視されていたといえるだろう。

しかし、日清戦争後の高揚した国家意識のもとで、良妻賢母の育成の必要性を盛んに唱える女子教育論が、単に女子教育関係者だけでなく、政策担当者の口にものぼるようになる。たとえば、吉木竹次郎編『教育大家女子教育論纂』(明治三〇年)は、政治家や学者の女子教育論を集録したものであるが、その中には、従来女子教育にほとんど関心を示していなかった政治家の論考や演説が収められている。また、当時の教育雑誌にも、女子教育論の掲載が目立ちはじめており、女子中等教育実施の気運が盛りあがりつつあったことがわかる。

一方でまたこの時期は、小学校の女子就学率が飛躍的に上昇しはじめる時期にあたっていた。『学制百年史 資料編』より算出した名目上の就学率でいえば、明治二八(一八九五)年は四五%程度だったものが、三〇年には五〇%を超え、三二年には五九%、三三年には七〇%台になっている。それはもちろん就学督励の積極化、裁縫教育の充実、女性教員養成の本格化などの行政的テコ入れの結果であったが、この女子就学率の上昇に連動して、中等教育希望者も増加していくことになる。このような状況のもとで、明治三二年、高等女学校令が公布され、良妻賢母思想は国家公認の女子教育理念としての地位を獲得していくのである。

ところでそもそも、男子中等教育に比べて女子中等教育の制度化が一〇年以上も遅れ、政府の無策ともいえる状態が長く続いたのはなぜなのだろうか。それは結局、次の言葉に代表される女子教育観の反映だったのではないだろうか。

高等女学校ノ如キ、其利益ノ及ブ所ハ、単ニ之ガ教育ヲ受ケタル一個ノ女子、若《モシ》クハ其女子ノ嫁シタル一家ニ被《コウ》（ママ）フルニ過ギズシテ、到底全般人民ノ利益トナル者ニアラズ、之ヲ如何ンゾ、妄《ミダリ》ニ国財ヲ消糜《ビ》シテ、女子教育ノ事ニ充ツベケンヤ。然リト雖《イエドモ》、女子モ亦是レ一個ノ国民ナリ。故ニ国民タル性格ニ於テハ、男子ト同一ノ教育ヲ受ケシメザルベカラザルコト論ヲ待タズ。即チ小学校ノ教育ハ男子ト女子トハ問ハズ、略《ホボ》同一ノ程度ニ之ヲ受ケシメザルベカラズ。(22)

これは当時の代表的な教育雑誌であった『教育時論』の明治二二年一月の社説である。ここでは、具体化・特殊化されていない抽象的国民としての女のための教育は、国家にとって重要だと考えられているが、妻・母という家事・育児を担うものとしての女のための教育は、国家にとって重要だとは考えられていない。そして前者は小学校段階で十分であるから、それ以上の高等女学校教育は不必要なものとみなされているのである。なぜなら、この社説においては、後者のための教育は個人の、あるいはせいぜい家族の利益にとどまり、社会・国家に還元されないと考えられていたからである。それゆえ、女子中等教育必要論は、この不必要論を論理的に克服する形で、すなわち、妻として母としての女のための教育に、抽象的国民としての女のための教育と同じように、国家的利益が存在することを示すことによって主張されていくことになる。

その先鞭をつけたものが、日清戦争終結直後に発表された、細川潤次郎（華族女学校長、明治二七年三月までは女子高等師範学校長）の「国力と女子教育との関係」（『大日本教育会雑誌』第一六五号、明治二八年五月）であった。日清戦争後、日清両国の教育普及の相違こそが日清戦争における日本の勝因である、という主張が教育界において喧伝されたが、彼はこの論理を女子教育にまで敷衍して、この論文を執筆している。

すなわち彼は、朝鮮、トルコ、エジプトなどと、イギリス、フランス、アメリカなどの欧米諸国とを比較し、女子教育の進展の度合いが国家の強弱・貧富を量る指標の一つであると主張する。なぜなら、女子教育の盛んな国では、「半数の人員農又商業に関する知識を有するを以て、男子の農工商の業を助くることを得べく、而して其助くる所は徒《いたずら》に労力を供するに止まらざる」からである。そしてまた、「女子の交際男子と大差なきを以て、其見聞も亦広く其思想は自然国家の休戚に関し、公同心に富むことを得べく、愛国心を有すること」ができるからである。

このように彼は、女子教育の発達が知識による内助や国民的自覚をもたらし、それが国家の富強に結びつくという論理で、女子教育の必要性を主張したのであった。とりわけ、このような知識による内助が求められている点は興味深い。なぜなら、江戸時代における良妻であるための必要条件が、もっぱら夫や舅姑に対する従順さであったのに対し、ここにおいては、もっと積極的な妻役割が求められているからである。すなわち、もはや女性は愚かなままでいいのではなく、教育を受け、獲得した知識をもって夫を助けていくことが期待されるようになった。そしてこのような女性こそが、「良妻」となるのである。

この細川の議論をさらに具体的に展開した女子教育論が、二か月後の、同じ『大日本教育会雑誌』

第一六七号に掲載されている。それは、女子高等師範学校長（明治二七年三月より三〇年一一月まで）である秋月新太郎の「女子教育管見」である。この論文は長文のもので、女子教育の現状分析、諸外国の状況説明、日本での女子教育不振の原因解明と女子教育の必要な理由、将来のあるべき女子教育像と、論点は多岐にわたっていた。秋月はこの中で、女子教育の必要性を三点指摘している。

一つは、国家経済上の利点が女子教育に存在するからであり、これに関しては先にふれた細川の主張をそのまま引用している。二つには賢母を養成するためであり、「将来益《ますます》有為なる我が国民を得んには、其の国民を養育するに適する母を作らざる可《べ》からず、即ち女子は家庭教育の本尊にして、国民教育の基礎を造くるものと云ふべきなり」と述べている。これはいうまでもなく、すでに明治啓蒙期に登場していた論点である。そして三つには、「国民一般の道徳を進捗するの利益」が女子教育にはあるためであった。なぜなら、「女子は隠然社会の道徳を左右するの力強きものにして、一国一郷或は一社会たるを問はず、其の団体の道徳の高卑は其の団体に於ける女子の品性の高卑に係る」からである。この三つの視点から女子教育の必要性が論じられているのだが、この中で最も強調されていたのが二点目であった。

秋月ばかりでなく、この時期の女子教育論においては、賢母養成を論拠として女子教育の必要性を主張するものが多かった。しかしこれは、すでに明治啓蒙期にみられたことである。その当時、受け入れ基盤がないままに行われた議論が、ここに至り一挙に展開されたという感があるものの、論理としての目新しさはない。それに対して、知識による内助や女性の道徳性に対する注目は、この時期になって新たに登場してきた論点であり、良妻という言葉の意味が変化しつつあることを示すものであった。

さらに妻役割に関しては次のような意見も出されている。「男子が教育上より、養成し得たる義勇報公の観念を実行せんとするに際し、其の意志の力を強めて、其の実行を容易ならしむると、実業の為め、家国を離れんとするに際し、内顧の患なからしむるの二者を以て、女子教育の方針を定めざるべからざるや、明なりとす(23)」。ここでは家を守る妻、そのことによって後顧の憂いをなくす妻が必要とされ、そのための女子教育が要求されている。いってみれば女に対して家の管理能力が求められているこことになるが、これは江戸時代において先天的に愚かな者、劣った者とみなされていた女には望むべくもなかったことであった。

言葉を代えていえば、単なる従順さだけが良妻の条件なのではなく、「男は仕事、女は家庭」という近代的な性別役割分業観にのっとって、家事労働を十分に果たし、家政を管理することができる女性が、良妻と観念されているのである。その意味で、良妻賢母思想の「良妻」と江戸期の「良妻」とは、その内実において大きく異なっていたといえるだろう。

日清戦争後の女子教育論においては、このように、女性が妻・母として家の中で果たす役割や女性の「高い」道徳性が国家的な視点から価値づけられ、そのことによって女子教育の必要性が主張されていた。そしてこのことは、女が抽象的国民としてだけでなく、家事・育児を通して国家に貢献する具体的国民としてとらえられたことを意味しており、まさにここに良妻賢母思想登場の意義があったと言わねばならない。ただ良妻賢母というものの、妻と母、どちらに重点がおかれて女子教育の必要性が主張されるかといえば、それは圧倒的に母役割であった。やはり次代の国民養成に深く関わる母役割の方が、国家からすればより重要であり、価値づけやすかったのであろう。

2　高等女学校令の公布

さてこのような国家の論理を前面に押し出した女子教育論は、日清戦争後から、『教育時論』『大日本教育会雑誌』『教育報知』などの教育雑誌、あるいは女子教育書に繰り返し登場していた。それは、文部当局者によっても共有されており、女子教育政策を展開していく際の論理として使われていた。

たとえば西園寺公望は、明治二八（一八九五）年一月、文部省令として高等女学校規程が出された時の文部大臣であったが、[24]高等学校長、尋常師範学校長を前にした公の席で次のように演説している。「善良なる国民を養成せんには必ず婦人内助の力を藉《か》らざるべからず、西洋諸国に於て女子教育に尤《（ママ）》も力を用ゆるは之が為なり、女子自身も亦十分の教育を受けて天賦の良知良能を発達せしむるは当然の事たり、我邦に於ても亦此事に注意するを要す[25]」。これまで何度もふれてきた、次代の国民養成の観点からする女子教育必要論で、論理としての目新しさはないが、文部大臣という公職にある者の公的場での発言として注目したいと思う。

そしてこの視点は当時の文部省普通学務局長であった木場貞長にもみられたところである。木場もまた賢母論の観点から、「遅れてきた」近代国家としての日本が欧米諸国に追いつくためには、将来の家庭教育を担う女子を教育することが必要不可欠であるとして、次のように述べていた。「我国の如き文運他国に後れ、金力智力共に如《し》かざるの国に在つては、国民の人情を高尚にするにあらざれば、奚《いずくん》ぞ此の帝国をして東洋に雄飛せしむる事を得べき。是れ余が家庭教育の忽《ゆる》がせにすべからざる事を説いて、女子教育を奨励するの急なるを主張する所以《ゆえん》である(26)」。

文部省はこのような観点から女子教育への関心を示し、明治二〇年代末から女子教育政策に本腰を入れていった。そしてついに明治三二（一八九九）年二月、勅令として高等女学校令が公布され、高等女学校は、男子の中学校と同じく「高等普通教育」機関として法令上位置づけられた。そのことによって女子中等教育は制度化され、明治三六年までに全国に公立の高等女学校が次々と設立されていくことになる。女子中等教育がこのようにして公教育体制の中に位置づけられたのも、高等女学校教育が国家の発展と密接に関わりあうものと認識されたからであり、この女と国家との関係性を論理的に明確化したのが、良妻賢母思想だったといえるだろう。

舘かおるは、「資本の要求にそって女子労働力を供給し、かつそのことによる家制度の弱体化をふせぐためには、現実を観念によって秩序化するイデオロギーが必要であった。それが良妻賢母主義思想である(27)」ととらえている。が、妻・母役割からの逸脱を防止するために良妻賢母思想が必要とされたという論理は、本末を転倒した議論なのではないだろうか。結果的に良妻賢母思想によって女は生き方を制限されていくが、制限するために良妻賢母思想が確立したわけではなかった。しかもこの当時、女性、とりわけ高等女学校教育を受ける階層の女性の労働者化に対する危機感が、支配層に存在していたわけでもなかったのである。

ところで高等女学校令を公布したときの文部大臣であった樺山資紀は、公布後間もない四月に、地方長官会議で訓示を行い、高等女学校について次のように述べている。

健全なる中等社会は独《ひとり》男子の教育を以て養成し得べきものにあらず、賢母良妻と相俟《ま》ちて善く其家を斉《ととの》へ（ママ）始て以て社会の福利を増進することを得べし、故に女子教育の不振は現今教育上の一大欠典（ママ）と言はざるべからず……高等女学校の教育は其生徒をして他日中人以上の家に嫁し、賢母良妻たらしむるの素養を為すに在り、故に優美高尚の気風温良貞淑の資性を涵養すると倶《とも》に、中人以上の生活に必須なる学術技芸を知得せしめんことを要す。(28)

高等女学校令の産みの親である彼の女子教育観がここから窺われるが、これまでの研究においては、この発言はもっぱら高等女学校教育の階級性を示すものとしてとらえられてきた。もちろんそれはそうなのだが、しかしここでは、「賢母良妻」という教育目標が、女にとって両刃の剣であることを指摘しておきたいと思う。なぜなら「賢母良妻」は、一方においては女子教育振興の論拠として使われ、女子教育の普及を促すものであるが、他方で良妻賢母のための教育という、教育内容の限定をもたらすものになるからである。明治三〇年代初頭という時期にあっては前者の側面が押し出されているが、社会的意味づけが変われば、良妻賢母思想は女の生き方を妻や母に限定させ、教育レベルを低度に抑える機能を果たしていくことになるのである。

事実、同じ中等教育機関でありながら、中学校と高等女学校では、その内実において大差があった。まず修業年限が、中学校は五年なのに対し、高等女学校は「修業年限ハ四箇年トス、但シ土地ノ情況ニ依リ一箇年ヲ伸縮スルコトヲ得[29]」とされ、実際には四年制のものがほとんどであった。明治末年で五年制の公立高等女学校がおかれていたのは、東京、京都、兵庫の三府県でしかない。また教育内容についていえば、各学科目の週あたりの授業時数は表1−1のようになっていた。

この表は、明治三四(一九〇一)年の中学校令施行規則と高等女学校令施行規則に依拠して作成したが、中学校に比べて、高等女学校では、漢文、博物、物理及化学、法制及経済が学科目として存在せず、外国語は必修科目ではなかった。それに数学や外国語の授業時数は中学校の半分以下であり、その分、修身、家事、裁縫、音楽にあてられていたことがわかる。また高等女学校にはこの表に掲げられた学科目以外に、教育と手芸とを随意科目として設置することが認められていた。つまり、このような女子用の学科目の存在が、高等女学校教育の特徴といえるのである。しかし、かといって家事・裁縫などの、良妻賢母育成を直接的に担う学科目の授業時数が目立って多いということもなく、普通教育機関としての一応の体裁はとっていた。その意味で、いわば高等女学校は、一方で中等教育機関でありながら中学校に比べると教育程度が低く抑えられていたが、他方で良妻賢母育成を目標に掲げながら、家事・育児教育に徹しておらず、従来の女塾における教育に比べれば、程度の高い普通教育が行われる学校であったといえるだろう。

表1－1　週あたり授業時数の比較

	明治34年高等女学校令施行規則				明治34年中学校令施行規則				
	1年	2年	3年	4年	1年	2年	3年	4年	5年
修身	2	2	2	2	1	1	1	1	1
国語	6	6	5	5					
国語及漢文					7	7	7	6	6
外国語	(3)	(3)	(3)	(3)	7	7	7	7	6
歴史・地理	3	3	2	3	3	3	3	3	3
数学	2	2	2	2	3	3	5	5	4
理科	2	2	2	1					
博物					2	2	2		
物理及化学								4	4
法制及経済									(3)
図画	1	1	1	1	1	1	1	1	
家事			2	2					
裁縫	4	4	4	4					
音楽	2	2	2	2					
唱歌					(1)	(1)	(1)		
体操	3	3	3	3	3	3	3	3	3
計	28	28	28	28	28	28	30	30	30

（　）は欠いても随意科目でもよい
（『明治以降教育制度発達史』第4巻、181～182，288～289ページより作成）

3　良妻賢母思想の特徴

良妻賢母思想は、これまでみてきたように、明治啓蒙期における賢母論にその端を発し、日清戦争後の女子教育論の隆盛、高等女学校令の公布を通して、国家公認の女子教育理念としての地位を確立した女性観であった。では、これは一体どのような特徴をもつ思想だったのだろうか。そしてこれをどのように総括し、歴史的に位置づけたらよいのだろうか。女子教育論を検討する中でみえてきた良妻賢母思想の論理構造に迫ることから、この問題を考察していきたい。

良妻賢母思想の特徴として第一に指摘できる点は、男女は生殖能力の相違にとどまらず、生理的にも心理的にも、そしてまた果たすべき役割の面からみても、大きく異なる、いわば対極的な存在として措定されていることである。ここでは、ハヴェロック・エリスに大きな影響を受け、性差心理学に依拠しつつ、男女の生理的・心理的相違を「科学的」「客観的」事実として示した、下田次郎（東京女子高等師範学校教授）の説明に耳を傾けることとしよう。ちなみに性差心理学は、一九世紀末に欧米で誕生したばかりの新しい学問であったが、欧米への留学から帰国した直後の彼は、さっそくその成果を取り入れて、明治三七（一九〇四）年に『女子教育』という本を出版している。

彼は男女の「性差」について次のように述べている。「記憶は、婦人の方が細かい事を一々覚えて居る、男子は大局を覚えて細かい事は見逃して居る……想像に於ては、男子の想像は一層原造的であつて、女子の想像は模倣的である……推理の方は、婦人は事実から判断する、即ち帰納的に考へる、男子は反対で、一つ或は多くの理論から演繹的に理屈を捏《こ》ねるのが得意である」[30]。

このように下田によれば、記憶や想像、推理において男女は全く異なるのであるが、このような心理的な相違だけでなく、生理的相違から導かれる男女の特性の相違も存在した。彼はたとえば血液と体力の問題に言及し、男の血液は赤血球が多く、比重も高いという。そして彼によればまさにその結果として、男女の活動力にも差が生じるのであり、この点に関して次のように説いている。

酸素の少いことは精神上の働力と持続力に影響する、女子の呼吸脈搏は男子よりも早い、併《しか》しそれは血中の速なる酸化作用に於ける酸素の欠乏を充分平均さすに足らぬ、随つて脳、脊髄、神経の営養（ママ）も良くない、心臓の縮張に由りて脳に入り込み又それから出るより起る血の波動の不規則から来る所の、脳に於ける血圧の不定は、眩暈《めまい》、戦慄、痙攣の如き状態を生じ易く、又容易に顔が青くなり又は赤くなるの傾きがあり、随つて精神上の爽快さを害することがある、女子の血流には嵐が起り易く、心臓も疲れ易い、女子はその血流の容易に不規則となることに由つて精神上に害を受けることは、男子よりも多いのである(31)。

さらに体力についても、彼は、肺量、筋力、運動力、持続力などにおいて男が優っていることを指摘している。

ところで、このように男女を生理的・心理的に全く異なる対極的な存在としてとらえる彼の性差論は、エリスに依拠したことからもわかるように、いわば欧米仕込みの「近代的なもの」であった。一九世紀後半にイギリスでは生物学を拠り所にした性差論が展開されており、彼はそれを下敷きにしていたのである。そしてこのヴィクトリア時代の性差論は、「その本質においては科学の装いをまとった性別領域概念の正当化であり、男女の両極性というロマンティックな二元論の追認であった[32]」と言われている。下田の主張も、まさにこれと同列のものとして理解することができるだろう。

しかも彼によれば、このような「性差」が存在するがゆえに、妻・母として家事労働にいそしむことが女の「職業」となり、それは男女の間での「自然な」分業となるのであった。彼は次のように結論づけている。「女子が妻となり母となり、男子が夫となり父となるのは職業には違ひない、是は天然の分業で、其境を踰《こ》へる事は出来ぬ、妻となり母となるは女子に限る職業である、此最も自然なる分業を取れば、夫は外に出て職を執り家庭の生活を維持するの資を儲け、妻は内にあつて家を治め子を教養するのが順当なるもので、男女の天職である[33]」。

なぜ生理的・心理的に性差が存在すると男女の役割の相違が生じ、家事労働が女の「職業」となるのかが、論理的に説明されているとはいえない。が、下田は「性差」が存在する理論的根拠として性差心理学を用いた結果、当時にあっては、この主張は説得力をもつことになった。なぜなら、他の多くの論者はごく当たり前のこととして生理的・心理的相違を認めていたにすぎず、何の根拠も示していなかったからである。そしていずれにせよ、良妻賢母として家庭内役割を果たすことこそが、女の「天職」「本分」だったのであり、それは疑うべくもなかったのである。

しかし、男女を対極的な存在として把握しているからといって、男女の優劣が論じられているわけではない点に注意しなければならない。すなわち、良妻賢母論を展開する人々は、男女同権という考え方も男尊女卑という考え方も否定し、「男女同等」であると主張したのである。微妙な言葉の使い分けであるが、たとえば菊池大麓文相は、明治三五（一九〇二）年一月に、大日本婦人教育会において次のように演説している。

世間に一時男女同権と云ふ言が甚《はなはだ》流行しましたが、私は斯《し》言を忌はしい語であると考へて居ります、併しながら、男女同等と云ふ言は実に至当なもので、男子であるが故に尊く女子であるから卑いと云ふ事はない筈で御座いまする……男女は互に相補助すべき者で、男子には其本分があり、女子には女子の本分があるから、各自区別を立てゝ互に自身の本分を守る様にして行きたいと思ふ……男子の女らしいのは好ましくない如くに、女子の男子らしい事は好ましくないので御座います……種々の点に於て男子と同じ地位に立つ事は、私は本邦の女子に対して望まない所であります。(34)

いわば男女は心理的にも生理的にも、そして役割上も全く異なる存在であるがゆえに、一方では男女は相補的な同等な価値をもつものとされ、他方で、お互いの領域を犯すことは男女同権状態の出現、「男らしさ」「女らしさ」の否定と理解されたのである。もちろんこれは菊池文相特有の考え方ではなく、先にふれた下田なども同様の発言を残している。(35)

しかもすでに述べたように、良妻賢母思想においては、妻・母としての存在意義は、単に家族にとってだけでなく、国家にとっても認められており、女は家事・育児をすることによって国家に対する貢献が可能であると考えられていた。したがってこの意味でも、男女の役割は同等とされたのである。いわば、江戸期の女訓書にみられた男尊女卑観は否定され、国民として男女は同等とみなされたが、この男女の同等という考え方は、あくまでも抽象的・理念的なものでしかなかったので、ここでは抽象的人間としての同等性とでも表現しておきたい。そしてこの点こそが、良妻賢母思想の第二の特徴であった。

しかしながら、たとえ抽象的には国民として男女は同等だといえるとしても、実質的には全く同等といえるようなものではなかった。なぜなら一つには、男が携わる職業などの社会的役割つまり生産労働は、女の担う家庭内役割つまり再生産労働に対して、明らかに経済的に優越しているからである。したがって、この厳然たる社会的事実が存在する限り、両者は対等の分業とはいえず、現実には、家庭内で女は男に経済的に依存し、それがために第二次的存在とならざるをえない。

そして二つには、家事・育児も国家にとって有用であるといっても、男が職業や兵役を通して直接的な国家への貢献を行うのに対して、女が「優秀な」子を育て、家を守り、内助に尽くしても、それは子や夫を通しての間接的な貢献でしかないからである。このような意味で女は、家族においても、国家においても、男に対して第二次的存在だったといえよう。このことを、先に述べた抽象的人間としての同等性と対比させて、具体的人間としての第二次性とでも表現しておきたい。もちろん良妻賢母論を主張する人々は、男女は同等であると述べるだけで、現実には女は「第二次的存在」であると表現することはなかった。しかし、内実においては女が男に比べて劣等の地位におかれていた点に、良妻賢母思想の第三の特徴が存在していたのである。

つまり、江戸期女訓書が両性間の支配―被支配関係を明確にしていたのに対し、良妻賢母思想にあっては男女の支配―被支配関係は表面化してはいなかった。それゆえ良妻賢母思想のもとで、女は、男と対等な役割を担っているかのごとき「幻想」を抱かされることになる。そして注目すべきことに、このような特徴をもつ良妻賢母思想は、思想的枠組みとしては、今日でも社会一般に生き続けているのである。すなわち、男女はそれぞれの性に応じて、仕事と家庭という役割を分担するのが「自然」であり、その役割が相補的であるがゆえに「対等」であるというように。

4　近代的女性観としての良妻賢母思想

このようにみてくれば、良妻賢母思想を儒教的女性観として総括することができないことは、もはや明らかであろう。たとえ両者に類似した徳目が存在していたとしても、男女の関係性のとらえ方や女の果たすべき役割は変化しており、何よりも、収斂する教育目標が、「家」を支える女性の育成と国家の一員としての女性の育成という点で、全く異なっていたのである。

またこれまで検討してきた限りでは、良妻賢母思想の日本的特殊性を示す指標とされた、国体観念や家族国家観との関連性を表す言辞が、女子教育論の中で展開されていたわけではなかった。「元来良妻賢母とは女性を単に家族の一員としてのみとらえるものであるから、「国家」とは直ちに結びつかない。……両者が関連づけられるのは、国（天皇制国家）を家（「明治民法」下の家父長家族）の延長と擬制する家族国家観のもとにおいてであった」(36)という考え方がある。が、これまで述べてきたように、良妻賢母は、女を単に家族の一員としてではなく、家事や育児、内助などを行う具体的国民としてとらえることにより登場してきたものであった。つまり、女が妻・母役割を果たすことが国家の発展に結びつくとする考え方は、何も家族国家観と関係しなくとも成立するものなのである。なぜなら、近代国家は一人ひとりの個人から直接的に成り立っているわけではなく、国家と個人とを媒介するものとしてそこには家族が存在し、個々人は、家族を通して国家による支配の網の目にからめとられているからである。

とすれば、良妻賢母思想を江戸時代と断絶し、戦後や欧米の女性観とも類似性をもつ、「近代」の思想として把握した方が、その思想的特質を明確化することができるのではないだろうか。すでに具体的に述べてきたように、明治以降、女はまず母として、やがて妻として、国民統合されていった。江戸から明治への時代の変化の中で、子を育て、教育する役割が初めて女には期待され、単に夫や舅姑に従順であるだけでなく、家事を責任をもって遂行し、家政を管理することが良妻の条件となっている。あるいはまた、知識による内助や「高い」道徳性の発揮もが、女に求められていた。このことは、良妻賢母思想が、男女を対極的存在とみなす男女観や、「男は仕事、女は家庭」という近代的な性別役割分業に即応した形での、期待される女性像の成立であったことを意味している。そしてこの性別役割分業観は、生産と再生産が分離し、「公」と「私」の領域が形作られる近代社会成立の条件ともいうべきものであった。この意味で、「良妻賢母」というイデオロギーは、近代社会の形成にとって不可欠のものであり、女を近代国家の国民として統合していく際のキー概念だったといえるだろう。それゆえ今日でもイデオロギーとして、良妻賢母思想は生き続けているのである。

ただ、このような「近代」の思想としての良妻賢母思想が、現実の高等女学校の場において、このままの形で教育されていたかといえば、それは疑問である。たとえば、新聞の閲覧が禁止されていたとか、従順でつつましやかな徳の育成や行儀作法が何よりも重視されていたとか、高等女学校教育をめぐる様々なエピソードがある。このことは、思想と現実との間にずれがあったことを物語っているだろう。つまり、女子教育振興の文脈で語られる良妻賢母思想がもっていた現状打破的な性格は、現実の教育にはそれほど貫徹してはいなかったのである。

これは、深谷昌志がいうように、理念として国民意識の涵養を中核とした良妻賢母の育成を説くことは簡単でも、それを現実の学校生活で実施することは困難であるからかもしれない[37]。あるいは、現実に求められている教育内容と思想とに距離がありすぎた結果でもあった。なぜなら、当時の社会には女子教育不要論がまだ根強く存在していた。また、たとえ女子教育の必要性が自覚されていたとしても、一般に父母たちが期待していたのは、相変わらずの、単なる家事能力や伝統的な婦徳の養成であった。このことは、明治三〇年代、四〇年代において高等女学校教育が、家事能力を身につけていない、「生意気な」女を作り出していると批判されていたことからも窺うことができる。そしてそのような伝統的な女訓を求める現実があったからこそ、「女大学」を批判するために、明治三二年にもなって、福沢諭吉は『女大学評論 新女大学[38]』を執筆せねばならなかった。
とすれば、良妻賢母思想がもっていた画期性が、現実の教育に貫徹していなかったとしても、それは当然である。第五章で述べるように、女子教育論の中で展開された良妻賢母思想と、修身教科書の良妻賢母像とにはずれがあったが、それ以上に、高等女学校教育の現実や社会の女性に対する期待とは、乖離していたのである。そしてそれゆえに、第三章で詳述するように、第一次大戦中から戦後にかけて、女の現状に対する危機感が生まれていくことになる。その意味で、この乖離は、第一次大戦をきっかけとして良妻賢母思想が再編されていく際の、一つの重要な契機となっていった。

注

（1）鳥光美緒子「近代教育学の中の母性——ペスタロッチーにおける母・子ども・家族」（小林登ほか編『新しい子ども学』第3巻、海鳴社、一九八六年）参照。
（2）『女大学集』においては、『女大学宝箱』は享保元（一七一六）年刊とされている。
（3）貝原益軒『養生訓・和俗童子訓』（岩波文庫、一九六一年）二一一ページ。
（4）中村弘毅『父子訓』（山住正己・中江和恵編注『子育ての書 三』平凡社東洋文庫、一九七六年）一八一一九ページ。
（5）木下比呂美「日本人の母性観について」（『林学園女子短期大学紀要』第九号、一九八〇年）参照。
（6）これらの書物で論じられた胎教論については、斎藤醇吉「江戸時代の家庭教育（Ⅱ）——出産と胎教」（『日本私学教育研究所紀要』第二二巻第一号、一九八六年一二月）を参照されたい。
（7）天保八（一八三七）年に出された、奥郁喜三郎「女学校発起之趣意書」。奥郁は、「人も小天地にて、其母は地なれば、地性《じしょう》よく、肥培《こやし》の仕方よき時は善人を生じ、地性あしく、肥培の仕方よからざる時は悪人を生ずるは、天地自然の道理なり」（尾形裕康『学制成立史の研究』校倉書房、一九七三年、六四〇ページ）という観点から、女子教育の必要性を主張していた。なお、この全文は、同書、六三七—六四三ページ、に掲載されている。

（8）木下前掲論文「日本人の母性観について」や筧久美子「江戸初期三儒者の女訓思想にみる母と女——藤原惺窩、山崎闇斎、熊沢蕃山の場合」（脇田晴子編『母性を問う　歴史的変遷（下）』人文書院、一九八五年）、宮下美智子「近世「家」における母親像——農村における母の実態と女訓書の中の母」（同）によると、山崎闇斎『大和小学』や熊沢蕃山『女子訓』、中村惕斎『比売鑑』においては、母の役割の重要性が指摘されているという。これらはいずれも一七世紀という近世前期の著作であるが、これらと往来物との乖離をどのように考えていくのか、はたして往来物をもって江戸時代の女性観を代表させてよいのか、という問題がある。しかしこれらの女訓書はどれも中国からの直輸入的色彩が濃厚であり、日本の現実生活を反映した女子教育思想を表した書物であったか疑問であること、また内容的にかなり難解で、当時の女たちがどれほど理解できたか疑問であること、この二点の理由により、江戸時代には母としての役割はほとんど無視されていたといってよいと考える。また、往来物を直接の考察対象としたものではないが、「子育てと子育ての書」（山住正己・中江和恵編注前掲書『子育ての書　一』）、中嶌邦「幕藩期女子教育論小考——良妻賢母主義教育の起点」（『史艸』第一九号、一九七八年）や木下前掲論文「日本人の母性観について」においても、江戸時代において教育する母親像が登場していないことが指摘されている。

（9）ただし、この本の翻訳は高田義甫によってはなされておらず、明治九（一八七六）年『家内心得草、一名保家法』と題して、穂積清軒によって翻訳出版されたという。詳しくは、角山栄「家庭と消費生活」（角山栄・川北稔編『路地裏の大英帝国』平凡社、一九八二年）を参照。

（10）角山前掲論文「家庭と消費生活」、四四ページ。

（11）詳しくは、長谷川権一「民権運動家と地域啓蒙——土居光華の思想と行動」（鹿野政直・高木俊輔編

『維新変革における在村的諸潮流』三一書房、一九七二年)、加藤幸子「土居光華及び彼の『近世女大学』に関する一考察」(『人間研究』第九号、一九七三年)を参照。
(12) 土居光華『文明論女大学』(石川松太郎編『女大学集』平凡社東洋文庫、一九七七年、一三五ページ)。
(13) 同、一四三ページ。
(14) 同。
(15) たとえば、吉田昇「明治以降における女子教育論の変遷」(『野間教育研究所紀要』第一輯、一九四七年一〇月、『吉田昇著作集 三』三省堂、一九八一年、所収)、平塚益徳編『人物を中心とした女子教育史』帝国地方行政学会、一九六五年、深谷昌志『良妻賢母主義の教育』黎明書房、一九六六年、中嶌邦「明治前期の賢母論」(『日本文化史研究 芳賀幸四郎先生古稀記念論文集』笠間書院、一九八〇年)、碓井知鶴子「近代的女子教育思想の出発」(高橋春子編『女性の自立と家政学』法律文化社、一九八一年)、片山清一『近代日本の女子教育』建帛社、一九八四年、などを参照。
(16) 『明治以降教育制度発達史』第一巻、三四二—三四三ページ。
(17) 『文部省第一年報』一四五ページ。
(18) 詳しくは、大林正昭・湯川嘉津美「近代日本西洋教育情報の研究(4)——幕末・明治初期における西洋女子教育情報の受容」(『広島大学教育学部紀要 第一部』第三五号、一九八六年一二月)参照。
(19) 森有礼「妻妾論ノ四」『明六雑誌』明治七年一一月(吉野作造編『明治文化全集 第一八篇 雑誌篇』日本評論社、昭和三年、一五三ページ)。
(20) 中村正直「善良ナル母ヲ造ル説」『明六雑誌』明治八年三月(同、二一二ページ)。
(21) 中嶌邦「女子教育の体制化——良妻賢母主義教育の成立とその評価」(『講座 日本教育史 3』第一法規出版、一九八四年)一一五ページ。
(22) 社説「高等女学校ハ政府ニテ篤ク保護スルニ及バズ」(『教育時論』第一三五号、明治二二年一月一五日)。

（23）社説「女子教育の方針を確定すべし」（『教育時論』第三四八号、明治二七年一二月一五日）。
（24）高等女学校規程は、これまで中学校令の中の一条にすぎなかった高等女学校に関する規定を独立させたという点に、女子教育史上の意義が存する。これはもともと井上毅の文相在任中に着手・立案され、彼の辞任後、ほとんど修正されることなく公布されたものである。詳しくは、堀内守「女子教育」（海後宗臣編『井上毅の教育政策』東京大学出版会、一九六八年）、野口伐名「井上毅の教育思想――井上文相の女子教育について」（『米沢女子短期大学紀要』第三号、一九六八年一二月）、兼重宗和「明治中期の女子教育について――とくに井上毅を中心として」（『徳山大学論叢』第一三号、一九七九年）、を参照されたい。
（25）「西園寺文部の教育意見」（『教育時論』第三六五号、明治二八年六月五日）。
（26）木場貞長「家庭教育」（吉木竹次郎編『教育大家女子教育論纂』明治三〇年）一四七ページ。
（27）舘かおる「良妻賢母」（女性学研究会編『女のイメージ』勁草書房、一九八四年）一九四―一九五ページ。
（28）文部省編『歴代文部大臣式辞集』一九六九年、一一七ページ。
（29）『明治以降教育制度発達史』第四巻、二七五ページ。
（30）下田次郎『女子教育』明治三七年（復刻版、玉川大学出版部、一九七三年）四五二―四五三ページ。
（31）同、三九ページ。
（32）荻野美穂「フェミニズムと生物学――ヴィクトリア時代の性差論」（『人間文化研究科年報』第四号、一九八九年三月）。また「性差」のとらえ方も歴史的に変化するものであるとの指摘が、荻野美穂「女の解剖学――近代的身体の成立」（荻野美穂ほか『制度としての〈女〉』平凡社、一九九〇年）にみられる。参照されたい。
（33）下田前掲書『女子教育』、一七二―一七三ページ。
（34）田所美治編『菊池前文相演述九十九集』大日本図書、明治三六年、一九九―二〇〇ページ。

（35）「男女同等といふことゝ同権といふことを混同してはならぬ、同権といふのは、女子も男子と同じ権利を有し、国会議員にも大臣にも為り得る、其他あらゆる活動の領分に於て、男子と同じ事を女子がするといふのであるが、同等といふのは、そうでなく、男子に適当なる事は男子之を為し、女子に適当なる事は女子之を為して、そうして互に尊敬し合ふ、そういふ地位に立つて居る男女が、同等の男女なのである」（下田前掲書『女子教育』、四四八—四四九ページ）。

（36）久木幸男「良妻賢母論争」（『日本教育論争史録』第一巻、第一法規出版、一九八〇年）二三四—二三五ページ。

（37）深谷昌志「日本女子教育史」（『世界教育史大系　34』講談社、一九七七年）二八〇ページ、参照。

（38）この書で福沢は、性別役割分業にのっとって、男女の同等性を主張している。その意味で、彼の思想的立場は、良妻賢母思想と本質的に同じであるといえるだろう。

第二章　良妻賢母思想と公教育体制

「良妻賢母」というイデオロギーの登場は、妻・母役割を遂行する具体的国民として女がとらえられたことを意味していたが、すでに述べたように、子を育て、教育する母役割が、妻役割よりもはるかに重視されていた。つまり女は、母役割への期待を媒介として、国家の教育体制に組み込まれていったといえるだろうし、男と違い、母たることを通して国家に結びつき、その地位を向上させ、男と同等な国民とみなされていったといってもよいだろう。

そしてこの母親の教育機能への着目と評価は、すでに明治啓蒙期において、近代的国民の養成が求められ、公教育が開始された当初からみられたことであり、常に学校教育を補う家庭教育の領域で語られていた。いわば、良妻賢母論と家庭教育論とは不可分の関係にあり、賢母への期待は家庭教育の問題に目を開き、家庭教育について論じればその担い手としての母親が注目される、といった具合である。そして事実、良妻賢母思想が確立した明治三〇年代は、家庭教育の問題が初めて社会的関心をひき、活発な議論が展開された時期でもあった。

現代に生きるわれわれは、家庭教育について、家庭内で、母親によって男女の子どもに対して行われる、意図的あるいは半意図的な人間形成、というイメージをもち、母親と家庭教育とは切っても切り離せないものと考えてしまっている。しかし、どうやらこのイメージも歴史的産物であり、それは近代公教育制度の発達と軌を一にして登場してきたといえそうである。(1) とすれば、女が公教育制度のもとで担っていく家庭教育とは一体どのようなものなのか、そしてなぜ「近代」では女と家庭教育とが深く結びつくと観念されるようになったのか、という新たな疑問が生じてくる。

これまでの考察においては、女にとって良妻賢母思想、とりわけ賢母論の登場がどんな意味をもっていたのかに焦点を絞ってきた。そこでこの章では視点を変え、明治三〇年代から四〇年代にかけての家庭教育論を検討することを通して、「近代」における家庭教育の問題を論じていきたい。そのことによって、女が近代公教育体制にどのように組み込まれていったのかが明らかになるだろうし、女性と国家との関わり方もより明確化してくると思われる。そしてこのことは、女子教育の差別性を強調することには熱心でも、女子教育が公教育体制の中でもっている意味を明らかにすることがほとんど行われていないこれまでの研究状況を、一歩進めることにつながっていくのではないだろうか。

一　家庭教育論の登場

家庭教育論といっても、理論的に追究したものから、著者の体験談を語ったものまで、その内容は実に多様であるが、その嚆矢は、明治一八（一八八五）年に創刊された『女学雑誌』に求めることができる。そして明治二〇年代後半に入ると、家庭という言葉を冠し、家庭や家庭の教育のあり方について論じるジャーナリズムが登場してくる。その代表が、徳富蘇峰による『家庭雑誌』（明治二五―三一年）、羽仁吉一・羽仁もと子による『家庭の（之）友』（明治三六―四一年）や『家庭女学講義』（明治三九―四〇年、四一年に『婦人之友』と改題され、現在に至る）、堺利彦による『家庭雑誌』（明治三六―四二年）である。

また、新聞に目を転じれば、読売新聞社では明治三四（一九〇一）年に、知名人数十人に尋ねた家庭での教育方針を『家庭の教育』として編集・出版しているし、『大阪毎日新聞』では、明治三一年に他紙にさきがけて「家庭の栞」欄を創設し、『東京朝日新聞』は明治三三年ころに、家庭の教育問題に取り組み、キャンペーンを行っている(2)。さらには、明治三三年に創刊された『婦女新聞』も、創刊当初より家庭論や家庭教育論を多数掲載していた。そしてもちろん、『教育時論』をはじめとした教育雑誌においても、女子教育論の一環として、家庭教育の問題が論じられている。

このように、まずジャーナリズムにおいて家庭教育の問題が取りあげられていったが、外国人の手になる家庭教育論の翻訳・紹介も、すでに明治二〇年代半ばより始まっていた。たとえば、マレソン『家庭教育原理』（明治二四年）、ルソー『児童教育論』（明治三〇年）、ハンナ・ホヰットトール・スミス『家庭教育』（明治三六年）、アドルフ・マッチアス『太郎は如何にして教育すべき乎』（明治三八年）、ポール・ケーラス『家庭に於ける児童教育の理論及び実際』（明治四四年）などがある。また翻訳ではないが、ジョン・ロックの教育論に多大の影響を受けて書かれたという、山田禎三郎『家庭教育』（明治二七年）もある。(3) ロックやルソーを除いて、これらの著者の名前は今日ほとんど知られていないが、当時の日本人が、家庭の教育のあり方を模索し、熱心に諸外国の家庭教育論を吸収しようとしていたことがみてとれる。

一方、日本人の教育学者や心理学者が理論的、体系的に考察した書物も、主に明治三〇年代から出版されるようになった。代表的なものとしては、次のような文献がある。民友社編『家庭教育』（明治二七年）、新治吉太郎『通俗家庭教育』（明治三二年）、利根川与作『家庭教育法』（明治三四年）、高島平三郎『家庭教育講話』（明治三六年）、松本孝次郎『家庭教育』（同）、大村仁太郎『家庭教師としての母』（明治三八年）、日本済美会編『家庭及教育』（明治三九年）、羽田貞義・小沢錦十郎『母のための教育学』（同）、松本孝次郎『家庭に於ける児童教育』（同）、加藤末吉『学校と家庭との聯絡』（同）、山松鶴吉『小学校に聯絡せる家庭の教育』（明治四四年）、高島平三郎『家庭及び家庭教育』（明治四五年）、田中義能『家庭教育学』（同）。

また、「心理学的な観点からの教育研究の日本における草分け的なしごとを行なった(4)」日本児童研究会の手になる『児童研究』、東京女子高等師範学校内のフレーベル会による『婦人と子ども』のような専門的雑誌が、それぞれ、明治三一年、明治三四年に発刊され、これらの雑誌においても、家庭教育に関する論説が多数掲載されていた。

さらに、このような書物や雑誌などにとどまらず、家庭で行われる教育の改善を図るために、「母の会」が結成されたという記事も新聞に載っている。(5)つまり、家庭教育の問題は、明治三〇年代から四〇年代にかけて社会的関心をひき、これに関する情報や知識が、人々の間で飛びかっていたのである。

では、一体なぜこのころから、家庭教育の重要性が指摘され、そのあり方について論じられるようになったのだろうか。家庭教育論を検討した限りでは、その背景には、学校教育に比べて、家庭で行われている教育を「遅れている」、「乱れている」とみる意識が存在していたことがわかる。たとえば、「現今の家庭教育の状態を察するに、多くは放任無頓着にして、児童をして徒《いたずら》に驕奢、放縦、懦弱、淫逸等に流れしむるもの少からず(6)」という思いや、「家庭教育を放擲《てき》していくら学校教育を盛んにしても到底立派に教育が進ことは出来ん(7)」という考えが、共通に抱かれていた。このような思いが抱かれるほど、家庭の「乱れ」を示す社会現象が増加していたのであろうか。あるいは、見る側の目が「文明化」された結果、これらの点が「問題」と認識されたのであろうか。断言はできないものの、おそらく後者ではあるまいか。なぜなら、学校教育の効果を殺ぐものとして問題視されていたのは、たとえば、家庭で「賤妓醜業婦」の写真や雑誌を見て話題にし、「卑猥な」劇場や寄席へ家族連れで出入りする、家庭で「俗謡」を歌い、三弦や十三弦を奏でる、あるいは、未成年者が喫煙・飲酒する、などといったことだったからである。(8)

おりしも明治三〇年代前半は、前にも述べたように、小学校への就学率が急上昇をはじめる時期にあたっていた。文部省編『学制百年史　資料編』から計算すれば、明治三二（一八九九）年に七〇％

を超えた就学率は、翌年には八〇％を超え、その二年後には九〇％を超えている。特に女子就学率の伸びはこの間著しく、毎年一〇％ほどあがり、明治三二年に五〇％台だったものが、明治三七年には九〇％台になっている。もちろんこれは名目上の数字でしかなく、実質就学率はもっと低いが、ちょうどこの時期、小学校教育が非常な勢いで普及し、初等教育が軌道に乗ったことは間違いないだろう。このことによって家庭の教育の問題に言及する余裕が生まれたともいえるし、新しく定着してきた学校教育にふさわしい家庭教育が求められ、従来から家で行われてきた教育の改善が意図されたともいえるのである。

そしてこの学校教育の普及と関係があるのだが、学校教育を受けた世代が親となり、旧世代の祖父母と教育のあり方をめぐって、意見の相違が存在していたこともまた、家庭教育論の隆盛を促した理由の一つであった。それは、次のような意見にみてとることができる。「今や旧時の思想は未だ老婦人の念頭を離れず。その感化はなほ多少の勢力を有し、而して一方にありては少壮なる婦人は文明的思想によりて養はれ、然かも未だ経験に乏しきの観ありて、新旧相錯雑し、育児の方法の如きはこれら二種の思想の衝突を見ること屢々《しばしば》なり。是の時に当りて児童保育に関する事項を攻究するの必要あるは顕著なる事実なりと謂ふべし(9)」。「新なる女子教育を受けし所の婦人が一家の主婦として働らけるものの数を増すに従ひて、益々《ますます》家庭教育の声は次第に高まり来るもの〻如し(10)」。

このように、家庭教育について論じる時には、これまで家で行われてきた教育のあり方に対する批判が存在し、それに代わるべき新しい家庭教育のありようが模索されていたことがわかる。すなわち、武士の家での、論語などの素読や行儀作法のしつけ、町人や農民の家における、家業維持のための見習い教育、といった旧来からの教育のあり方は、公教育制度の浸透とともに後景に退きつつあり、他方では、それらに代わるべき家庭教育のあり方は未だ明確ではない、という状況の中で、家庭教育の問題が論じられていったのである。

そして家庭での教育の改善が意図されるのは、まさに家庭教育が教育の基礎だからであり、一人の人間の人格形成上ばかりでなく、国家にとっても、いやむしろ国家にとってこそ、その良否が大きな意味をもっているからであった。たとえば、日本済美会編『家庭及教育』は、序において次のように述べている。

家庭は社会の基礎にして、又子女教育の淵源たり。故に、家庭にして斉《ととの》はざらんか、何を以て能《よ》く其の国家社会の鞏固《きょうこ》を図り、且次代国民の陶冶を全《まっと》うするを得ん。予の常に経験する所に拠れば、教育によりて化し難き少年の十中八九は、大抵不良の家庭に人と為りたるものにあらざるはなし。家庭の良否は、其の子女一生の品性及び運命を決定すと謂ふも、決して過言にあらず。……近時家庭問題の勃興せるに従ひ、家庭教育の切要を説くの声、亦大に盛んとなるに至りしは、誠に国家社会の慶事と謂はざるべからず。(11)

このような家庭教育のとらえ方は、何も『家庭及教育』に特有なものではなく、他の著書にも共通するものであった。つまり、将来の国家を担う国民の養成という観点から教育、とりわけ家庭での教育をとらえたとき、それは改善すべき旧態依然たるものとして問題視されたのである。

さて、このような背景のもとで登場してきた家庭教育論であるが、翻訳されたものにしろ、日本人の手によるものにしろ、いずれも教育学や心理学といった、いわば「科学」と結びついて論じられるという点に特徴があった。また『児童研究』や『婦人と子ども』のような、児童心理学や幼児教育学といった、「専門的」な観点から子どもや教育について論じる雑誌も登場しはじめている。つまり、家庭教育の重要性やあり方が単に主張されたのではなく、「学問的」裏づけのもとに、「科学的・専門的」知識に基づいた見解が展開されたのである。当然その主張は一段と価値あるものとみなされ、読者に対する呪縛力をもっていたと思われる。

では、どのような家庭教育論が展開されているのかを、先にあげた文献や『児童研究』や『婦人と子ども』に掲載された論説を通して、具体的に検討していきたい。その際、日本済美会編『家庭及教育』を中心に考察していくことにする。なぜなら、これは「明治期の育児・家庭教育に関する集大成とでも言うべき[12]」本だからであり、これを論じることによって、当時の家庭教育論の内容が端的に浮かびあがってくると考えられるからである。

二　家庭教育と公教育体制

1 「母」の発見

すでに前章で述べたように、日清戦争後の女子教育論においては、母の果たす教育機能が重視され、それを第一の論拠として女子教育の必要性が主張されていた。そしてほぼ同時期に論じられはじめた家庭教育論においても、同じく、家庭での教育の担い手として母親がクローズ・アップされている。そもそも、家庭での教育担当者としては、父母をはじめとして、祖父母や乳母などが想定できる。しかし、『家庭及教育』において担い手として登場しているのは、もっぱら父母であり、祖父母や乳母などは全く言及されていない(13)。これは、教育の担い手にふれている他の家庭教育論にあっても同様だった。ただ、父母とはいっても、父に対してよりもむしろ母に対して、その果たすべき役割の重要性、とるべき態度が繰り返し説かれている。これもその他の家庭教育論と共通していた。つまり、江戸時代の家での教育のありようと比べてみれば、母親が担い手として登場し、その役割が強調されていることが、注目すべき点といえるだろう。

少数意見として、田中義能（東洋大学）、利根川与作、民友社の本のように、父の威厳と母の慈愛というような両者の相補的役割を強調するもの、新治吉太郎、山松鶴吉（東京高等師範学校）、民友社の本のように、父が方針決定者で母は実行者とするものもあった(14)。が、これらとても、母親の果たす役割の重要性を別の箇所で指摘している。

また女子教育論においては、母と子どもの教育との結びつきは、さも当然であるかのように、いわば所与のものとして論じられていたのだが、家庭教育論においては、なぜ母が子どもの教育をするにふさわしいのかについて、言及しているものがいくつかある。『家庭及教育』はその理由として女性、特に母親の愛情深さをあげている。すなわち、ペスタロッチが援用され、「凡《およ》そ愛情といふ愛情の中に於て、自然にして最も強烈なるものは、親子の愛、殊《こと》に母子の愛に過ぐるものはあらず(15)」と、子に対する母の愛が高く評価されていた。ただ母の愛が無条件で評価されたわけではなく、この文章の後には次のような記述もみえる。「愛情は自然のまゝに放任して、之を節制せずんば、動《やや》もすれば、盲目的愛となりて、反《かえ》つて児童将来の不利益を醸すなきを保せず(16)」。

このように、母の愛が子どもの教育の阻害要因へ転化する危険性も自覚されており、愛情を抑制することが求められたのであった。

この母の愛情深さは、松本孝次郎（東京高等師範学校教授）も指摘しているが、さらに松本はハヴェロック・エリスに依拠しつつ、女と子どもの類似性、つまり、身体の形態や精神上の傾向、あるいは生理上の組織における女と子どもの類似性も、子どもの教育を女の天職とする理由としてあげている(17)。これ以外に、高島平三郎（日本女子大学校）、大村仁太郎（学習院教授、独逸学協会学校長）、山松鶴吉、田中義能は、女性の温和さや家を守るという女の役割を、母が子の教育をするにふさわしい根拠としていた。

だが当時の家庭教育論においては、女であるというだけで、誰もが賢母になれると考えられていたわけではなかった。賢母になるためには、女は教育を受けなければならなかったのである。この点は、『家庭及教育』だけの主張ではなく、加藤末吉（東京高等師範学校附属小学校訓導）と山松以外の論者によっても指摘されており、また女子教育論においても繰り返し主張されたことであった。ここでは、最も鮮明にこの考えを打ち出している大村の主張を引用しておこう。

子供の教育は、母親の有する教育の程度に応じて成功するものであると考へるのであります。何となれば、母親にして智識が多ければ多い程、種々工夫を凝《こら》して教育的手段を案出し、自ら最良と認めたる方法によつて、子供を教育することが出来るからであります。智識に乏しき母にあつては、遺憾ながら此の事が出来ません。たゞ僅かに天賦の理性と、狭隘《きょうあい》なる経験に基く判断とに依頼する外、施すべき策がないのであります。……元来母の愛情なるものは、概して盲目的なもので、其の子を客観的に批判する観察力を母親より奪去る為め、教育上少からざる妨害を為すものでありす。之は愛に溺れたる多くの母親が、其の子の性質を洞察するの明なきに徴しても、容易に知ることが出来ませう(18)。

大村によれば、受けた教育の程度によって、母親の賢・不賢が決定されるのであり、賢母とは愛に溺れず、子どもの状態に応じて臨機応変に育て方を創意工夫する存在だったのである。しかし考えてみれば、江戸時代において、母親としての役割が評価されず、母親が教育の担い手たりえないとされた理由の一つは、第一章で述べたように、子に対する愛情の深さ、盲目的愛であった。ところがここに至り、母親の愛を盲目的とみることには変わりがなくとも、女性は教育を受けることによって愛情を抑制することができ、愛情の豊かさを子を教育する「よい条件」へと転化しうると、考えられるようになったのである。この論理は、すでに森有礼が「妻妾論ノ四」で主張していたが、日清戦争後の女子教育論や家庭教育論の隆盛という時代状況のもとでは、女子教育の必要性を主張する論拠として、より広範に支持されたと思われる。

しかも賢母となるためには、単に教育を受けるだけでなく、教師の経験をすることが必要だとする、次のような意見もあった。「今の女学校が……所謂《いわゆる》賢母の養成といふ目的を忘るゝことなく、家庭教育者としての女子を養成する方法に一層の注意を致さんことを希望す。……然れども、ただ机上に空理を講ずるのみにては、功能薄かるべきが故に、女子にして、結婚前、幼稚園保姆小学教師の如き地位に立ち、実地に子女教育の任にあたらば得る所蓋《けだ》し尠《せん》少ならざるべしと思惟す(19)」。教師という職業さえもが、わが子に対する教育の準備、賢母養成の手段として観念されているのである。

また中には、単に女子教育の必要性を指摘するにとどまらず、より具体的に、賢母となるために必要な教育内容にまで踏み込んで、論じているものもあった。たとえば、普通科目以外に、女が学ぶべき科目として、高嶺秀夫（東京女子高等師範学校長）は生理、衛生、教育、心理など、高島平三郎は胎生学（発生学のこと）、生理学、心理学、倫理学をあげている(20)。いわば、母から娘へ、あるいは姑から嫁へと、経験的に学ばれ、伝えられてきた、育児や教育の知識ではなく、新たに西欧諸国から流入してきたところの学問なのである。

そして実際に高等女学校では、随意科目ではあったが、「教育」という学科目がおかれ、心理学・

生理学・教育学の初歩が教えられていた。明治三四（一九〇一）年の高等女学校令施行規則には、「教育ハ教育ニ関スル普通ノ知識ヲ得シメ家庭教育ニ資スルヲ以テ要旨トス(21)」と述べられており、「教育」は、女が将来家庭での教育の担い手となることを念頭において、設置された学科目であったことがわかる。

しかも、このような知識の獲得は、学校教育に期待されるだけではなかった。結婚し、母となった後にも、読書をし、講演を聴くなどして、知識を広めることが求められている。なぜなら、「世の教育が進んで行く程、子弟の知識の程度も進むものであるから、母の知識が広くならねば永く良母たるの責任を尽すことができぬ(22)」からである。また、児童の心身発達の状態を熟知するための児童研究や家庭日記の記載が勧められ、その意見交換の場として、母親会の必要性も主張されていた(23)。

このように女たちは知識を獲得すべきであり、母として子どもの教育を意図的に行うべきだとされるのだが、その家庭教育は、従来家で行われてきた教育のあり方とはかなり異なっていたはずである。この時期の家庭教育論が、家庭での教育担当者として祖父母や乳母などを登場させないのも、「遅れた古い」タイプの教育を批判し、克服することをめざしたのも、これで首肯できよう。すなわち、明治三〇年代に登場した家庭教育論とは、社会・国家の基礎としての家庭、教育の基礎としての家庭教育に対する、「近代化」の開始であり、その担い手としての「母」の登場を意味していたのである(24)。そして家庭教育をうまくやっていくためにこそ、女子教育が行われ、賢母が育成されねばならなかったのであった。

2　家庭教育と学校教育

このようにこの時期の家庭教育論は、学校教育に比べて家庭教育が「遅れている」状況を打破し、家庭教育を「近代化」すべく主張されたのだが、では一体、この「近代化」された家庭教育は、学校教育とどのような関係にあると考えられていたのだろうか。

まず、家庭教育がどういうものとして考えられていたのか、述べておきたい。『家庭及教育』だけでなく、どの論者も共通して、家庭教育という言葉を学校教育に対しての概念として使っていた。したがって、家庭教育は、子どもが成長するにつれて、教育全体の中でしめる比重が軽くなっていくものの、大体、子どもが成人に達する（あるいは学校教育を終了する）まで続くと考えられている。そして家庭教育を学校教育の対概念として措定したことにより、大村仁太郎や松本孝次郎以外の著書では、家庭教育と学校教育との関係性が、考察すべき大きなテーマの一つとして取りあげられていた。他方で、学校教育を離れて、家庭教育そのものの意味を問うということはあまりなされていない。その結果として、家庭教育を家風の伝達や「家」意識の涵養など、独自の教育目標をもつものとして理解する主張も、ほとんどなかったのである。

ただわずかに例外として存在するのが、松本と斎藤鹿三郎（東京女子高等師範学校教授）の主張である。松本は著書においては何も述べていないが、『児童研究』に掲載された論説において、祖先崇拝の観念が日本の家族の特徴であるがゆえに、女が家庭内で子どもの教育に努めることは、子への愛、祖先に対する責任、国家に対する責任、の三つの意味があると述べている。[25]　また斎藤は、「家族は、家長に対して、服従尊敬の意を表するものなり……家庭内にそだつ子供は、其心情中に尊敬と服従との根蔕《てい》をかため、国家及社会の生活上に於ける、重要なる道徳の基礎を形成し、高尚なる人品の素地をつくる(26)」と述べていた。彼が、家長に対する尊敬・服従心の養成を道徳教育の基礎としてとらえていたことがわかる。

しかし彼らの主張は、家庭教育論においては全くの少数意見にとどまっていた。家族制度との関わりあいにおいて家庭での教育を考える視点、あるいは家族制度を維持・強化するための教育を家庭で行うべきだとする意見は、ほとんどみられなかったのである。したがって「家庭」をどのようにとらえるのかに関しても、「家」という観点からはさほど解釈されていない。『家庭及教育』は、家庭について六項目にわたって叙述しているが、そのうち、「家」意識でとらえた特徴は、「祖先の遺風の、由りて以て顕彰せらるる所の一小天地(27)」という項目だけで、あとはすべて、慰安所、愛情に基づく集団、という観点からとらえられている。西欧の家族が夫婦中心の家族であるのに対し、日本の家族の特徴は家族制度にあると理解している高島平三郎にあっても、これは同様であり、彼は西欧流家族の長所を取り入れ、「スウィート・ホーム」を作るべきだと主張していた(28)。

そしてこのような家族観は、当時にあって決して特殊なものではなかった。戦前日本の家族に関して、これまでの研究は、主に家族制度、「家」の視点から論じてきたが、牟田和恵によれば、それは一面的な理解であるという。すなわち、明治二〇年ころに登場した「家庭（ホーム）」という言葉に象徴されるように、国家・社会の発展の基礎であるとともに家族員の情緒的結合を重視した、「家庭」

型家族への志向もまた存在していたのである。しかもこのような新しい家族意識は、すでに尋常小学校用第一期国定修身教科書においてもみられるところであった[29]。とすれば、「遅れた」家庭教育を国家の視点にたって改善しようとしていた家庭教育論において、このような家族のとらえ方がなされていても、何ら不思議はないだろう。

ところで、この時期の家庭教育論について、これまでの研究は、儒教主義に基づく家庭教育が次第に支配的になっていったとか、個性尊重主義家庭教育論が展開される一方で、それに対する儒教主義的立場や国家主義的立場からの批判が行われた、と総括してきた[30]。しかしながらこれまで述べてきたことからも明らかなように、儒教主義的な特徴は稀薄といわざるをえない。そしてこのような総括の仕方ではなく、むしろ、家庭教育が学校教育の対概念として措定されている点に、家庭教育論の特質を見出すべきなのである。

では一体、家庭教育は、学校教育とどのような関係性を有すると考えられていたのだろうか。ここでもまた、『家庭及教育』を中心に叙述していきたいが、この書は、両者が特徴・長所を発揮し、補いあうことが必要であり、そのことによって教育を完成させることができると述べている。このことは、この問題に言及している他の論者にも共通していた。そして、この両者の相補性は、二通りの意味で使われていた。

一つは、「学校は主として智的教育を為し、家庭は主として道徳的教育を施す[31]」というように、知育と徳育という、教育の領域における相補性である。羽田貞義（群馬県師範学校長）・小沢錦十郎[32]や高島平三郎もこのように考えている。そしてもう一つは、「学校教育の特色は、規律的共同的なるに在り。……然《しか》るに、家庭教育の特色は之に反して、寧ろ児童の個性に準拠し、個々別々に之を教育して、其の特性を発揮せしむるに在り(33)」というように、教育方法の相補性として述べられる場合であり、山松鶴吉や民友社の本も指摘していた。

いずれの場合にせよ、学校と家庭とが手を携えることによって、教育はより充実した、完全なものになっていくという。そしてそのためには、家庭と学校とが意見を交換しあい、「同一の目的を逐《お》ひ、同一なる教育学上の意見に基き、両々相提携して教育を施さ(34)」なくてはならないのである。『家庭及教育』においては、両者が協力していくための具体的方策は、これ以上述べられていなかった。が、他の論説においては、たとえば、通知表などによる相互連絡、学校参観や家庭訪問、父兄懇話会・音楽会・展覧会などの開催、教師の住居をなるべく学校所在地付近とすること、教師が地元の行事の世話役をすること、地元の新聞に学校の事業計画や成績などの報告を掲載すること、が指摘されている(35)。

このように家庭と学校とは連絡を取りあい、協力しあうべきだとされるのだが、しかしながら、家庭と学校とは対等な立場で、それぞれが長所とする方法を取りながら、それぞれの領域で教育すればよいわけではなかった。たとえば、両者の意見が食い違った場合、どうするのか。このことに関して、次のような、実に注目すべき発言が行われている。「家庭と学校との取る所の意見にして、一致せざるが如きあらば、今日の場合にては、家庭は学校の意見に準拠するを可とすべし。何となれば、学校は教育の原理、方法等を研究して施設せるものなればなり(36)」。

つまり、学校あるいは教師は教育に関する専門性を有するがゆえに、「素人」である親や家庭に対して主導権をもつべきだというのである。これもまた『家庭及教育』のみが主張していることではなく、民友社の本や田中義能、新治吉太郎、利根川与作、加藤末吉も同様の発言を行っていた。逆に、家庭では親の教育観に基づき、独自の教育を行うべきだという意見は全くみられない。とりわけ加藤は、小学校教員という自らの立場ゆえか、「学校の方針をよく知つて、夫《そ》れに近づいてさへ行けば、間違はないのです(37)」とまで述べ、何事も学校の考えを優先することを、家庭に求めている。両者の協力といっても、実際には主導権を学校に委ねた上での協力だったのである。

また、『家庭及教育』には述べられていないが、田中や山松は、家庭と学校との協力を、家庭で学校教育が円滑に進展するための準備を行うことと理解していた。たとえば田中は次のように述べている。「父母はその子供を学校に入学せしめました以上は、学校教育を信託し、能《よ》く子供をして学校教育の命を奉ぜしめ、凡《す》べての点に学校教育に協力し、学校が教育上、学問に対する興味を養成せんと務むる事に協力して、子供の予修(ママ)復習などに力を用ひしむるやう務めなくてはなりません(38)」。

さらには、子どもは親の言うことより、教師の言うことをよく守る傾向があるがゆえに、「何か子供にわるいことがあつたら、家庭でいましめさとすとともに、学校へも話して、先生から一般によくさとしてもらうと、大へんきゝめがあるものです(39)」と、学校の権威を利用すべきだと勧めるものもあった。徳育という本来家庭教育が主たる担い手であると考えられていた領域においても、家庭を学校より一段低いものとみなしていたことがわかる。あるいはまた、学校教育と同様に家庭教育においても、「忠良なる臣民」育成という精神教育をすべきだとする、田中義能の意見もある。(40) 国家の教育目標に従属した家庭での徳育が求められていたのである。

以上述べてきたところから明らかなように、いくら家庭教育にはそれ固有の役割があり、学校と協力しあっていくべきだといったところで、そこからみえてくるのは、学校のやり方に合わせ、学校教育をいわば下から支えていく家庭教育でしかない。そしてそこには、親が自己の見解に基づき、独自に子どもを育てていくといった姿を垣間見ることは、できないのであった。

3　公教育体制の中の「母」

家庭教育論を検討する中で、女と家庭教育、家庭教育と学校教育との関係性が明確化してきたといってよいだろう。そこでこれらの点を考察することを通して、女子教育が公教育体制の中でもっている意味を明らかにしていきたい。

まず指摘しておかねばならないことは、日本国家の存続・発展にとって、家庭教育がいかに重要であるかという国家の視点から、家庭教育論が論じられていることである。つまり、次の日本を背負って立つ国民養成の必要性という観点から、家庭教育のもつ価値が認知され、それを将来担うであろう女に対する教育が、必要不可欠と主張されたのである。もちろん、次代の国民養成という観点からすれば、最も重要だと考えられていたのは学校教育であり、事実、明治国家はその定着に多大のエネルギーを使っていた。それに比すれば、家庭教育のもつ意味は小さいかもしれない。しかし、学校教育ばかりでなく、家庭教育と相まって初めて、国民教育は完成すると考えられていたこと、しかも、学校教育が定着してきた明治三〇年代という時点で、家で行われている教育が「遅れている」と意識され、その改善が図られたことは、やはり注目すべきであろう。この意味で、母による家庭教育と学校教育とは、国民養成を担っていく車の両輪といってもよいだろうし、この両者が、「近代」における教育を担い、やがてはその機能を肥大化させ、教育を独占していくことになるのである。

しかしながら、事態を複雑にしているのは、家庭教育論においては、「母」の登場が単に教育の担い手の変化を意味するわけではなく、また家庭教育と学校教育とが対等な関係だったわけでもないことである。たとえば、女性が「賢母」となるために期待されたことは、従来の、生活を通して、親の世代から子どもの世代へと伝えられてきた知識を習得していくことではなかった。必要とされていたのは、教育学などの「学問」を通して、「科学的」な家庭教育のあり方を学ぶことであった。いうならば、「近代的母親」の育成がめざされていたといってもよいだろうが、それは、学校教育、主として高等女学校教育を通して行われるべきものであり、結婚後も、読書などを通して「新しい」知識を獲得していくことが母親には求められている。

また、母親が担うべき家庭教育とは、学校教育の方針に合わせ、それを支えていく、いわば学校教育を補完するものであった。その意味で、学校教育の下請けをする存在として、「母」の登場が求められたといえるだろう。つまり、家庭教育の担い手たる母親は、学校教育を通して「賢母」となることができ、その「母」が行う教育が学校教育の補完物となっていくという意味で、家庭教育は、当時の家庭教育論においては、完璧に公教育体制の中に組み込まれてしまったのである[41]。

ところで、すでに第一章において石川謙の研究に依拠しながら述べたように、寛政期以降の武士身分の世界においては、一方では昌平黌や藩校の整備が進められ、他方では家での教育に対する幕府や諸藩の指導・干渉がはじまっていた。つまり、家での教育が学校の成立に刺激されながら意識化され、その内容が学校によって規制されていくのは、すでにこのころからみられはじめたことではなかったのだろうか。そしてそれが、明治になって公教育制度が成立するにつれ、家庭教育はその担い手を父から母に変え、全国民規模において国家の支配下におかれることになったのである。

森田伸子は、「近代」における家族の再編成と近代国家の成立により、「子どもは一方で、もっぱら両親＝家庭に属する私的存在であり、とりわけ母親との一体化のもとにおかれている。しかし他方では子どもは、学校教育を通して国家の教育体制の中に完全に組みこまれている」と言い、「この二つの子ども観は、今日も決して統一されているとはいえない」と述べている[42]。しかしながら実際のところは、これまで具体的に検討してきたように、家庭教育も母親もともに私的なものとして自立しえず、公教育体制の中に組み込まれてしまっている。とすれば、ここであげられている二つの子ども観も統一的に考えることができるのであり、「近代」における子どもは、少なくとも理念的には、学校という直接的な形であれ、家庭での母を通した間接的な形であれ、国家の教育体制の全き支配下におかれることとなったのである。その意味で、公教育（学校教育）対私教育（家庭教育）という、よく使われる二項対立の図式そのものが、無効だといえるだろう。

つまり、公教育体制の確立とは、単なる学校教育制度の成立を意味しているわけではなく、家庭教育の成立とも大きく関わっていた。そしてその家庭教育とは、学校教育制度の登場に促されながら意識化されたものであり、母が担い、学校教育を補完する役割を果たすものであった。すなわち公教育体制とは、このような家庭教育をも含み込んだ形での、子どもの社会化に関する教育体制の確立だったのである。

さて、ここで検討してきた家庭教育論の内容は、決して単なる学者の見解にとどまったわけではなかった。なぜなら、家庭教育と最も密接に関連する学科目であった、高等女学校の「教育」の教科書を検討した限りでは、[43]その内容は、この時期の家庭教育論とかなり似通っていたからである。すなわち、近代国家の国民形成の重要なファクターとしての家庭教育の位置づけ、父母、とりわけ母親を、その愛情ゆえに家庭教育の最適任者とする考え方、学校教育側のヘゲモニーによる家庭教育と学校教育との協力、などが「教育」の教科書においても展開されている。高島平三郎を除いて、家庭教育論の執筆者と教科書執筆者とは重複していないのだが、家庭教育論の内容は、ほぼ忠実に、教科書に反映されていたのであり、「教育」という学科目を通して、高等女学校教育に浸透していたということができるだろう。

すでに述べたように、これまで良妻賢母教育を論じる場合には、その日本的特殊性、前近代性が強調されてきた。また、良妻賢母像と近代的母親像との相違に関する次のような指摘もある。「欧米の近代家族における母親像は互いの人格の尊重を基礎とした性別分業論を根拠に育児を女性の本務とする点で、国家独立のためや、儒教を主な根拠に男性に対する女性の劣位を説く良妻賢母像とは異なる。同じく「育児担当者としての母親」でありながら良妻賢母像とは異なるという意味で、その母親像を近代的母親像とよぶことにしたい」[44]。

しかしこのような、欧米と日本との相違点を強調するような見方にはかなり無理がある。なぜなら欧米においても、国家的観点から母役割が重視され、儒教を根拠にしてはいないものの、女性の劣位も説かれているからである。日本の良妻賢母像と欧米の近代的母親像とを、このように截然と分けることはできないと考える。それゆえ、良妻賢母思想の中心概念である「賢母」は、家庭教育が公教育の補完物として要請されたときに登場してきたものであり、良妻賢母教育もまた、公教育制度の定着にともなう家庭教育の「近代化」が要請したものとして、とらえるべきであろう。

さて、明治三〇年代の家庭教育論において出された論点は、これ以降も繰り返し論じられていくことになる。すなわち大正中期に家庭教育論が再び盛んになるが、そこでは基本的な枠組みには変更がなく、「母」の役割がより一段と強化されていた。つまり、「母性」という翻訳語が登場し、女性が生得的にもっているとされる母性や母性愛、さらにはそれに基づいた母子一体関係が強調されていく。あるいは、家庭教育の担い手としての父親の姿が稀薄化し、母一人の子育てが重視されている[45]。これらはいずれも、明治三〇年代の家庭教育論のより一層の徹底として理解することができるだろう。

そして、第一次大戦前後における新中間層の増加とそれにともなう核家族化、専業主婦の大量出現は、このような家庭教育論を現実のものとすることができる階層を大量に生み出していった。その意味で、「遅れた」家での教育の改善、「新しい」家庭教育像の提示として明治三〇年代に登場してきた家庭教育論は、このころからより広い層によって受け入れられ、定着していくといえるだろう。

注

(1) 古くは、石川謙は『学校の発達』(岩崎書店、一九五一年)において、寛政改革期に、学校教育と家庭教育に対する国家的統制がはじまったとしている。その後、この見解はそれほど顧みられることはなかったが、最近、中内敏夫は「教育の社会史の構想」(『新しい教育史——制度史から社会史への試み』新評論、一九八七年)において、同様な趣旨のことを述べている。すなわち、「家族と市民社会のおこなう教育に国家教育の体系が公教育制度のかたちをとっておおいかぶさってくるときのとっかかりは、学校教育だけだったのではなく、学校教育と家庭教育だったとみるべきだろう。学校と家庭は国家教育のふたつの脚である」という観点から、寛政改革期ではないが、実証抜きに、一八世紀初頭の享保改革期に「国家教育政策の第一歩」がはじまったと述べている(三六—三七ページ参照)。そして中内は新しく、「家族と家族のおこなう教育——日本・17世紀~20世紀」(『一橋論叢』第九七巻第四号、一九八七年四月)において、本文要約のところでは、開放的拡大家族=共同体から閉鎖的直系単婚家族へという家族形態の変化に対応して、「家族の教育」が成立し、やがてそれは一九世紀後半に設定された、官製教育装置としての「家庭教育」に連接し、吸収されていったと述べている。これ自身は興味深い図式であるが、本文はこの図式通りに展開されていない。また、「家族の教育」と「家庭教育」という両概念の混乱もみられ、前者から後者への変化やその変化と国家の関わりも、十分に説明されていない。

(2) たとえば、有地亨『近代日本の家庭観　明治篇』弘文堂、一九七七年、一五七—一五九ページ、岡満男『この百年の女たち——ジャーナリズム女性史』新潮社、一九八三年、四八—五二ページ、を参照。

(3) だがこの内容は、ジョン・ロックが『教育に関する考察』(一六九三年)において展開した家庭教育論とは異なっており、山田個人の考えを展開したというべきである。
（4）『近代日本教育史事典』平凡社、一九七一年、五四〇ページ。
（5）「明治母の会」『読売新聞』明治三五年一〇月四日（『新聞集成明治編年史』第十一巻、本邦書籍、一九八二年、四六九ページ）、「母の会」『万朝報』明治三九年七月六日（同、第十三巻、一一三ページ）、参照。また、宮坂広作「天皇制教育体制の確立と社会教育」（碓井正久編『日本社会教育発達史』亜紀書房、一九八〇年）によれば、日露戦争後、行政当局や学校関係者のあいだに、学校と家庭の連絡を密にし、婦徳の涵養や家庭教育・家事経済・衛生などの改良を行うために、小学校を単位とした母の会の組織化を求める動きが出ているという。詳しくは、同書九六―一〇三ページ、を参照のこと。
（6）日本済美会編『家庭及教育』明治三九年、一五五ページ。
（7）高島平三郎『家庭教育講話』明治三六年、五ページ。
（8）「現今の家庭を論ず」（『児童研究』明治三四年一〇月）参照。
（9）「母親倶楽部」（『児童研究』明治三二年一二月）。
（10）「家庭教育の問題は一時の流行なるか」（『児童研究』明治三七年一二月）。
（11）日本済美会編前掲書『家庭及教育』序一ページ。
（12）横山浩司『子育ての社会史』勁草書房、一九八六年、一二四ページ。
（13）日本済美会編前掲書『家庭及教育』や田中義能『家庭教育学』明治四五年、中村五六「家庭教師」（『婦人と子ども』明治三九年五月）は、例外としてであるが、父母以外に、家庭教師をあげている。たとえば『家庭及教育』は、「上流社会の家庭」の場合には家庭教師を聘用して、家庭教育の改善を図るべきだとしている（一五五ページ）。
（14）その論拠とされたのは、父親の教育程度の高さと冷静さであった。たとえば、山松鶴吉『小学校に聯絡せる家庭の教育』明治四四年、四六―四九ページ、参照。
（15）日本済美会編前掲書『家庭及教育』七八ページ。

(16) 同、八〇ページ。
(17) 松本孝次郎『家庭教育』明治三六年、九―一〇ページ、参照。
(18) 大村仁太郎『家庭教師としての母』明治三八年、一九―二一ページ。
(19) 「女子と教師」(『婦女新聞』第三〇号、明治三三年一二月三日)。
(20) 高嶺秀夫「婦人と子ども発行に就て」(『婦人と子ども』明治三四年一月)、高島前掲書『家庭教育講話』四八―五九ページ、参照。
(21) 『明治以降教育制度発達史』第四巻、二八八ページ。なお「教育」を実施する場合は、第四学年(最終学年)に週二時間行うことになっていた。
(22) 「婦人の勉強心を奨励せよ」(『児童研究』明治三四年二月)。これ以外にも、「母親のため(第十八回)」(同、明治三三年六月)や、高島前掲書『家庭教育講話』一五一―一五九ページ、などを参照。
(23) 「女子と児童研究」(『児童研究』明治三二年一月)、「女子は何故に児童を研究せざるか」(同、明治三二年一〇月)、「母親倶楽部」(同、明治三二年一二月)、「母親会」(同、明治三五年七月)、高島前掲書『家庭教育講話』二一〇―二一二ページ、などを参照。また西川祐子によれば、明治四一年に、博文館によって「家庭日記」が初めて売り出されたという。詳しくは、西川祐子「住まいの変遷と「家庭」の成立」(女性史総合研究会編『日本女性生活史』第4巻、東京大学出版会、一九九〇年)を参照。
(24) なお、横山前掲書『子育ての社会史』において、育児書の分析が行われているが、育児書においても、日清戦争後から近代的育児思想が成立し、「合理的・科学的」育児法が喧伝された、という指摘がなされている。詳しくは、同書二〇八―二一六ページ、を参照されたい。また、ひろたまさきは「ライフサイクルの諸類型」(前掲書『日本女性生活史』第4巻)において、明治三〇年代から、西洋文明の成果を積極的に取り入れた家事・育児の内容が形成され、母や姑から学ぶという伝統的な学習方式ではその変化に対応しきれなくなったこと、そしてそのことが女子教育普及の原動力となったことを指摘している。育児の点では首肯できるが、家事も含めてこのようにいってよいのか、疑問が残る。家事の質的変化と良妻論や女子教育との関連については、いずれ改めて考察したいと考える。
(25) 松本孝次郎「家庭の責任」(『児童研究』明治三八年六月)参照。
(26) 斎藤鹿三郎「教育上に於ける家庭の地位」(『婦人と子ども』明治三四年一月)。
(27) 日本済美会編前掲書『家庭及教育』三ページ。
(28) 高島平三郎「社会に於ける家庭の地位を論ず」(『児童研究』明治三五年一〇月)、高島前掲書『家庭教育講話』一〇—二四ページ、を参照のこと。
(29) 牟田和恵「明治期総合雑誌にみる家族像——「家庭」の登場とそのパラドックス」(『社会学評論』第四一巻第一号、一九九〇年六月)、同「日本近代化と家族——明治期「家族国家観」再考」(筒井清忠編『「近代日本」の歴史社会学』本鐸社、一九九〇年)参照。また石田雄「「家」および家庭の政治的機能」(福島正夫編『家族　政策と法1』東京大学出版会、一九七五年)も「家庭」という観念について論じている。参照されたい。
(30) 有地前掲書『近代日本の家族観　明治篇』一五二—一六〇ページ、小林輝行『近代日本の家庭と教育』杉山書店、一九八二年、一〇一—一二三ページ、参照。
(31) 日本済美会編前掲書『家庭及教育』一五一—一五二ページ。
(32) 彼らは徳育だけでなく、体育も家庭が主として行うべきだと考えている。
(33) 日本済美会編前掲書『家庭及教育』一四九ページ。
(34) 同、一六四ページ。
(35) 「家庭と学校との連絡を論ず」(『児童研究』明治三五年七月)、参照。なお花井信『近代日本地域教育の展開』(梓出版社、一九八六年)の第三章第二節「通信簿史考」によると、通知表は、明治二四年の小学校教則大綱に関する文部省の説明以降、家庭と学校との相互連絡を行うための手段として、広く用いられはじめたという。
(36) 日本済美会編前掲書『家庭及教育』一六五ページ。

(37) 加藤末吉『学校と家庭との聯絡』明治三九年、三六ページ。
(38) 田中前掲書『家庭教育学』二九三—二九四ページ。
(39) 「母親のため（第二十五回）」（『児童研究』明治三四年一月）。
(40) 田中前掲書『家庭教育学』二六ページ、参照。
(41) 沢山美果子は「子育てにおける男と女」（前掲書『日本女性生活史』第4巻）において、「家庭教育」概念について論述している。良妻賢母思想と「家庭教育」概念との関係性など、本書の見解とは異なるものの、沢山が学校教育の下請けとして母による家庭教育を位置づけている点に異論はない。ただ、沢山がこのような「家庭教育」概念の登場をいつごろのことと考えているのか、この論文を読んでもはっきりしない。
(42) 森田伸子「女性＝啓蒙思想にみるイメージ」（『子どもの時代』新曜社、一九八六年）三三一ページ。
(43) 明治四四（一九一一）年の高等女学校及実科高等女学校教授要目改正までに、一一人の執筆者による一七冊の「教育」教科書が文部省検定合格している。このうち今回検討したものは、次の八人の手になる一二冊の教科書である。長谷川乙彦『新編女子用教育学』明治三七年、同『新編女子用教育学』明治四一年、市川源三『高等女学校教育学教科書』明治三七年、槇山栄次『女子教育学教科書』明治三七年、同『訂正女子教育学教科書』明治四三年、伊藤弘一『女学校用教育提要全』明治三八年、同『女学校用教育提要全』明治四一年、高島平三郎『女子新教育学』明治三八年、下田次郎『女学校用教育学』明治四〇年、同『女学校用教育学』明治四二年、石川弘『女子教育学教科書』明治四一年、藤井利誉『女子実用教育学』明治四四年。
(44) 沢山美果子「近代的母親像の形成についての一考察」（『歴史評論』第四四三号、一九八七年三月）。
(45) 詳しくは、小林前掲書『近代日本の家庭と教育』、沢山美果子「近代日本における「母性」の強調とその意味」（『女性と文化』白馬出版、一九七九年）、同「近代家族の成立と母子関係」（『女性と文化Ⅲ』ＪＣＡ出版、一九八四年）、同「教育家族の成立」（『〈教育〉——誕生と終焉』藤原書店、一九九〇年）、同前掲論文「子育てにおける男と女」を参照されたい。なお、「子育てにおける男と女」によれば、この時期、新中間層の中から、父親としての愛情を主軸に児童文学へ関わったり、家父長としての自己実現のために、子育てに関与しようとする父親が登場するという。これは、家庭教育や子育ての領域からの父親の排除と表裏の関係にあるといえるだろう。

第三章　転換をもたらすもの

「良妻賢母」というイデオロギーの成立は、「男は仕事、女は家庭」という性別役割分業に即した形での、期待される女性像の成立であるとともに、女が家事・育児を通して国家へと動員されていく、女に対する国民統合のありようを示すものであった。いわば、男たちが労働者や兵士として直接的に国家へと貢献していくのと異なり、女たちは家族にあってその男たちを支え、新たな労働力を生み出していくのであり、その意味で、国家にとって不可欠の存在とみなされたのである。そして現実には女たちは、家庭にあって夫や舅姑に従順に仕え、家事・育児にいそしむことが求められていった。

しかしこのような女に対する統合のありようや期待は、社会的状況の変化に応じて当然変わっていかざるをえない。そしてその最初の転換は、第一次世界大戦を契機としてやってきた。大正三（一九一四）年に勃発した第一次大戦は、現代史への幕開けを告げるものとして、政治的にも、経済的にも、そしてまた思想的にみても、大きな歴史の転回点として存在している。それは鹿野政直の言葉を借りれば、「戦争のさなかからすでに、したがってその終結後はいっそうはなはだしく、共産主義の革命、自立をめざしての女性の運動、植民地や半植民地における民族運動などという、列強にとってまがまがしいしろものが、つぎつぎにとびだしてきた(1)」というような歴史状況の出現であった。

もちろん女子教育界もこの歴史の流れと無縁ではありえない。一方では、いわゆる「婦人問題」の登場、女性運動の進展として現れてくる女たちの新しい生き方への模索に対して、何らかの対応を迫られていった。しかも他方では、第一次大戦という史上初の総力戦の経験に基づき、総力戦体制における女性の重要性が認識され、女は妻や母としてだけの存在ではなくなってしまったのである。つまり、帝国主義時代を生き残るためには、何らかの形で従来の女性観の転換を図っていかねばならないということが自覚されはじめ、その意味でこれは、「婦人問題」の登場にもまして国家にとって衝撃的な出来事であった。

このように第一次大戦中から戦後にかけて、女をめぐる国の内外の状況が大きく変化する中で、理想とされる良妻賢母像も修正を余儀なくされていくことになる。当然、どのように良妻賢母思想が修正・再編されていったのかを明らかにしなければならないが、その前に、この転換をもたらした二つの要因について考察しておきたい。そのことによって、第一次大戦後に良妻賢母思想がどのように変容していくのかがより明確になるだろう。

一 「婦人問題」の登場

1 女をめぐる状況の変化

良妻賢母思想に対しては、早くも明治三〇年代後半には、社会主義者の間から批判の声があがっていた。やがて明治末年になると、単なる良妻賢母思想批判にとどまらず、女のおかれている状況が広範囲に「問題」としてとらえられ、「婦人問題」が社会問題として意識されるようになる。すなわち、明治四〇（一九〇七）年の堺利彦『婦人問題』、明治四三年の安部磯雄『婦人の理想』や河田嗣郎『婦人問題』（ただし、これは家族制度を破壊する恐れがあるとして、文部省より絶版を求められた）、上杉慎吉『婦人問題』の発行、翌年の『青鞜』の発刊、大正二（一九一三）年の『青鞜』における「新しい女」特集、『太陽』『中央公論』『六合雑誌』における婦人問題特集号の刊行、などが矢継ぎ早に行われている。そしてこれらをきっかけとして、女性の現状に疑問が発せられ、「婦人問題」の意識化が進んでいった。なかでも異色の書が上杉慎吉（東京帝国大学教授）のものである。彼は欧米における「婦人問題」や女性運動の活発化を「対岸の火災」と見ることを戒め、警告を発するために、予防的にこの本を出版していた。

このような視点も含めて、「婦人問題」への関心の示し方は様々であったし、まだまだ男たちの手による欧米の女性論や女性運動の紹介が中心であった。その意味で、日本の女たちが現実に抱えている問題に立脚して議論を組み立てていくことは、なかなか行われなかった。が、やっとこのころから、女のおかれている状況が一つの「問題」として意識されはじめたのである。

あるいはこのような言説の登場以前に、すでに女たちは従来の規範からはずれた生き方をしはじめていたといった方が正確かもしれない。たとえば、堀場清子は『青鞜の時代』において、明治四一年に起きた、平塚明（らいてう）と森田草平の塩原心中未遂事件、美人写真コンクールにおいて小倉市長の娘である末広ひろ子が一位当選したこと、帝国女優養成所第一期生に多くの高等女学校卒業生が含まれていたことを取りあげている。そして堀場は、これらの事実を根拠に、スターの座をしめるのは売春世界の女性であり、「良家」の女は「深窓」に隠れて人目にふれない、という「伝統」が壊れつつあることを指摘し、そこに時代の変化を嗅ぎとっている。また、明治四四―四五年の文芸協会によるイプセン作「人形の家」、ズーデルマン作「故郷」の上演が好評を博したことも、新しい女の生き方を求めはじめていた時代の空気を伝えるものだったといえるだろう。

堀場は、「私はこれまで、『青鞜』が時代を切り裂くように前へ出たと考えてきた。それは現在も変りはしない。が、それと同時に、この頃の女の情況を洗えば洗うほど、むしろ時代の方が主役であって、時代が『青鞜』を押し出した、とさえ言いたい気持に、しばしば駆られてしまう(2)」と述べている。時代が先か、『青鞜』が先か、という問題はさておいても、明治四〇年代は、あたかも秘められたエネルギーが爆発するかのように、女の問題が急速にクローズ・アップされた時代であった。そしてこの傾向は、大戦中から戦後にかけて、より一層加速していくことになる。

たとえば、欧米の女性解放論が日本へ次々と紹介されていった。思いつくままに取りあげても、シャーロット・P・ギルマン、エレン・ケイ、エマ・ゴールドマン、オリーヴ・シュライナー、J・S・ミル、A・ベーベル、F・エンゲルス、などの著作が、明治末年から大正一〇年代にかけて、全

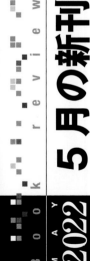

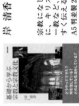

Book review

勁草書房

MAY
2022

https://www.keisoshobo.co.jp

5月の重版

妊娠中絶の生命倫理
哲学者たちは何を議論したか
江口 聡 編・監訳

中絶は殺人なのか、それとも許されるべき行為なのか？ 妊娠中絶をめぐる英語圏での哲学的議論から、代表的な論文を翻訳・紹介する。

A5判並製 320頁　定価 3300円
ISBN978-4-326-10209-9　1版2刷

メタ倫理学入門
道徳のそもそもを考える
佐藤岳詩

善いとか悪いってどういうこと？ 倫理の問題に答えなんてあるの？ 一歩下がって考えることで、深くて広い新しい世界が見えてくる。

A5判並製 352頁　定価 3300円
ISBN978-4-326-10262-4　1版8刷

現代認識論入門
ゲティア問題から徳認識論まで
上枝美典

ゲティア問題以降、知識とは何かをめぐって認識論はどのような道程を辿ってきたのか。最新の動向までを丁寧に解説する待望の入門書！

A5判並製 256頁　定価 2860円
ISBN978-4-326-10283-9　1版3刷

社会科学の哲学入門
吉田 敬

社会科学はいかなる「科学」か？ 科学哲学の観点からその営みの根本へとガイドする。哲学と社会科学を学ぶ全ての人のための入門書。

A5判並製 232頁　定価 2420円
ISBN978-4-326-10296-9　1版5刷

構造と力
記号論を超えて
浅田 彰

構造主義およびそれ以降の思想を一

写真の哲学のために
テクノロジーとヴィジュアルカルチャー
V. フルッサー 著
深川雅文 訳
室井 尚 解説

脱産業社会／情報社会における「装

双書プロブレーマタ⑦
事実・虚構・予言
N. グッドマン 著
雨宮民雄 訳

実際には起こっていないが、起こり

熟議の理由
民主主義の政治理論
田村哲樹

過少と過剰のなかで、不満や冷笑の

ディアー文明論。

解決策とは。

想。

四六判上製 256 頁　定価 2420 円
ISBN978-4-326-15128-8　1 版 58 刷

四六判上製 200 頁　定価 3300 円
ISBN978-4-326-15340-4　1 版 7 刷

四六判上製 232 頁　定価 4400 円
ISBN978-4-326-19877-1　1 版 5 刷

A5 判上製 212 頁　定価 3300 円
ISBN978-4-326-30174-4　1 版 5 刷

人間・国家・戦争

国際政治の３つのイメージ
ケネス・ウォルツ 著
渡邉昭夫・岡垣知子 訳

なぜ戦争は起こるのか？　戦争をなくすことはできるのか？　現代の戦争論・国際政治学の基礎をつくった不朽の名著をついに完訳！

A5 判上製 244 頁　定価 3520 円
ISBN978-4-326-30218-5　1 版 5 刷

侵食される民主主義　上

内部からの崩壊と専制国家の攻撃
ラリー・ダイアモンド 著
市原麻衣子 監訳

民主主義国は中国とロシアの「見えない侵略」にさらされ、ポピュリズムで自壊している。デモクラシー研究の第一人者が警鐘を鳴らす！

四六判上製 256 頁　定価 3190 円
ISBN978-4-326-35183-1　1 版 3 刷

侵食される民主主義　下

内部からの崩壊と専制国家の攻撃
ラリー・ダイアモンド 著
市原麻衣子 監訳

専制政治の脅威に立ち向かい、民主主義を再生させるためには何が必要なのか？　デモクラシー研究の第一人者が処方箋を提示する！

四六判上製 256 頁　定価 3190 円
ISBN978-4-326-35184-8　1 版 3 刷

民法〔財産法〕講義

長坂 純

2020年4月1日に施行された改正債権法を踏まえ、民法の財産法分野（総則編・物権編・債権編）を通して解説した最新教科書！

A5 判並製 416 頁　定価 3960 円
ISBN978-4-326-40379-0　1 版 3 刷

「少女」の社会史

［新装版］

今田絵里香

日本教育社会学会第３回奨励賞（著書の部）受賞。近代日本における「少女」という表象の成立とその受容過程を解明する。

A5 判上製 272 頁　定価 3850 円
ISBN978-4-326-60349-7　2 版 1 刷

映画理論講義

映像の理解と探究のために
J・オーモン　A・ベルガラ
M・マリー　M・ヴェルネ 著
武田 潔 訳

現代フランスの代表的な映画理論家たちによる、本格的映画理論概説書の完訳。映画および映像メディアを深く理解するために。

A5 判上製 464 頁　定価 6600 円
ISBN978-4-326-80043-8　1 版 6 刷

分析美学基本論文集

西村清和 編・監訳

50 年代から現在までの、分析美学の代表的な論文を集めた論文集。「アート」の定義、美的価値など、現代の美学の主要トピックを網羅。

A 5 判上製 448 頁　定価 5280 円
ISBN978-4-326-80056-8　1 版 3 刷

ジュニアスポーツコーチに知っておいてほしいこと

大橋 恵・藤後悦子・
井梅由美子 著

子どもの発達を理解し、より良い指導をするために必要なことを、心理学の立場から解説。子どもたちが楽しくスポーツを続けるために。

四六判並製 192 頁　定価 2200 円
ISBN978-4-326-85195-9　1 版 2 刷

訳または抄訳の形で紹介されている。わずかこの一五年ほどの間に、欧米で百年ほどにわたって蓄積されてきた女性解放論が、しかも思想的立場をかなり異にするものが、ごちゃまぜになって一挙に日本に入ってきたのである。

また二〇世紀初頭は、欧米で婦人参政権運動が燃えあがった時期でもあったが、そのニュースももちろんすぐに日本にもたらされ、新聞などを通して、欧米の女たちが何を課題として闘っているのかを、ほぼ同時代的に知ることができた。そしてそれはしばしば、「過激さ」に対する驚きと、ことの重大性や予防的な措置の必要性に対する自覚をもたらすことになった。が、逆にいえば、このような欧米の女性論や女性運動の情報が流入したということは、それだけ受容する側である日本で、これらが求められていたことを意味している。つまり、国内で明らかに変化が起きつつあったのである。

その変化をもたらしたものとして、二つの点を指摘できる。一つは、女子中等教育の飛躍的な普及である。たとえば、次ページの表3－1をみてもわかるように、高等女学校在学者数は、明治四三（一九一〇）年から大正九（一九二〇）年の一〇年間の間に約二・三倍となっている。大正一五年までの一六年間をとれば、六倍近くになる。この間、もちろん男子の中学校在学者数も飛躍的に増加しているが、女子の増加の割合には全く及ばない。

高等女学校教育は、「中流」以上の経済的に恵まれた階層の女子を対象に行われた教育であったし、男子の中学校に比べると教育程度も低く、良妻賢母の育成に目標を定めていた教育であった。しかし義務教育修了後の数年間、さらに学校教育を受けることは、家から離れた「自由」な時間と空間を女

表3－1　高等女学校・中学校の本科生徒数の変化

	高等女学校		中学校	
	校数	生徒数（指数）	校数	生徒数（指数）
明治 43(1910)年	193	50,372 人(100)	302	121,777 人(100)
45(1912)	209	59,476 (118)	314	128,809 (106)
大正 3 (1914)	214	66,210 (131)	319	136,688 (112)
5 (1916)	229	73,734 (146)	325	147,310 (121)
7 (1918)	257	86,368 (171)	337	158,844 (130)
9 (1920)	336	115,859 (230)	368	177,117 (145)
11(1922)	468	175,232 (348)	422	218,943 (180)
13(1924)	576	237,498 (471)	491	272,777 (224)
15(1926)	663	290,043 (576)	518	316,443 (260)
昭和 3 (1928)	733	323,123 (641)	544	343,384 (282)
5 (1930)	770	334,023 (663)	557	345,508 (284)

（『学制百年史　資料編』より作成）

たちに与えるとともに、知的視野を広げることにもつながっていく。やがてそこから、一部ではあるが、高等教育への要求や自分たちのおかれている状況の改善について自ら発言する女性を、生み出していったのである。そしてこのような中等教育を受けた女性の増加が、女性ジャーナリズムの発達、とりわけ『婦人公論』（大正五年創刊）や『女性改造』（大正一一年創刊）に代表されるような、硬派の教養雑誌を社会に送り出していくことになる。

さて、もう一つの要因は職業婦人の増加である。職業婦人というと、今日ではかなり古めかしい言葉になっている。しかし大正期においては、女性が働いているということに対する蔑視的な意味あいを含みつつも、女性の社会的な活動に新しい領域が広

表3－2　前年度高等女学校本科卒業生の進路

	卒業生数	進	学	就職	（内訳	教員	他職）	その他	
	人	人	%	人	%	%	%	人	%
明治 41(1908)年	7,159	1,624	22.7	821	11.5	(9.1	2.4)	4,557	63.7
大正 3 (1914)	12,607	2,171	17.2	535	4.2	(3.2	1.1)	9,901	78.5
4 (1915)	13,784	2,622	19.0	838	6.1	(2.8	3.3)	10,324	74.9
6 (1917)	15,730	3,180	20.2	767	4.9	(2.9	2.0)	11,779	74.9
7 (1918)	16,734	3,520	21.0	1,244	7.4	(4.8	2.7)	11,970	71.5
8 (1919)	18,048	3,836	21.3	1,807	10.0	(5.6	4.5)	12,405	68.9
9 (1920)	20,711	4,863	23.5	1,989	9.6	(5.8	3.8)	13,859	66.9
10(1921)	24,675	5,891	23.9	1,955	7.9	(4.4	3.5)	16,833	68.2
12(1923)	32,438	8,620	26.6	2,541	7.8	(3.9	3.9)	21,277	65.6
13(1924)	38,858	10,502	27.0	2,644	6.8	(3.0	3.8)	25,712	66.2
14(1925)	41,023	11,216	27.3	2,742	6.7	(2.1	4.6)	27,065	66.0
15(1926)	52,083	13,645	26.2	2,775	5.3	(1.8	3.6)	35,663	68.5
昭和 2 (1927)	58,082	14,870	25.6	2,971	5.1	(1.5	3.6)	40,241	69.3
3 (1928)	62,860	15,556	24.7	2,820	4.5	(0.8	3.6)	44,484	70.8
4 (1929)	67,656	15,442	22.8	3,345	4.9	(0.6	4.3)	48,869	72.2
5 (1930)	70,220	15,778	22.5	3,397	4.8	(0.4	4.4)	51,045	72.7
6 (1931)	72,954	14,960	20.5	3,779	5.2	(0.3	4.9)	54,215	74.3

（各年度の『全国高等女学校実科高等女学校ニ関スル諸調査』より作成。ただし、これには調査もれや数値の不一致もある。そのため、正確な数字とは言い難いが、おおよその傾向性は判明する。また不記載の年はデータが欠けている。）

がったことを示す、新鮮なニュアンスをもった言葉であった。その新しさとは、女性労働の典型的な形態であった工場労働者や女中と違い、やや事務的かつ専門的な仕事につき、年季奉公といった形態ではなくて、給与をもらうという労働形態に求められる。そして第一次大戦を契機とする産業化の進展や第三次産業の拡大によって、職業婦人の数は急速に増加し、その職種は拡大していった。村上信彦によると、「大正期には女が職につくのを異常だとか女らしくないという非難は影をひそめ、婦人雑誌が女子の職業案内を特集するように、女の職業進出を新時代の特徴とみなすようになった(3)」という。学校教育を終了してから結婚するまでの間、事務員、店員、タイピスト、電話交換手、教員などの職につくことは、女の新しい生き方として、社会的に認められるようになったのである。

なお、高等女学校卒業生の進路を示せば、前ページの表3－2のようになる。それによれば、就職率は大正八、九年が高く、その後は次第に下降傾向にあることがわかる。進学後に就職する者も入れれば、大正中ごろは、高等女学校卒業生の一〇数％が職業婦人になったと思われる。しかし、たとえ就職率が下がっていっても、高等女学校の卒業生数そのものが増加していくため、職業婦人となる者の絶対数は増加していくし、卒業後の進路として多数をしめていた教員が減少するのにともない、職種の多様化が進行していった。

もちろんこのような事態の進展は、女性自身が自覚的に追求した結果というよりは、大戦景気を引き金とする物価急騰や戦後恐慌による生活難の進行、あるいは雇用者側にとっての女の低賃金の「魅力」などによってもたらされたものであった。しかし社会に出て働く女性の増加は、学校卒業後は家で花嫁修行をし、やがて結婚する、という従来の中流家庭の女性の生き方とはまた別の生き方があることを示し、既成の女性像に対する問い直しを迫っていくことになる。

そして大正七（一九一八）年から八年にかけては、与謝野晶子、平塚らいてう、山川菊栄、山田わかの四人によって母性保護論争が繰り広げられ、女性解放をめぐる基本的論点が提出されるに至った。また大正九年には、平塚らいてう、市川房枝、奥むめおなどによって新婦人協会が結成されている。新婦人協会は帝国議会に対する働きかけを中心とした運動を展開することによって、二年後には治安警察法第五条第二項の改正を勝ち取り(4)、女性の政談集会への参加および発起が、三二年ぶりに認められることとなった。あるいは、日本最初の労働組合婦人部である友愛会婦人部の設置（大正五年）、全国小学校女教員大会の開催（第一回は大正六年）、初の社会主義女性団体である赤瀾会の結成（大正一〇年）など、様々な場において女性団体が結成され、女たちの動きは活発化していたのである。

さらにいえば、たとえ従来と同じく結婚して家に入ったとしても、その入っていくべき家族もまた変化しつつあった。大正期はいわゆる新中間層が都市部に本格的に出現した時代である。伊東壮によれば、大正九（一九二〇）年において、新中間層は全人口の五―八％程度存在しており、大正初年から比較すると、それは三％前後の増加になる。また都市部においてはもっと大きな比率で増加し、たとえば東京市での全就業者にしめる新中間層の比率は、明治四一（一九〇八）年の五・六％に対し、大正九年は二一・四％であるという(5)。

また寺出浩司によると、新中間層は、日露戦争後から第一次大戦にかけて、工場労働者階層とともに一つの社会階層として本格的に登場し、大正中期から後期にかけて自らの生活構造を形成・確立したという。そして寺出はその特徴を、頭脳労働という労働形態、俸給（サラリー）という所得形態、資本家と賃労働者の中間に存在するという社会階級構成上の位置、生活水準の中位性、の四点に求めている。(6)

しかも多くの新中間層は、農村共同体から都市へ流入してきた農家の次、三男によって形成されており、しばしば核家族を形作っていた。つまり、このような新中間層の妻たちは、サラリーマンの妻として生産労働から切り離され、家事・育児に専念する専業主婦となり、夫の両親との同居を経験しない場合も多かったのである。いわば新中間層において、近代家族概念の実態化が進行したのであり、これは職業婦人の増加とはまた形を変えた、産業化の進展が女たちにもたらした一つの側面であった。そしてたとえ数は多数派でなくとも、家庭の団欒、「幸福な」専業主婦というイメージは、「舅姑―嫁関係の間接化と過重な労働からの解放」(7)という意味で、「魅力」であるとともに、ステイタス・シンボルにもなっていた。このような新中間層の「幸福な」専業主婦に正当性を与える思想として、まさに良妻賢母思想は存在していたのであった。

2　女性解放思想の形成

このように女をめぐるあらゆる状況が流動化していくなかで、妻・母役割以外の生き方を求める女性にとっては、良妻賢母思想は桎梏・抑圧となっていく。それゆえ、これに対抗する思想として女性解放思想が形成されていった。そしてそれは良妻賢母思想の再編に、少なからず影響を与えていくことになる。どのような影響を与えたのかは後で述べることとして、ここではこの時期登場した二つのタイプの女性解放思想について、簡単にその骨子を論述しておきたい。

一つは与謝野晶子の主張に典型的に示されているが、良妻賢母思想のように男女を全く異なった対極的な存在と措定するのではなく、「人間」という名のもとに男女をとらえ、その同質性を強調する立場である。与謝野は「婦人問題の論議は、要するに「女子もまた人である」と云ふ人間的自覚に出発し、更に「人としての一切の活動を人として取る」と云ふことに終結しなければなりません」[8]と述べている。つまり、「女」として、「男」として、といった性別に立脚するのではなく、それを超えた「人間」としての視点を彼女は明確にもっていた。そしてそのことによって、様々な形で現れている女性差別を批判する有効な論理を獲得しえたのである。

またこの視点からすれば、当然、男女の性質や役割の相違は「作られたもの」として否定されることになる。彼女は、「「女らしく」又は「男らしく」と云ふ対立した言葉に由つて特定される性情は存在して居ません」[9]、「人間であることが最上の標準である。人生の一切の活動には、誰も人間としてその能力に従つて自由に参与する外は無い。専ら男子として又は女子として活動の分担を考へることは間違ひの本である」[10]と主張している。

しかしながら、このように言いながら、彼女の言う「人間」とは実は「男」を意味しているのではないだろうか。というのも、「私達婦人は……男子と同じだけの生活を、質に於ても量に於ても分有しようとするのです[11]」と述べていることからもわかるように、彼女は男のあり方を価値判断基準とし、目標としていたからである。また彼女は、男女の同質性を強調するあまり、男女の生殖機能やその負担の相違を無視ないし軽視し、女であるがゆえに有している課題を捨象する傾向があった。そしてこの点こそが、母性保護論争において、平塚らいてうと激しく対立した点であった。

すなわち、次のように言うことができるだろう。与謝野は「人間」としての視点にたつことによって、良妻賢母思想の特徴である性別役割分業や「女らしさ」の存在を否定することができた。しかし、この「人間」としての視点には、男は人間として生きている、あるいは男は自由を得ている、ということが暗黙の前提として存在しており、「女も男と同じ人間である」という発想から抜け出すことができなかった、と。したがって彼女にとって女性解放とは、男が担っている生産領域へ女も参加し、経済的に独立することによって可能となるのである。それは次の文章から窺うことができる。

女子に労働の実力があれば、完全に独身生活も出来、急いで寄生的奴隷的な無恋愛結婚を求める必要も起らず、人格的に信頼し合つた恋愛を『夫婦共稼ぎ』と云ふ物質的条件に由つて支持される真実の理想的結婚の中に完成することも初めて可能になります。……女子が労働を分担することになれば、一般の労働時間が非常に短縮され、その余裕の時間を以て、男も女も経済以外の高級な生活条件、即ち学問技術と云ふやうな精神的方面の満足と創造とに今日に幾倍して努力することが出来るでせう[12]。

近代社会における人間解放とは、実は男、それも市民階級の男の解放であり、それは男の間でのみ自由・平等を認めたにすぎないということは、つとに指摘されることである。与謝野にとっての女の解放とは、まさに近代的個人（＝男）の一員として女を認めさせ、市民社会における人間（＝男）解放を女にまで押し広げようとしたことだったといえよう。言葉を代えていえば、彼女は、女が排除され、男の間でのみ形式的平等が達成されている社会の一員に女も加えよ、と主張しているのであり、このことが彼女にとっての女の解放を意味していたのであった。そしてこれこそが、女性解放思想がまず通らねばならない一つの階梯だったのであり、ここに彼女の女性解放思想が登場した歴史的意義があったと言わねばならない。

このような与謝野晶子の主張に対し、もう一つのタイプの女性解放思想を提出したのが平塚らいてうである。平塚は、「過去の婦人問題が――所謂《いわゆる》旧き女権論者等の主張の中に含まれてゐる婦人問題が「女よ、人たれ」と言ふことだとすれば、更に進化し発展した今日の婦人問題は「人たる女よ、真の女たれ」といふことではないでせうか」(13)と述べており、彼女が与謝野とは正反対の立場にたっていたことがわかる。そしてそれは、良妻賢母思想と同じく、男女の異質性に着目して男女を対極的存在とする見方につながっていく。つまり、与謝野のように、「人間」の名のもとに男女を包括することによって、男女の性差や性別役割分業を否定するのではなく、平塚は女と男とは本質的に違うものであり、明らかに異なった男女の性的特徴や性別役割が存在する、という男女観に立脚していたのである。

というのも、女が母性機能をもっているからであった。しかし、それは単に妊娠・出産を担うという意味あいではない。彼女にあっては、母性は単なる生物学的役割を超えて過大に価値づけられ、女こそが「生命・子孫に対する責任」をもち、「個人意志と種族意志」を体現するとともに、「情緒世界の支配者」であると解されている。たとえば、彼女は次のように述べている。

種族の保存継続以上に種族の進化向上を図ることが、生命といふ最も神聖なる火焔を無始から無終へと運ぶ婦人の人類に対する偉大なる使命であらねばならぬ。こゝに婦人の、母の尊い社会的意義があるのだと感ずるやうになり、恋愛、結婚、生殖、育児、教育を通じての人類の改造（社会の根本的改造）を最後の目標とするところの女性としての愛の解放、母たる権利の要求こそ最も進歩した婦人運動の目的であるといふところに到達したのであります。(14)

このように平塚の「女」の視点は、恋愛にはじまり、妊娠、出産、育児を経て教育に終わる再生産の領域を意識にのぼらせ、彼女はここに女性の社会的貢献、すなわち社会の根本的改造を見出したのであった。つまり、こういうふうに言えるだろう。良妻賢母思想は、「近代」における生産と再生産という二つの領域の存在を前提として、前者は男が担い、後者は女が担うことを合理化した思想であった。そこにおいては、この分業はそれぞれの性に応じた「自然な」ものであり、お互いに同等なものであるという「幻想」が与えられていたが、現実には全く対等な分業とはいえなかった。それゆえ、女が男に対して第二次的位置におかれていたことは、すでに述べた通りである。このような良妻賢母思想に対抗する思想として女性解放思想は形成されていったのだが、その際、与謝野は「男の領域」たる生産領域に注目した。つまり「男の領域」を価値判断基準として、そこにできるだけ女が進出し、そのことによって実質的な男女平等を達成しようとしたのである。それに対し平塚の場合は発想を逆転させ、「女の領域」たる再生産領域に視点をすえ、そこから女の解放を考えていった、と。

この視点にたてば、女の担う再生産領域が経済的価値をもたず、それゆえ男の担う生産領域に対して第二次的位置におかれていることこそが問題となる。したがって、彼女は国家に対して、「家庭労働に――わけても子供を産み且つ育てる母の仕事に、経済的価値を認めよといふことを主張[15]」したのである。その理由について、彼女は次のように説明している。「子供といふものは、たとへ自分が生んだ自分の子供でも、自分の私有物ではなく、其社会の、其国家のものです。子供の数や質は国家社会の進歩発展にその将来の運命に至大の関係のあるものですから、子供を産み且つ育てるといふ母の仕事は、既に個人的な仕事ではなく、社会的な、国家的な仕事なのです[16]」。

彼女はこのような子ども観に立脚して、国家は母親に十分な経済的報酬を与えるべきであると主張し、そのことによって女は経済的独立を達成し、男と同等な存在になりうると考えたのであった。もちろん、女性の存在意義を母性に収斂させてとらえる女性観、あるいは母役割や子どもの存在を国家的観点から価値づける見方、国家による母への経済補償を実現していくための方法の不明確さなど、問題も多い。しかし、母性を視点にすえた女性解放思想を展開した点に、彼女の女性解放思想史上の意義が存在しているといえるだろう。

これまでこの二人の思想に関しては、様々な研究が積み重ねられてきている[17]。しかし対抗関係にあった良妻賢母思想の論理と対比させながら、彼女たちの思想を考察した研究はないように見受けられる。ここでは、ごく簡単に二人の思想の論理を紹介したにすぎないが、良妻賢母思想との関係性を追究することによって、それぞれの思想の特質が明確化してきたのではないだろうか。この二つの女性解放思想は、よってたつ男女観が全く相反し、それゆえに、解放の思想も解放のイメージも全く異なっていた。そしてこの二つの立場は、この当時にあってのみ対立しあっていたわけではない。「女とは何か」と問うていくとき、男女の同質性に焦点をあてるのか、異質性を重視するのかという意味において、今日においてもなお、二人の思想は女性解放思想の大きな潮流として存在し続けているのである。

このように大正期は女のおかれている現状に疑問が発せられ、女の生き方や地位改善の方策が様々に模索されていった時期であった。そしてその歴史の流れはもはや、明治四一（一九〇九）年に行われた「改正女子訓」十箇条の制定のように、旧来の価値観を強化することによって押しとどめられるようなものではなかった。（「改正女子訓」とは、別名「新女大学、べからず十条」ともいわれるが、若い女子教育家たちが、先にふれた平塚らいてうの心中未遂事件などに対処するために制定した、若い女性の男性に対する心得である。それは、「凡《すべ》て男子と面接する場合には適当なる同席者あるを要す」

（第一条）、「漫《みだり》に青年男子と交通すべからず」（第三条）などの内容からなっており(18)、当時にあってもその前時代的な価値観を時代錯誤ととらえる向きがあった。）

　たとえば高田早苗文相は、大正五（一九一六）年に次のように述べ、時代に即した新しい良妻賢母像の必要性を主張している。「今日の時勢は、最早従来の女大学的賢母良妻を以て満足するを許さず、将来の賢母良妻は今日の賢母良妻に非ずして、進化せる良妻たるを要求するなり、斯《か》くして社会は始《（ママ）》めて進歩し、国家は発展することを得る次第なり(19)」。ここでいう「従来の女大学的賢母良妻」とは、現実に流布していた女性像を指しているが、このような旧来の女性観では、もはや時代の流れに乗り遅れてしまうことが、ここでは自覚されている。

　しかも、第一次大戦中から戦後にかけて出された女子教育に関する意見を読む限り、「良妻賢母」を女子教育規範として掲げている人々も、このような意見をごく普通に主張していた。『青鞜』が発刊されたころの「新しい女」に対する頭ごなしの非難・中傷は消え去り、女性の地位向上はむしろ必然的なものと認識され、論じられていった。つまり、女をめぐる流動化しつつある状況に対して、旧来の女性観の強化によって乗り切るのではなく、時代の流れに棹さしながら、女性規範の部分的修正を行おうとしたのである。

　それを先取り的に主張した意見が、『太陽』大正二年六月の「近時之婦人問題」号に掲載された、湯原元一（東京音楽学校長）の「経世家の攻究を要する大問題」であろう。彼は「婦人問題」について、「是は何《いず》れ早晩起らねばならぬ問題であつて、又既に気運が斯《こ》う云ふ方に向つて進んで来て居る以上、何時迄も昔流の抑圧主義、引込み主義で抑へつけて仕舞ふ訳には参るまい。何とか相当の解決を要する問題であるには相違ない」と述べており、「相当の解決」が必要な問題として「婦人問題」をとらえていたことがわかる。というのも彼によれば、女性の「覚醒」は教育の進歩や知識の発達とともに免れえないことだからであった。問題は「純粋に個人的の見地より之を論ずれば、必しも非難すべき理由は無い。併《しか》しながら国家の生存発達の必要上より云へば、婦人が男子と同じ様に社会に立ちて活動すると云ふ事は、家を破壊する所以《ゆえん》となり従つて国家の基礎を危うする所以であるから、決して喜ぶべき現象と云ふ事は出来ぬ」という点にあった。それゆえこの矛盾の解決策を、彼はあくまで男女の分業を堅持しつつ、「旧い考に基いた家長専制主義」を退けることに求め、妻に独立の人格を認めて、妻の意志を尊重する必要性を説いている。

彼の主張はほんの一例にすぎない。当時においては、一方で現実に流布している旧態依然たる女性観ではもはや時代の変化に対応しえないことが自覚され、かといって他方で男社会へ進出することによる女性の「男性化」は避けねばならない、というディレンマが女子教育家たちに存在していた。その中で、新しい良妻賢母像が求められていったのである。

二　第一次世界大戦の衝撃

さて、女子教育観の再編をもたらしたもう一つの要因として、第一次大戦から受けた衝撃があった。

良妻賢母思想が転換していくにあたっては、むしろこの方がより直接的、かつ重要な契機となっている。

第一次大戦は初めての本格的な総力戦であったが、大戦下、ヨーロッパの女性たちは出征した男性の穴を埋めるべく銃後の活動に従事し、積極的に社会へ進出していった。それは、女は男に比べて能力的に劣り、家庭内役割を果たすべき存在であると考えられていた従来の女性観を覆すものであり、男性と遜色ない女性の活動は、現地にあっても驚きの念で受けとめられている。いわば第一次大戦によって、女に対する評価に大きな変化がもたらされ、女の潜在的能力が「発見」されたといえるかもしれない。しかも戦争「協力」の見返りとして、欧米では第一次大戦後、次々と婦人参政権が実現していった(20)。

そしてヨーロッパにおいて男性の代替労働力として女性が活躍したニュースは、すぐさま日本にももたらされた。当時の新聞や雑誌をひらくと、西欧女性の銃後における活躍の様子が多くの記事となって掲載されている。たとえば『新聞集成大正編年史』大正五年度版をひもといてみれば、「独軍中の女運転手」(三月一二日、『東京朝日新聞』)、「戦線を馳駆する独逸の婦人運転手」(三月一三日、『大阪毎日新聞』)、「男に代った巴里の女」(五月一日、同)、「必死に働く英国婦人」(八月二三日、同)、「労働は婦人の手に　男子の欠乏した露都」(十二月一日、『国民新聞』)などの記事が目に入ってくる。多少大袈裟な言い方をすれば、日本において、欧米の女性の銃後活動は衝撃的な出来事としてとらえられ、関心をもたれたのである。しかも、単にジャーナリズムを賑わしただけではなかった。注目すべきことに、文部省や軍部も女性の銃後活動に大きな関心を払ったのである。

文部省普通学務局は、大正四(一九一五)年より大正九(一九二〇)年にかけて、『時局に関する教育資料』を三四冊刊行し、そのうち八冊(第五輯、第七輯、第九輯、第一一輯、第一四輯、第一七輯、第二〇輯、第二一輯)において、イギリス、ドイツ、フランス、イタリア、アメリカの女たちの活動を、現地の新聞・雑誌などから紹介している。そもそも、文部省がこの『時局に関する教育資料』を刊行したのは、戦時下の情報を収集することによって、将来に対する研究と準備とを行うためであった。女性に関する情報も、「国家存亡の秋《とき》に於ける女子の活動を窺ふ上に於て好個の参考資料たるを失はず[21]」と位置づけられている。

しかし、その情報は整理されているとは言い難く、具体的な戦時事業や工場労働者・看護婦・教員としての活動の様子から、フランスの女子教育改革構想まで、幅広い領域の問題がアト・ランダムに掲載されている。いってみれば、現地にあって目についた記事を収集していったという感が強い。したがって、今後の女子教育において講ずべき具体的な措置を文部省として提案するには至っておらず、資料収集や情報紹介、せいぜい国民的自覚を喚起する程度のことがめざされていたといえよう。

この文部省の動きとは別個に、陸軍省も臨時軍事調査委員をヨーロッパへ派遣し、『欧洲戦と(ト)交戦各国婦人(ノ活動)[22]』を大正六(一九一七)年に刊行している。ちなみにこの本は、発行後一年間で五版を数えるほど売れ行きがよかったといわれている[23]。ここでは、『時局に関する教育資料』よりは系統的に銃後の活動が報告され、問題意識もより鮮明に打ち出されていた。すなわちまず冒頭において、「戦争は人生に固有し国家の生存競争上免るべからざるものなり……現今の戦争は実に国家の全力を要求し、殊《こと》に一国の男子にして兵役に堪ふるものは悉《ことごと》く武装して軍役に従ふ、是に於てか国内に残留せる婦人の任務は一層重大を見るに至れり(24)」と述べられ、戦時下における女の役割の重要性が指摘されている。

この観点から具体的な女性の活動が言及されていき、その記述は、軍隊・傷病兵に対する慰問・看護・恤兵品の寄贈、軍人の家族や遺族・貧窮者に対する慰問・職業賦与、子どもの養育や保護・給食、寄付金品の寄贈・募集、男子の職業の代替、戦闘への直接参加、の各点にわたっていた。そしてこれら各点にわたって、イギリス、フランス、ドイツ、ロシア、オーストリアなどの実情が紹介され、さらには、編集者のこれらに対する意見も付されている。この点で『欧洲戦と（ト）交戦各国婦人（ノ活動）』は『時局に関する教育資料』よりは積極的であり、しかも結語において今後の課題を次のように明確に提示している。

戦争は婦人の力を俟《ま》ちて其成果を偉大ならしむることを得べく、戦争長期に亘《わた》るに従ひ其の影響を被《こうむ》ること益《ますます》大なるものあるべし、是に於てか戦時婦人の活動は独国一婦人の叫べるが如く、今や博愛、慈善を超絶して国家に対する婦人の義務となり、婦人は独り平時に於ける良妻賢母たるに止まらず、又戦時国内活動の中心たり得ることを必要とするに至れり、加之《しかのみならず》現時戦乱の例示するが如く、文明の権威も何等戦争抑止の力なく平和の永続は将来之を望み得べからずとせば、吾人は常時戦時に処する準備と覚悟とを緊要とすべく、婦人も亦箇人たると団体たるとを問はず如何にして戦時其の重任を全《まっと》ふすべきやに就《つ》き平時より大に考慮する所なくむばあらず。(25)

当時の陸軍省がヨーロッパにおける女性の活動から学んだものは、ここに示されるように、総力戦体制における女の力の重要性であった。陸軍省ほど意識化されてはいなかったが、文部省が『時局に関する教育資料』で女性の活動を取りあげたのも、このような認識に基づいていたと思われる。そして平和の到来が望み薄であり、戦争に備えて準備と覚悟が必要であるという前提にたてば、それは当然、日本の女性は欧米の女性と同様な活動ができるのか、ひいては日本も総力戦を戦えるのか、という疑問を紡ぎ出していくことになる。そしてまさにそれゆえに、第一次大戦中から戦後にかけて、これまでの良妻賢母教育の不十分性が自覚され、新たな女子教育論や良妻賢母思想が生み出されることになるのである。

たとえば、『婦人問題』という雑誌がある。大正七（一九一八）年一〇月より九年四月まで、婦人問題研究会によって発行された月刊誌であった（途中、大正八年一二月に一度休刊）。婦人問題研究会は、大正五年一月に結成された会員一二〇名ほどの研究会であったが、会員には当時の女子教育界を代表する錚々たる顔ぶれが並んでいる。幹事には、日本女子大学校学監（のち校長）麻生正蔵、東京女子高等師範学校教授下田次郎、オリーヴ・シュライナーのわが国への紹介者である高野重三、成女高等女学校長宮田脩の四名が名を連ねていた。大正九年二月までほぼ月に一回、会員による研究発表、あるいは講演者を招いての研究会を開催し、『婦人問題』には、研究会における発表の口述筆記と論文とが毎号一〇本程度掲載されている[26]。

このように、わずか数年間の活動期間でしかなかったが、ここで取りあげたのは、婦人問題研究会が第一次大戦の衝撃を正面から受けとめて結成されたからである。『婦人問題』の創刊号には、冒頭、婦人問題研究会結成の理由が次のように述べられていた。

人類の問題としても、文明の問題としても、社会の問題としても、将《は》たまた国家の問題としても、我が婦人問題の研究は、現在から将来に渉る重要にして且つ興味あるものの一つであると信ずる。時勢の進展に伴ふ現代の要求は、最早狭義の良妻賢母主義を以て女子教育の本旨とすることを許さない。旧習に因つて婦人の活動を家庭的にのみ見て置く時代ではない。欧米現時の婦人の目ざましい活動は、よし戦時中の一時的現象なるにもせよ、既に女性としては従来閑却された能力の発露が認められた以上、将来に於ける婦人問題が益々《ますます》複雑になると共に、我国婦人の今後も亦過去の状態と異つて、其処《そこ》に新しい意味の何者かを齎《もたら》すことは、推して知らるべき運命だと思ふ。従つて我国の婦人問題も弥々《いよいよ》広く深い研究と正しく新らしい指導とを促さなければならぬ[27]。

『婦人問題』の寄稿者たちは、一人一人その意識の度合いに深浅がありつつも、この問題意識をもつという点においてはほぼ一致していた。そして彼らは大戦の教訓として、家事・育児以外の、そして家庭以外の場で発揮される女性の能力をあらかじめ開発しておく必要性を自覚し、そのためにはどうすべきかを考察していったのである。しかもそれは何もこの『婦人問題』が特殊なわけではなかった。今回、大戦中から戦後にかけての一〇年ほどの間の、『婦人問題』『教育時論』『婦女新聞』に掲載された女子教育論を検討したが、それらの多くは、多かれ少なかれ、このような問題意識で論じられている。

もちろん、戦争状態や過労が女の精神や感情に悪影響を及ぼし、結婚難を惹起するという弊害を指摘する声や、欧米では女性が労働に従事し、収入を得た結果、贅沢になっただけでなく、放縦な行為や貞操の乱れを引き起こしており、見倣う必要がないとする意見、欧米の女性に倣うことは「男性的」女性を養成することであり、それは愚の極みであるという主張もあった[28]。しかし当時の多くの論考においては、女性の秘められた能力をあらかじめ堀り起こしておくことこそが国家にとって緊要事であると、確信されていたのである。

なお、「婦人問題」という言葉を聞くと、それは女の地位を向上させることをめざすものであるがゆえに、良妻賢母思想とは全く相容れない立場からの異議申し立てであり、国家の論理と対抗するものであると、わたしたちはつい考えてしまう。が、先ほどの引用からもわかるように、決してそのようなものではなかった。

たとえば「婦人問題」に「理解」があったとされる、『婦女新聞』主筆の福島四郎は次のように述べている。「婦人を発達せしめ進歩せしむる問題は、軈《やが》て我が国力を二倍にする問題ではないか。婦人問題を、単なる人権人格問題視したのは、戦争前の事である。今や婦人問題は、社会問題より一転して国家問題に移つたと言つて可《よ》い。実にこれ国運発展の根本問題である」[29]。ここにおいては、女の地位の向上が国力の増大に結びつくという観点で「婦人問題」がとらえられ、女のおかれている状況の改善が図られているのである。「婦人問題」の解決あるいは女の地位の向上とは何を指すのか、先にふれた与謝野晶子と平塚らいてうの考え方をみても議論の分かれるところである。が、ひとまず女の生き方を狭い枠にはめるのではなく、女のもっている能力を伸ばし、それを社会へ向けて発揮していくことにあると仮定してみよう。それは女にとって主観的には一つの抑圧状態からの脱却である。しかし国家・社会からみれば、今まで閑却されていた女の能力の活用を意味している。つまり、国家や社会にとって、女の活動が新たな不安材料を生み出さない限りは、それは歓迎すべきことであった。福島の発言の真意も、むろんここに存在している。

前節で、「婦人問題」を頭ごなしに否定するのではなく、それをいったん認めた上で、その解決の仕方こそが問題として論じられるようになったと述べたが、これもこのような文脈で考えてみれば首肯できる。「婦人問題」もこのような国家的観点から価値づけられうるということ、そして女のおかれた状況の改善と国家の論理とは決して対立しあうものではないということは、注意しておかねばならないだろう。

ただし、このような国家の論理を前面に押し出すという、論の立て方そのものに対する批判的な意見もあるにはあった。それは島中雄三（社会運動家）の主張である。彼は次のように述べている。「真に婦人自身の立場から、婦人自身の利益幸福を本位として立論せられて居るものは、一部婦人論客のそれを外にして殆《ほとん》ど見ることが出来ない……多数なのは、国家有事の日に当つて、男子に代るべきだけの準備を婦人に与へて置かなければ困るといふ、軍国主義的な立場からの功利的婦人論である(30)」。しかし、これは全くの少数意見にとどまっていた。総体としていえば、第一次大戦の教訓として、単なる「良妻賢母」にとどまらない、女性の新たな能力開発の必要性が自覚され、この危機意識が引き金となって、それまでの良妻賢母思想を一歩乗り越えた女子教育論が展開されていくのである。

そして次のような人々がその論客として名前を連ねていた。下田次郎、中川謙二郎（東京女子高等師範学校長）、湯原元一（同）、成瀬仁蔵（日本女子大学校校長）、麻生正蔵、宮田脩、三輪田元道（三輪田高等女学校教頭）、市川源三（東京府立第一高等女学校長）、乗杉嘉寿（文部官僚）、棚橋源太郎（東京教育博物館長）、山脇玄（貴族院議員）、福島四郎、高野重三、平沼淑郎（早稲田大学学長）、大島正徳（東京帝国大学助教授）、中島半次郎（早稲田大学教授）などである。彼らは、女子教育に実際に携わっている人々だけでなく、文部官僚、議員、社会運動家までも含めた、女子教育、あるいは女の地位向上に関心をもつ人々であり、現実の女子教育界に大きな影響力をもつ人々であった。そして彼らは当時本格的に登場してきた都市新中間層の意識を代弁しており、「良妻賢母」を女子教育規範として措定しつつ、時代の動きに敏感に反応して新しい良妻賢母像を模索していったのである。

ところで、このような問題意識から、当時の女子教育論が展開されていったということは、当然のことながら、日本女性の現状に対して不満が抱かれていたということである。その証左は枚挙に暇がない。たとえば、大島正徳は、これまでの良妻賢母教育を、「高級女中、高級乳母」を養成するものでしかなかったと批判し、下田次郎は、日本の女性が他動的、盲従的、消極的であることを問題視している[31]。また高野重三は日本女性の体格の虚弱さを指摘し、「此弱々しき体格にかてゝ加へて、我国の衣食住と風俗習慣は、彼等女子をして充分活動せしめざるやうに余儀なくせしめて居る[32]」と、女性をとりまく生活形態にも疑問を差しはさんでいる。湯原元一は、女に対する代表的な徳目の一つであった淑徳について、活動や自覚をもたらさないとして、次のような懐疑的な意見を開陳している。「淑徳は婦人に取つて尊重すべき美徳に相違ないが、男子に服従し唯男子の意の儘に従つて少しの自覚も理解もない淑徳ならば、我輩は遺憾ながら淑徳なるものゝ値打ちを疑はない訳には行かぬ[33]」。

まるで掌を返したかのように従来の価値観を一転させているが、こういった考え方は、程度の差こそあれ、彼らにとって共感しうるものであり、また欧米女性に比べての日本女性の「後進性」は看過すべきものでもなかった。まさにこのままでは、「少くとも世界の列強と相伍して文明を争ふことは困難だと思ふ[34]」というのが、彼らの共通認識だったのである。

注

（1）鹿野政直「解説」（『大正思想集Ⅱ』筑摩書房、一九七七年）四二〇ページ。
（2）堀場清子『青鞜の時代』岩波新書、一九八八年、五四ページ。
（3）村上信彦『大正期の職業婦人』ドメス出版、一九八三年、七一ページ。なお、当時の職業婦人の職種ごとの人数、年齢構成、学歴、収入などについては、同書を参照されたい。

（4）白石玲子は、治安警察法改正を審議した帝国議会の議事録を検討することによって、この第五条第二項が改正されたのは、単に女性運動が活発化し、女性の権利が容認されたからではなく、女性を国家体制に組み込み、体制内化しようとする政策意図が存在したからであると指摘している。詳しくは、「一九二〇〜三〇年代日本における婦人関係立法についての一考察——婦人の政治的権利容認の立法意図をめぐって」（『阪大法学』第一一〇号、一九七九年三月）を参照されたい。

（5）伊東壮「不況と好況のあいだ」（南博編・社会心理研究所『大正文化』勁草書房、一九六五年）一八七ページ、参照。

（6）寺出浩司「大正期における職員層生活の展開」（日本生活学会編『生活学』第七冊、ドメス出版、一九八二年）三四—三六ページ、参照。

（7）鹿野政直『戦前・「家」の思想』創文社、一九八三年、一一九ページ。また一〇一—一三一ページも参照されたい。

（8）与謝野晶子「人間性へ」（大正一一年一月一日）『愛の創作』所収（『定本　与謝野晶子全集』第一八巻、講談社、一九八〇年、三〇七ページ）。

（9）同「苦中真珠」（大正九年七月三日）『人間礼拝』所収（同、一三五ページ）。

（10）同「人間生活へ」（大正九年一一月）『人間礼拝』所収（同、一五ページ）。

（11）同「自己に生きる婦人」（大正九年一月）『人間礼拝』所収（同、三三ページ）。

（12）同「労働と婦人」（大正七年一〇月）『心頭雑草』所収（同、第一七巻、一七一—一七三ページ）。

（13）平塚らいてう「母性の尊重に就いて」（『文章世界』大正一五年五月号（『女性の言葉』大正一五年、一二五四ページ））。

（14）同「社会改造に対する婦人の使命」（『女性同盟』大正九年一〇月号）。

（15）同「現代家庭婦人の悩み」（『婦人公論』大正八年一月号）。

（16）同「母性保護問題に就いて再び与謝野晶子氏に寄す」（同、大正七年八月号）。

(17) 代表的な研究として次のものがある。参照されたい。大木基子「与謝野晶子と大正ジャーナリズム」(田中浩編『近代日本におけるジャーナリズムの政治的機能』御茶の水書房、一九八二年)、山本千恵『山の動く日きたる』大月書店、一九八六年、米田佐代子「平塚らいてうの国家観」(『歴史学研究』第五四二号、一九八五年六月)、鈴木裕子『女性史を拓く　1』未来社、一九八九年。
(18)「改正女子訓」(『教育時論』第八八二号、明治四二年一〇月一五日)参照。
(19)「文相女子教育談」(『教育時論』第一一一五号、大正五年四月五日)。
(20) たとえば、次の文献を参照されたい。ジャン・ラボー『フェミニズムの歴史』加藤康子訳、新評論、一九八七年、三三六―三四〇ページ、有賀夏紀『アメリカ・フェミニズムの社会史』勁草書房、一九八八年、八九―九〇ページ、ウーテ・フレーフェルト『ドイツ女性の社会史』若尾祐司ほか訳、晃洋書房、一九九〇年、一三七―一五四ページ。
(21) 文部省『時局に関する教育資料』第一七輯凡例。
(22) 臨時軍事調査委員の編になる、大正六年四月に出された『欧洲戦ト交戦各国婦人ノ活動』と、同年五月に出された『欧洲戦と交戦各国婦人』との二種類がある。本文はほとんど変わらないが、後者には、女性の活動を写した写真が二〇数ページにわたって掲載されている。
(23) 千野陽一『近代日本婦人教育史』ドメス出版、一九七九年、一七五ページ、参照。
(24) 前掲書『欧洲戦と交戦各国婦人』一ページ。
(25) 同、八〇ページ。
(26) 婦人問題研究会がいつまで存続したのかは、正確にはわからない。しかし、『婦女新聞』の「婦人界及女学界」欄に毎月掲載されていた婦人問題研究会についての情報が、大正九年で途絶え、それ以後見当たらないことから考えると、このころ活動を停止したものと思われる。また『婦人問題』も、廃刊宣言も何もないためはっきりしないが、研究会の活動停止とともに廃刊になったと考えるのが妥当であろう。なお、この『婦人問題』に対して、『婦女新聞』は次のように評している。「婦人に関する幾多の雑誌中一番商売気を離れた、随つて一番重みがあり、実質があり、権威ある読物である」(『婦女新聞』第九七九号、大正八年二月二日)。
(27)「『婦人問題』の創刊に就て」(『婦人問題』大正七年一〇月号)。
(28) たとえば、某海軍中将「欧洲戦争が齎す婦人の教訓」(『婦女新聞』第八八七号、大正六年五月一八日)、下田次郎「戦争の婦人に及ぼす影響」(同、第九四六号、大正七年七月五日)、寺田勇吉「戦後の女子教育」(『教育時論』第一二二四号、大正八年一月五日)を参照。
(29) 社説「有史以来の婦人の力」(『婦女新聞』第八八六号、大正六年五月一一日)。
(30) 島中雄三「労働婦人の問題」(『婦人問題』大正八年二月号)。
(31) 大島正徳「婦人と社会改造」(『婦人問題』大正八年一〇月号)、下田次郎「戦後の女子教育」(同、大正八年一月号)。
(32) 高野重三「改造を要する日本婦人」(『婦人問題』大正七年一一月号)。
(33) 湯原元一「憂ふべき日本婦人の将来」(『婦女新聞』第八八六号、大正六年五月一一日)。
(34) 乗杉嘉寿「世界の大勢と我国の婦人」(『婦人問題』大正八年四月号)。

第四章　良妻賢母思想の再編

前章で述べたように、第一次大戦中から戦後にかけて、女性をめぐる状況は大きく変化し、必然的に良妻賢母思想も再編を余儀なくされていった。この再編について、これまでの研究は、臨時教育会議の答申、すなわち、大正七（一九一八）年一〇月二四日に出された「女子教育ニ関スル件」答申が、第一次大戦後の女子教育再編の方向性を決定し、その具体化が二年後の高等女学校令改正であったととらえている。そしてその臨時教育会議の答申は、「民本主義の思想が入りこみ、人心の動揺がみられるだけに、あらためて、家族制度を強化し、国体観念を自覚し、婦徳を備えた「良妻賢母」の育成を、女子教育の目標として再認識したいという答申である。……女子教育界は、すでに大正時代、国体色に包まれている[1]」と総括されてきた。

しかしながら、わたしには、このような国体観念の涵養の強調、伝統的な女性観の強化という総括の仕方ではたして十分なのだろうか、という疑問がある。というのは、この当時の女子教育論を読んでいくと、婦徳や国体観念の涵養といったイデオロギー的な側面からの発言がほとんどなく、第一次大戦後の社会にふさわしい、もっと新しい女性観が積極的に模索されていったことがわかるからである。それは、前章で行った引用をみても明らかであろう。

第一次大戦後の日本において一世を風靡した言葉に「改造」という言葉がある。様々な局面において改造という言葉が使用されたが、この時代的な雰囲気の中で、女性改造もまた熱心に論じられていた。すなわち女子教育論では、戦後世界にふさわしい良妻賢母とはどのような女性であり、それはいかにして育成できるのかが、様々な視点から展開されたのである。

そこでこの章では、『婦人問題』『婦女新聞』『教育時論』の三誌に主によりながら、この時期の女子教育論を詳細に検討していきたい。これら三誌にはおよそ五〇人の人々が寄稿していたが、彼らの主張を通して、第一次大戦後の女子教育がどこをめざして進もうとしていたのかを、明らかにしていきたいと思う。そしてそのことによって、第一次大戦後の女子教育再編の方向性や臨時教育会議答申に対する総括の問い直しも可能となるだろう。なお、この三誌を取りあげたのは、次のような理由による。すなわち『婦人問題』は先にも述べたように、明確な問題意識のもとに編集された雑誌、『婦女新聞』は「女教員、処女会、婦人会等地域の中心メンバーの婦人中堅層と思われる知識人」(2)を読者層とする、女の地位向上をめざす啓蒙週刊新聞、『教育時論』は当時の代表的な教育雑誌、という三者三様の性格をもっているからである。これらは当時の女子教育論の内実を知る上で好個の材料を提供してくれるだろう。

一　女子教育の改善

1　高等教育の実施

周知のように、戦前の教育制度では、中等教育段階以降は男女別学体制がとられており、女子が高等教育を受ける機会は非常に制限されていた。大正初年には、女子高等教育機関としては、東京と奈良にあった官立の女子高等師範学校を除けば、明治三三（一九〇〇）年に設立された女子英学塾や東京女子医学校、翌年に設立された日本女子大学校などの、後に私立の専門学校となる学校がわずかに存在するだけである。官公立の女子専門学校は一校もなかった。また、男子の高等教育機関への入学も、原則的には許されてはいない。わずかに例外として、大正二（一九一三）年に、東北帝国大学が女子学生三名を入学させたのを皮切りに、大正五年以降、東洋大学などの一部の学校が、聴講生として少数の女性の入学を許可したにすぎなかった。したがって、大学入学が一般化するにはほど遠く、総じて女子は、帝国大学や専門学校などの高等教育機関から制度的に締め出されていた。

また文部大臣の諮問機関である教育調査会は、大正四年の「大学令案」審議の際には大学への女子入学を認めていた(3)。しかしこれは結局、実現しないままに終わっている。しかも一方では、すでに述べたように、この時期、高等女学校生徒数は飛躍的に増加しつつあった。そして中等教育修了者の増加は、当然、さらに程度の高い教育、高等教育への需要を生み出していくことになる。

つまり、第一次大戦後は、国内的条件からみても、女子高等教育の実施が問題化する客観的状況がすでに備わっていたといえるだろう。しかも第一次大戦の衝撃が加わったことにより、一挙に高等教育の問題は女子教育論の中で最も意見が集中するテーマとなったのである。すなわち、「特に今次の世界的大戦乱に於て、女子の高等教育の有無が、如何にその国全体の上に影響があつたかといふことは、余程深刻に各国民の脳裏に印象された(4)」といった観点から、女子高等教育の実施は焦眉の急と意識され、その必要性が論じられていった。

（1）高等教育の必要性

第三節で検討するように、すでに大正七年に臨時教育会議は「女子教育ニ関スル件」を答申し、女子高等教育機関の設置を時期尚早として見送っていた。しかし、女子教育論においては、高等教育に反対する、あるいは時期尚早とする意見は全くの少数派でしかなく(5)、この問題を論じている二〇数人のほとんどが、高等教育の必要性を主張している。そしてはっきりしていることは、いずれの論者も共通して、女子高等教育を国運の発展をもたらすもの、国家の発展にとって重要な意味をもつものと位置づけていることであり、国家の論理が前面に押し出されていることであった。

このことを意識していた代表的人物が、下田次郎である。彼は、第一次大戦の衝撃を最も深刻に受けとめた人間の一人であり、当時、様々な雑誌に多くの女子教育論を発表している。ここでは、『婦人問題』大正八年一月号に掲載された「戦後の女子教育」に依拠して、彼の主張をさぐっていこう。最初に指摘しておきたいことは、彼の主張の前提には、日本の女性は欧米女性のような戦時下の活動ができないのではないか、という危機感が存在していたことである。彼によると、日本女性の「後進性」は、「婦人本来の素質と教育境遇との合した結果」であり、とりわけ後者が問題であった。したがって、「縦令《たとい》体力智力等に於て先天的に女子が男子に劣つて居ると仮定しても、――それも今日未だ科学的に一概に未だ断言することは出来ないが――女子の境遇を一層自由にして教育を一層高めたならば、同じ女子の素質を以てしても、確かに今日の女子とは見違へるだけの有為有能の女子を現出せしむることが出来る」のである。そして、そのために女子高等教育を実施しなければならないと、彼は次のように述べている。

国に於ても女子を発達せしめ、伸びるだけ伸ばして其真価を発揮せしめ、其能率を高めやうと思へば、先づ是に自由と男子と均霑《てん》の便宜と機会とを与へねばならぬ。婦人だといふので設けられた障壁を撤廃し、教育の如きは第一に、女子に男子と均霑の機会を与へ、高等学校をも設け、大学をも女子に開放して、十分伸びる所まで伸ばさねばならない。今日の婦人が兎角《とかく》他働的（ママ）で、命令に依てのみ動き、手も足も出ないやうな状態は、斯くの如くして昔話となることも遠くないのであらう。

このように、高等教育を実施することによって女の能力の開発を行い、総力戦体制下において欧米女性並に活動できる女性を育成しようと、彼が考えていたことがわかる。「良妻賢母」という生き方を前提にしつつも、家庭内役割だけに限定されることなく、自らの能力を社会的、国家的に活かすことのできる女性が必要とされるに至ったともいえる。そしてこれは従来の良妻賢母思想の枠組みを一歩破るものであり、女の能力やエネルギーを直接的に国家に吸収しようとする動きのはじまりであったといえるかもしれない。しかも注目すべきは、この引用文にもあるように、男女の教育機会の均等という論理もがこの主張に内包されていたことである。従来の、夫や子どもを通して間接的に国家に貢献する存在としての女性ではなく、直接的な国家への貢献も可能な存在と認識されるようになった、その結果として、女子にも男子と同様な高等教育を行うべきだと観念されたのであった。

下田に代表されるこのような主張は、この時期の高等教育論の大きな特徴であり、高等教育の必要性を論じている人々の主張に共通する論点であった。もう一つ、別の観点も加えた高等教育論を紹介しておきたい。それは成瀬仁蔵のものである。彼ももちろん高等教育の実施を強く主張していた。彼は『婦人問題』大正七年一一月号に掲載された「女子高等教育の必要」において、三点にわたって女子高等教育が必要なゆえんを述べている。

それによれば、一つには、いわゆる良妻賢母を育成するためであった。彼は「国民の人格の優秀ということは、国家発展の最大資本である」という前提にたって、次のように述べている。「国家的見地に立つて男子の教育を進めると共に、女子の教育をも進め、善良剛健聡明達識の国民を教養するに足るべき母たり妻たる女子を養成することは、欠くべからざる国家的要件とせねばならぬ」。そして女子の高等教育は出生率の低下を招くという当時の反対論に対しても、それを償ってあまりある社会的国家的効果が高等教育にはあると主張している。従来からの良妻賢母論と同じく、彼もまた妻役割よりは母役割に重点をおいていたが、いわば、より「優秀な」良妻賢母はそれだけより「優秀な」国民を生み出し、それによって大きな国家的貢献をなしうると、彼は考えたのであった。

二つには、職業婦人を養成するためである。すでに述べたように、大正期は女が積極的に職業へ進出し、数多くの職業婦人が生み出されはじめた時期であった。彼はこのような状況の中で、職業婦人の管理をする女性、あるいは専門的な職業につく女性を育てるために高等教育が必要であると、次のように述べている。「多数の職業に従事する女子の指導者監督者保護者となることの出来る修養を具《そな》へた女子を要する……女子の社会的活動範囲の拡張されるに従ひ、その程度も勢ひ次第に上昇して、唯職業に従事するが為にでも、高き教育を要することゝなる」。

そして三つ目は、男とは違った女の能力や特性を活かし、人類文化への女なりの貢献を果たすためであった。これはなかなかわかりにくい主張であるが、彼は「精神文明を作り出すことは婦人の特能に俟《ま》つの外はない」と考え、女性が作る精神文明によって「従来文明の欠陥を補ひ、完美なる文明を将来に産出し、社会国家家庭及び男子の慶福を増進すべきを疑はない」という。つまり、女性が精神文明を樹立して完美な文明を作るためにも、「女子の特殊の性能素質に基きて、女性としての完全を期」すことが重要であり、そのためには高等教育が必要なのであった。

すでに第一章で述べたように、女子中等教育の必要性を主張する際にも、男にはない女の「高い」道徳性が指摘されていた。この成瀬の主張も、基本的にはその延長線上にあるといえるだろう。ただ、日清戦争後においては、このような趣旨の発言は少数意見でしかなかったが、この時期になると、かなり広範に主張されていくことになる。この点については、また後で検討したい。

下田にしろ、成瀬にしろ、女性の第一の任務を「良妻賢母」とすることには変わりなかったが、彼らは女に家庭内役割だけでなく、社会的・国家的役割を果たすことも求めており、そのためにも高等教育を必要としていた。もちろん女が、独身生活や男のような職業を第一義とする生活を送ることは否定されていたが、明らかに理想とされる良妻賢母像は変化してきていた。そして、新しい良妻賢母像と高等教育とは不可分のものと意識されていたのである。

このように、第一次大戦後という時代にふさわしい新しい良妻賢母を育成するために、女子高等教育の必要性が主張されていったのだが、これ以外にも高等教育の必要性を説く論拠が三点あがっている。一つは、「男子と同じ程度の教育を授けぬといふことは、開明国の教育制度として完全なものとは思へません(6)」という言葉に象徴されるように、「開明国」としての国家的立場を示さねばならないとする意見である。欧米諸国ですでに女子高等教育が実施されていることは周知の事実であり、欧米での実施状況や実施に至る歴史的経過についての論文も、時折『婦女新聞』などに掲載されている(7)。このような状況の中で、大戦によって「一等国」としての地位を獲得した日本の国際的立場を誇示するためにも、女子高等教育くらいは必要だと意識されたのであろう。

もう一つは、「女子は高等女学校卒業を以て満足せず、又男子は妻として之を迎ふるに当り、より以上の高等の学校卒業者を要求する者漸く多きを加ふるに至つた(8)」という下田の意見のように、女子教育に対する要求の高まりを指摘する声である。そもそも高等女学校教育には、中等社会の構成員たる男性にふさわしい妻・母を養成するという目的があった。高等女学校教育が普及し、男子の高等教育も進展していく中で、たとえ萌芽的にではあれ、中産階級の妻には高等教育が求められはじめたと思われる[9]。同様な意見は成瀬も述べていたが、下田や成瀬においては、女子中等教育がめざましく普及しつつある中で、女子高等教育の実施はもはや時勢の流れとして位置づけられていたといえるだろう。

そして最後に第三の論点としてあげられるのが、男女は人格的に同等であるから、女子にも高等教育の機会を保障すべきだという意見である。たとえば境野黄洋（東洋大学学長）は、「政府の教育方針は、男子を本位に置き、女子教育を全く別個のもの若《も》しくは第二次的のものとして取扱つて居るやうに思はれるが、是は間違である。……元来教育は、人格を修養させるのが根本である。人格修養の上に男女の性別を設ける必要がどこにあらう[10]」と述べ、男子大学の開放を説いている。そしてこれは彼ばかりでなく、福島四郎や宮田脩らの主張でもあった。すでに述べたように、良妻賢母思想は、たとえ男女が生理的・心理的に相違し、違った役割を担うものであるとしても、その地位は同等であるという主張を内包していた。とすればその論理的必然として、このような論点が登場してきたのも当然であった。

（2）高等教育制度の構想

このように、必要性が強く認識されていた高等教育であったが、実際に実施するとなると、教育制度上、どのような形で女子に高等教育を行うのかという問題が生じてくる。すなわち、女子のための独自の高等教育機関を新たに設置するのか、あるいは既存の男子の高等教育機関を開放し女子を入学させるのか、という問題である。そしてこの問題に言及した多くの人々が、大学や専門学校での男女共学、高等学校での男女別学、つまり女子高等学校の設置を主張している。

なぜなら、彼らによると、高等学校では風紀上の問題が生じる恐れがあるが、大学や専門学校では学術研究や職業教育を行うため、性の区別をする必要がないからである(11)。そして実際に女子を入学させていた、早稲田大学学長の平沼淑郎や東洋大学学長の境野黄洋は、共学によって男女両性の長所特性が発揮できること、風紀上の問題は生じていないこと、女子の能力は男子に劣らないこと、男女から社会が成立している以上隔離主義では真の人格形成ができないことなどを述べ、大学における共学は当たり前のことであると強く主張している(12)。

それに対し、共学であることに反対はしないが、女子大学の存在に重点をおいていたのが、成瀬仁蔵である。日本女子大学校の校長としての彼の立場からすれば当然であるかもしれないが、「必ずしも男子と同一なるを要せぬが、併《しか》し女子に適当なる方式に於て、男子と同等なる教育の実質を与ふべきは当然である。更に言はゞ、女子として、男子教育と同価値のところまで進み得る道を開き与へるのが当然である。而して其の或る部分に於ては男子教育に交錯し、共同し、全く同じ教育を受ける機会も亦勿論あるべきである(13)」と述べている。

ただ少数意見ではあったが、福島四郎のように、初等教育から高等教育までの全教育課程における男女共学を主張する人もいた(14)。彼は、共学には男女相互の理解が深まるなどの利点が存在すると指摘している。そして、中等教育段階を共学にする際の最大の障害となる、女子のみの学科目である家事や裁縫についても、裁縫は今後は不必要であり、他方で家事における住居や栄養に関する知識は男子にも必要であるゆえ、中等教育を共学にしても不都合はないと結論づけている。また高等教育段階における共学は、新たに学校を設立しなくてもすむために、すぐに実行できるとともに経済的でもあると述べていた。彼は大正八年から九年にかけて、『婦女新聞』で女子高等教育の可否に関するアンケート調査を実施し、帝国議会に対して女子高等教育を要求する請願運動を行うなど、高等教育の実現をめざして積極的な運動を展開したが、高等教育をより速やかに実施するために、経済性の観点も主張したものと思われる。

（3）高等教育の実施を求める動き

結局、臨時教育会議答申が女子高等教育の実施を時期尚早として退けたことにより、正規のルートによる女子の大学入学は実現しなかった。しかし答申以後、ますます高等教育を要求する声は高まっている。まず帝国議会の動きから述べておくと、大正八（一九一九）年三月の第四一議会の貴族院で、山脇玄が女子高等教育に関する質問を初めて行った。彼はこれ以降も、第四二議会（大正九年一月）、第四三議会（同年七月）、第五〇議会（大正一四年一月）と、質問に立っている。また福島四郎らによる女子高等教育を求める請願は、大正九年二月の第四二議会の貴衆両院に提出され、採択された。

さらに、大正一四年三月の第五〇議会では、貴族院で意見書「女子高等教育ニ関スル件」が提出され、衆議院では内ケ崎作三郎提出の「女子高等教育ノ振興ニ関スル建議」が審議されている。翌年の第五一議会になると、貴族院で沢柳政太郎が女子高等教育に関して質問に立ち、意見書「女子中等教育ニ関スル件」や「女子高等教育ニ関スル件」が提出されている。一方、衆議院では清瀬一郎らが「女子高等教育ノ方針ニ関スル質問主意書」を提出し、「女子高等教育振興ニ関スル請願」も出されていた。そして、これらの建議や請願はすべて可決されている。

これら議会での論議の焦点がどこにあったかを明らかにするために、もっともまとまった形で意見を述べている、内ケ崎作三郎の主張[15]を紹介しておきたい。彼はまず、女性が「生命ノ源泉」であること、子どもの教育家であること、国民生活に重大な関係をもつ生産と消費のうち、消費を担っていること、この三点のゆえに、女性の問題を重視していかねばならないと述べている。しかも第一次大戦によって「欧米ノ婦人ハ大ナル自覚」をし、その潮流は日本にも影響を与えているから、なおさら等閑にはできないという。

このような情勢分析にたって、彼は総合大学の女子への開放、女子専門学校の新設、男女共学制度の採用、私立学校への補助の必要性を主張したのである。そして女子高等教育が必要なゆえんをいくつか指摘している。すなわち、彼は、家庭や社会が複雑化してくる中で、主婦や母としての役割を果たすために新しい知識が要求されるに至ったばかりでなく、教育事業や感化事業、社会奉仕などの女性の活動に対する要求が高まっていることを指摘している。また、増加する女性労働者を「指導」したり、天変地異に備えて経済的独立や副業的訓練が求められたりしているからでもあるという。しかも女子高等教育の実施によって、「五大強国ノ一」であり、「東亜地方ノ中心」としての日本の国際的地位を示す必要もあった。

このような内ケ崎の主張は、議会での他の女子高等教育に関する論議にも登場していたし、先に検討した高等教育論の論拠とも重なりあうものであった。しかしながら、答弁に立った文部大臣をはじめとする政府側委員は、このような論拠や女子高等教育の必要性に対して異は唱えないものの、いずれも男女共学に難色を示し、時期尚早や財政難を理由に、要領を得ない説明に終始している。(16)

このように、女子高等教育の問題が帝国議会で論議されていく一方で、高等教育の実施を求める運動も盛りあがりをみせていった。帝国教育会では大正一一（一九二二）年二月及び四月に、女子高等教育促進大会を開催するとともに、翌年五月には女子教育振興委員会を結成し、これ以降もたびたび会合を開いている。大正一三年には聴講生などとして男子大学で学ぶ女子学生によって、各大学女子学生聯盟（翌年に全国女子学生聯盟に発展）が設立された。そして大正一五年には、全国聯合女子教育大会が開催されている。これは帝国教育会、女子教育振興委員会、桜蔭会や桜楓会などの女子高等教育機関の同窓会、東京聯合婦人会などの女性団体、全国小学校聯合女教員会などの職能団体、全国女子学生聯盟など一五団体によって開かれたものであり、女子高等教育問題が幅広い層の人々に関心をもたれていたことがわかる。このようにして、高等教育の実施を求める世論は高まっていった。

ところで、すでに表3－2（一〇一ページ）でみたように、大正一〇年代における高等女学校卒業生の進学率は二五％程度であった。が、同時期、東京女子高等師範学校附属高等女学校や東京の一部の公私立高等女学校のような、いわゆる都市における「有力」高等女学校の中には、『全国高等女学校実科高等女学校ニ関スル諸調査』によれば、進学率が五〇%を超えている学校もあった。もちろん、この数字には高等教育機関ばかりでなく、高等女学校の専攻科・高等科・補習科、師範学校第二部などへの進学も含まれている。しかし卒業後、さらに何らかの形で学校教育を継続していく者の割合がこれほど高かったということは、女子高等教育に対する社会的要求の高まりを知るうえで、やはり注目すべきことであろう。

そしてこの社会的潮流のもとで、大正一一年には、初の公立女子専門学校である福岡県立女子専門学校が設立されている。これを皮切りに、公私立の女子専門学校が次々と新設され、高等教育を受ける女性も、次ページの表4-1にみるように、急速に増加していったのである。(17) けれども、帝国大学への正系ルートである、高等学校を経て帝国大学に入学するという道は閉ざされたままであったし、官立の女子専門学校すら設立されなかった。

2　体育の充実

このように、高等教育を実施し、女の知的能力を高めていくことが、第一次大戦後の女子教育論において最も強く主張されたことであったが、第二の課題として指摘されているのが、体力の向上、そのための体育の振興であった。一〇数人の人々がこの問題に言及している。

そもそも体育教育は、近代的な学校教育制度の開始とともに実施され、高等女学校では週に三時間の授業をすることになっていた。しかし、体育は「女らしさ」を害なうという心性が社会的に存在し

表4－1　専攻分野別の高等教育機関在学女子学生数

	大正4（1915）年 女子（男子）	大正9（1920）年 女子（男子）	大正14（1925）年 女子（男子）	昭和5（1930）年 女子（男子）
法文経*	965人（28,845）	1,452人（43,229）	3,429人（75,215）	6,178人（84,295）
教育	1,086（1,326）	942（1,545）	1,170（2,930）	1,124（3,290）
理学	3（1,014）	0（4,520）	28（10,052）	48（2,582）
工学	0（5,557）	1（5,323）	0（11,250）	1（14,076）
農学	42（2,573）	1（3,038）	0（5,401）	66（6,831）
医歯薬	301（8,891）	575（11,052）	1,708（13,062）	4,058（19,429）
家政	137（0）	720（0）	2,597（0）	7,079（0）
計	2,264（48,206）	3,691（68,707）	8,932（117,910）	18,554（130,503）

＊法文経とあるが、女子学生のほとんどが文学専攻である。
（文部省『日本の成長と教育』1962年、より作成）

ており、そのため、それほど熱心に行われてはいなかった。したがって、高等女学校令公布以降もことあるごとに、文部大臣はじめ多くの人々が体育充実の声をあげている(18)。いわば、日本女性の体格の貧弱さを克服し、基礎体力を向上させるという問題は、すでに長年の懸案事項であり、何もこの時期に初めて問題化したわけではなかった。しかしながら、従来の体育振興を求める意見が、主に次代の国民を産み、育てる母としての役割に着目していたのに対し、この時期の議論には新たな論点が加わっている。すなわち、欧米女性と比べて体力的に遜色のない女性、男性の代替労働に耐え得る健康強壮な女性を求める観点から体育の問題が取りあげられたのである。このことが何といっても大きな特徴であった。

たとえば、大正六（一九一七）年にイギリス、アメリカへ留学し、時局の教育状況を視察するためにフランス、ドイツを回って帰国したばかりの乗杉嘉寿は、「世界の大勢と我国の婦人」を『婦人問題』大正八年四月号に発表している。そこで彼は欧米での自己の見聞に基づき、欧米の女性が看護婦、女工、運転手、車掌としていかに活躍しているかを縷々述べている。そしてそのような活動は、彼によると、体力の強靭さがあったればこそ可能なものであり、その強い体力は学校教育の賜物なのであった。それに比べて日本の女性は体力・体質が劣っているのであり、彼は「内外の男子の比較よりも、内外の女子の比較には、其処《そこ》に更に一層大なる懸隔がありはしないか」と現状に危機感を抱いている。それゆえ彼は、「我国に於ける女子教育の将来は第一に女子の身体の発達を図るべく、体育の上に留意し、此の方面に就て詳しい調査を遂げ、……以て之に対する教育の大方針が立てられなければならないのであります」と、体育の充実を説くのである。

乗杉と同様な観点から、高野重三、下田次郎、松本源太郎（学習院教授）、湯原元一、市川源三、橋元半次郎（石川県立第一高等女学校教諭）、大野芳麿なども、体育の問題に言及していた。だが、市川の主張などを読むと、体力とは単に労働に耐える肉体的な力ではなかったことがわかる。彼は、「意志はイコール体力といつても差支へはない。意志から発する意気も勇気も決断力も皆体力を背景とせなければ成立たない。此のやうに考へてゆけば、どうしても女子教育の根本義は女子体育の力に待たなければならぬ(19)」と述べている。彼によれば、体力はすべての活動力の源であり、積極性や能動性、あるいはやる気を生み出すものだったのである。かつて森有礼文相は国民の気力の鍛練という観点から体育を重視したが、この市川の議論はそれを彷彿とさせる。この時期、女性は自らの能力を社会や国家に向けて発揮していくことが求められはじめていたが、そのやる気を生む源泉として体力が位置づけられたからこそ、体育はより一層重要なものとして意識されたといえるだろう。

このような視点による体育振興論がこの時期の女子教育論の特徴であったが、従来通り、次代の国民の母という観点から体育の問題に言及した論者もいた。それは、下田次郎、中川謙二郎、寺田勇吉（精華学校校長）などである。なかでも興味深いのが、死産や乳児死亡の多さと母親の虚弱さとを関連づけて論じている下田の主張である。彼によれば欧米に比べて日本では、国民の「数」では問題がないが、「質」からいうと不十分であるという。そしてそれは、母親の生活状態が悪く、体力的にみても女性が虚弱だからであった。それゆえ彼は、より「質のよい」国民を女性が産むために、次のように主張している。「今後我国に於て最も力を入れるべき根本問題は、国民の体格を強壮ならしむるにある、それには婦人の体育に力を入れて強壮な子供を産み、さうして沢山に生むやうにすることである。……世界の競争は又婦人の体格の競争である。否是が根本的競争であると云つても宜い」[20]。

次の表4－2は、明治四三（一九一〇）年から昭和五（一九三〇）年までの二〇年間の乳児死亡率を国際比較したものである。非常に明確に、当時の日本が欧米諸国に比べて乳児死亡率が高かったことがわかる。第一次大戦後、とりわけ第一回国勢調査が行われた大正九（一九二〇）年以降、「一等国」となった日本においては、このような欧米諸国に比べての乳児死亡率の高さや「多産多死」状態が、ゆゆしき事態と意識されるようになった。また優生学も大きな社会的関心をひきはじめており、大正一三年に『ユーゼニツクス』（後藤竜吉による日本優生学協会発行、翌年『優生学』と改題）、大正一五年に

表 4-2　乳児死亡率（新生児 1000 人あたり）の国際比較

	1910 年 （明治 43）	1915 年 （大正 4）	1920 年 （大正 9）	1925 年 （大正 14）	1930 年 （昭和 5）
日本	（161）	（160）	166	142	125
スリランカ	176	171	182	172	175
USA 白人		99	82	68	60
黒人		181	132	111	100
アルゼンチン	（148）	124	127	121	100
オーストラリア	75	68	69	53	47
スウェーデン	75	76	63	56	55
フランス	111	123	123	95	84
ドイツ	162	148	131	105	85
イングランド・ウェールズ	105	110	80	75	60

（『マクミラン世界歴史統計』Ⅰ～Ⅲ、原書房、1983～1985 年、より作成）
ただし、日本の（　）は『日本長期統計総覧』日本統計協会、1987 年、からの数字である。またアルゼンチンの（　）は 1911 年の数字である。

『優生運動』（池田林儀による優生運動協会発行）という二種の雑誌が創刊されている。

いわば「産」に関する国家的な関心が高まり、「優秀さ」の内実もが論議の対象になり出していたのだが、下田の主張には、このような問題を意識し始めた口吻が感じられる。そしてやがては、この問題は産児制限の可否、より「優秀な」国民に対する希求を生み出し、従来閑却されていた「性」に対する問題関心を紡ぎ出していくことになる(21)。

このような二つの観点から、女子への運動の奨励、体育の充実が主張されていったのである。しかも、「女学校内に於ける体育的訓練を今後一層徹底せしむるは無論のこと、更らに一般婦女子に対しても何等かの施設によつて、体育的訓練を施す事を、一般市民及び当局が考案せん事を望む[22]」と、学校教育においてだけでなく、女性一般に対して、体育の奨励を求める意見も登場している。

そしてこのような体育奨励論をうける形で、現実に体操服の改良、洋式体操服の採用も進められていった[23]。たとえば女子体操服としておなじみのブルーマーの登場は、大正一〇年代のことになる。このような体操服の改良を通して、体育を振興していく基本的条件が整っていった。その結果、従来多分にレクリエーション的であった体操も、大正一〇年ころから各府県では高等女学校対抗の競技会が盛んに開催されるようになり、競技性を強めていくことになる[24]。この時期の『教育時論』には、競技性の高まりに対して、その是非を問う論説が多数掲載されており、この問題が当時の女子教育界にあって重大事と意識されていたことがわかる。

また文部省自ら、大正一五年には訓令として「体育運動ノ振興ニ関スル件」を発し、体育の普及・発達を促している。ただし女子の体育に関しては、「特ニ其ノ精神的並《ナラビニ》身体的特徴ニ適合セル運動ノ種目及実施方法ヲ選定シ、且運動時ノ態度、服装等ニ注意スルコト[25]」という注意が付されていた。一方、民間では同年、二階堂トクヨが高等教育機関として初めて、日本女子体育専門学校を創設している。このような状況の中で、女子に対する体育教育は本格化していったのである。

しかし、健康強壮な女性の育成は体育のみで成し遂げられるものではなかった。なぜなら、体育がふるわないのは、それが「女らしさ」を害なうと考えられていたからであり、女の「美」の問題とも関連していたからである。井上章一『美人論』によれば、第一次大戦後はちょうど「美」に対する価値観が転換した時期であるが、たとえば次のような高野重三の意見がある。

我国の男子の多数は弱々しい吹けば飛ぶやうなる女子を以て美人と称し、これを好むの風があり、女子は女子で其虚弱なる体躯を以て、一生を苦痛と不幸の間に費すの止むを得ざるものが無数にある。……之に対しては差当り女子の運動を奨励すべきは勿論、男子と同様なる滋養分に富みたる食物を摂取せしめなければならぬ。女子の病気及び虚弱の原因の大部分は、男子の不義不徳より惹起せられて居るのは事実である。(26)

ここにおいては、弱々しさを「美しさ、女らしさ」とする男の価値観や、男よりも粗末な食事が、女の虚弱さをもたらす要因として問題視されている。そしてこれは高野の意見にのみみられることではなかった。男に比べての粗食や体育の不十分さが、五歳から四五歳までの女の死亡率が男より高い一因であるという主張や、高等女学校の運動場の不足は女の運動を不必要とみる社会風潮の反映であるととらえる意見、女子体育の軽視や身の繊弱さを誇りとする考え方は教育家と父母の罪であるとする意見なども、開陳されていた。(27)つまり、女の体力を向上させることは、女に対する社会意識そのものの転換をも含むこととして認識されていたのである。

3　科学思想の導入

さて、高等教育、体育についで第三の課題として意識されていたのが、生活改善や家事の合理化であり、家事・裁縫教育の改善であった。というのも、日本女性の活動を不活発にしている原因として、日本式の生活形態が大きな問題として立ちはだかっていると考えられたからである。一〇人ほどがこの問題を取りあげていた。たとえば大島正徳は、文明国とは女が自らの能力を十分に発揮している国であるととらえたうえで、日本の家庭のありようは女が力を発揮しえない物理的状況を生み出していると、次のように述べている。

日本の家庭生活は余りに暇をつぶすやうに出来てゐる。即ち人手をより多くかけるやうに出来てゐる。……先づ家屋の建築から改造して拭き掃除の手の罹らぬやうに、又留守番の不必要なるやうにせねばならぬ。……猶服装の点の如きも趣味とかいふ点は別に考へねばならぬが兎《と》に角活動するといふ点から考へると日本服は甚《はなは》だ適当でないといはねばならぬ。歩くにも早く歩けないといふやうな有様で、おまけに着物もかなりよく切れる(28)。

彼は一見瑣末とも思える日常生活を取りあげているが、このような日常生活の非合理性を是正し、家庭生活の改良・合理化を行わない限り、西欧女性のような社会的な活動はできないと考えたのであった。なお、ここで言及されているのは、手間のかかる掃除や戸締まりのしにくい家屋構造、活動に適さない和服であるが、これ以外にも、洋服と和服の二重生活、訪問や接客の繁雑さ、御用聞きを介在させての買い物などを問題点として指摘する声があがっている(29)。そして家事・育児の万般にわたって科学を導入することが必要であり、「子供の教育就中《なかんずく》躾け、或は家計上の事、乃至《ないし》家婢を使ふ事、若《も》くは三度の食事をする事等の上に科学的の考へを用ゐ、時間を取らないで順序宜く、無駄のない様にやつて行く様に改良せねばならぬ(30)」のであった。あるいは、女性の体格向上の問題と関わらせて、栄養などの科学的知識に基づいた食事の必要性を説いた意見もあった(31)。

おりしもこの時期は生活改善運動の開始期にあたっており、これらの主張もこの歴史的文脈においてとらえることができるだろう。ちなみに、生活改善運動とは、内務省を中核とする民力涵養運動の一環として大正六(一九一七)年に開始され、やがて大正八年に新設されたばかりの文部省普通学務局第四課(社会教育担当、初代課長は乗杉嘉寿)が中心となって推進していった運動である。それは、大正八年七月から八月にかけて続けざまに出された、文部省訓令第六号、七号、八号を出発点とし、大正八年一一月から翌年二月にかけての、東京教育博物館(館長は棚橋源太郎)での生活改善展覧会の開催、大正九年一月の生活改善同盟会の結成によって、本格的に展開されていった。生活改善同盟会では、住宅改善、服装改善、社交儀礼改善、食事改善などに関する委員会が組織され、そこにおいて具体的な方針が打ち出されていった。なお、このような運動の性質上、実践の担い手として、家政担当者である女性に大きな期待が寄せられ、これらの委員会にも多くの女子教育者が参加している。

そしてこの生活改善運動は、小林嘉宏によれば、「単なる生活経済運動としての性格よりも、文化改造運動としての性格を強くもった(32)」運動であった。すなわち、欧米諸列強の優位性が経済力だけでなく、日常生活の「完璧性」にも存在すること、それゆえ世界の列強に伍していくためには、日本の日常生活の「劣等性」を改善し、西欧のような「合理的」「能率的」な生活様式の樹立が必要であるという認識に基づいて、生活改善運動が展開されたと、小林は位置づけている。

女子教育論における家庭改良や家事の合理化の主張も、もちろんこのような生活改善運動の志向性や具体的な運動と深い関わりあいをもっていた。ただ女子教育論では、生活改善運動が開始される以前の大正五年ころから、女性の生活と深い関わりをもつ家庭改良の問題が言及されはじめていた。

先に引用した大島の主張はその典型的なものであったが、もう一つ紹介しておこう。それは、生活改善運動の推進者であった、棚橋源太郎の意見(33)である。彼は、「家庭の健全なる発達が国家富強の源泉であり、随て国運発展の根底は之を家庭の改善、家事の刷新に求めなければならぬ」という前提にたっていた。けれども、現実の家庭は旧慣を墨守していて、「非科学的」な家事が行われており、「本邦の家庭が、物資の節約利用、作業の能力等の点に於て、遠く欧米の家庭に及ばないのも、誠に偶然では無い」という。それゆえ彼は、欧米のように女性が科学的知識・素養を身につけることが不可欠であり、そのことによって、「節約し得た時間を以て家庭の副業などに向けて家庭の経済を豊かにし、多少なりとも国家の生産業の上に貢献」することができるというのである。大島にしろ、棚橋にしろ、めざしていたのは単なる家事の合理化ではなく、合理化することによって可能となる女性の社会的活動だったことがわかる。

しかしながら、科学的な家事が必要なのはそのためだけではなかった。棚橋にいわせると、生活改善や家事の合理化は科学的合理的な頭脳を作るのである[34]。あるいは、模倣的ではない創見的進取的態度や、理性の開発、知育の伸長がみられると主張するものもいた[35]。つまり重要なのは、日常生活を惰性に流れてすごし、旧来のままのやり方で家事や育児を行うのではなく、「科学的」に家事を研究し、「能率的」「合理的」に仕事をする、あるいは時間を「規律的」に使う、といったこと自体であった。いわば、どれだけ時間が節約できるかということではなく、その進取的態度にこそ価値がおかれていたのである。そしてそれは創造的かつ積極的な女性の育成へと収斂していくのであった。

このように、家事に科学思想を取り入れることによって合理的な感性や考え方を身につけ、様々な活動に従事することのできる女性こそが、欧米女性に対抗しうる女性だったといえるだろう。しかもこのような女性を育てるために、高等女学校の家事教育や裁縫教育の改善も主張されていた。そして面白いことに、この問題に言及している五人全員が、家事教育の充実と裁縫教育の軽減を訴えているのである。

裁縫の授業時数は、高等女学校令施行規則上は、全学年において週に四時間であったが、実際にはもっと多くの時間を割いて授業を行っている学校も数多くあった[36]。なぜなら、「一人前の女とは裁縫のできる女」という観念が、江戸時代以来、強固に存在し続けていたからである。明治四三（一九一〇）年の高等女学校令改正によって、裁縫教育を重視した実科高等女学校が設置されたのも、一つにはこのような理由からであった。

しかしここに至り、裁縫教育にさほど価値が見出されなくなり、「如何に高等女学校で多くの時間を裁縫にとつても、其の仕事の実用に適する分は僅かである。殆《ほと》んど労して功のない事に重きを置くよりも、もつと必要な点に考へを及ぼさねばならぬ(37)」という意見が出されるに至っている。これは湯原元一の意見であったが、彼以外にも、裁縫の授業時数の多さを指摘する声があり、なかには、自宅ではなく仕立て屋で衣服を作る習慣をつけるべきだとか、「良妻賢母」の言葉の意味が変わったから裁縫の時間は減らしてよい、といった意見も出される始末であった(38)。

それに対して家事教育については、家事に科学を導入するという観点からその充実が主張されている。たとえば、棚橋は次のように述べている。「将来一層家庭に科学的知識を導き入れ、婦人の作業能率を高めて家庭の改善を図つて行くには、順序として先づ家事科に一層の重きを置き其教授方法を改善することに力を用ゐなければならぬ。そして之と同時に家事科に対して、十分なる科学的基礎を提供し得る様に女学校の理科教授に一大改善を決行しなければならぬ(39)」。

四年制の高等女学校の場合、表1－1（五一ページ）をみてもわかるように、家事の授業時数は、三年生と四年生で週に二時間ずつ、理科は一年生から三年生までが二時間、四年生が一時間である。したがって、ともに重きをおかれているとは言い難かった。しかしここに至り、科学的・合理的な思考を身につけるという要求のもとに、裁縫の軽減と家事の重視が主張されるに至っている。そしてちょうどこの時期、家事教育の分野では、石沢吉磨（奈良女子高等師範学校教授）や近藤耕蔵（東京女子高等師範学校教授）、湯原元一によって、「科学的」な家事教育論が展開されていた(40)。家事にしろ、裁縫にしろ、ともに良妻育成と深く関わりあう学科目であるため、両者を一体のものとして考えがちであるが、実はこれらに対する意味づけや比重のおき方は歴史的に変化するものなのである。単なる技術の習得ではなく、合理性や科学の導入が求められはじめたこの時期にあっては、良妻育成のポイントも裁縫から家事に重点が移りつつあったといえるだろう。

二 新しい良妻賢母像

以上三点が、欧米の女性に匹敵する女性を作るための改善策であったが、すでに高等教育論についてふれた際に述べたように、それは結果的には、理想とされてきた、そして現実に流布していた、良妻賢母像の枠組みを破る女性の育成にほかならなかった。もちろん従来の良妻賢母思想と同じく、女の本来的役割は家庭に求められていたが、それだけではなく、もっと幅広い活動が新たに女に期待されていったのである。それがどのようなものであり、どのような点で新しかったのか、考察を進めていきたい。

1 職業への進出

第三章において述べたように、大正期は職業婦人の数が増加し、職種も拡大した時期であった。このような状況の中で、女子教育論において職業の問題がどのように扱われていたかといえば、実は、家族制度を壊すものである、女の生き方にはずれた行為であるなどととらえる意見はほとんどなかった。[41] そもそもこの時期の女子教育論には、国家の発展にとって女性の能力の発揮がいかに重要であるか、という発想がまず存在していたから、女の職業従事の問題に関しても積極的に発言している人々が多かったのである。およそ二〇人ほどの人がこの問題に言及している。

そして、「我国でも女子が職業に就くといふ事を、唯少数の女子の物好きと見るべきでなく、女子の緊要なる当面の問題国家の問題として真面目に考ふべきことである」[42] という言葉に示されるように、彼らは女性の職業への進出を歴史の流れとみ、それを必ずしも否定すべきものととらえていたわけではなかった。むしろそれどころか、ある程度の職業参加は当然である、奨励すべきことであると、みなしていたのである。中には、職業につけば身体の新陳代謝が活発化し、心身ともに発達すると、職業の「利点」を主張するものもいたほどであった。[43]

しかし一方で「良妻賢母」としての「本来の」役割が女には存在するがゆえに、家庭内役割と職業との両立を図らねばならず、その論理的解決策として、女子教育論においては、二つの方向性が示されていた。一つは、未婚に限るという考え方である。これはどちらかといえば少数意見であったが、井上秀子（日本女子大学校教授）や鶴本よね（奈良女子高等師範学校教授）などが主張している。[44] しかし、この考えをとる人々でも、職業教育の必要性を主張し、なかには結婚前には職業に従事して金銭的余裕を作ってから結婚すべきことを訴える人もいた。総じて彼女らは、家庭内役割の重要性、あるいは両立の困難さのゆえに、既婚者の職業従事に反対しているのであり、職につくということそのものを否定しているわけではなかったといえるだろう。

これに対し、二つ目は、たとえ既婚女性であっても内職・副業に従事すべきだという考え方である。日清戦争後の良妻賢母思想においては、夫の職業についての知識をもち、内助を行うことが求められていた。が、ここではそれにとどまらず、女性自らが、職業生活を営むことが期待されるようになったのである。たとえば下田次郎は、先にひいた「戦後の女子教育」において、次のように述べている。

婦人の理想の生活としては、やはり家庭の人となり、妻となり、母となり、姑となつて幸福な生活を送るに在ると思ふが、それにしても是が他の仕事と両立しないものではない。若《も》し家事を営み、子女を教養して余力があれば、精神の修養をなし、又内職をすることは願はしいことである。……富有の家庭に於ては、勿論生活のために、女子が職業を執る必要はないが、それでも何か生産的の仕事をすれば、それだけ自己の生活の価値を増し、又国家社会の利益となるのである。……今後は我国の婦人にも、労働を尊む精神を養ひ、飽食暖衣逸居する事を止めて、働く時間と余裕があれば働いて、少しでも生産して、一家一国の富を増すことを努めたいと思ふ。之はたゞ経済上ばかりでなく、道徳上にも人を高上《(ママ)》せしむるものである。

このように彼は、家事や育児に余力があればという条件で、内職や副業に従事することを勧めていた。そしてその具体例として、編み物やレース編み、養鶏、養蚕、果樹の栽培などをあげ、職業能力を養うために、官公立の女子職業学校の設立を提案している。しかも興味深いのは、職業に従事するということは、単に経済的な利益をもたらすだけでなく、勤労精神を養うという道徳的な利点もあると認識されていたことである。他方で、たとえ内職であっても、女が職業につけば顕在化してくるであろう、家事・育児という「本来的」役割との両立の困難性といった問題には、何の危機感も抱いていない。いわば職業の利点ばかりが言及され、その「問題」や「弊害」には全く目が向けられていないのである。

このことはすなわち、彼の問題意識が、家事や育児、あるいはせいぜい知識による内助、といった形でしか活用されてこなかった女の能力を、国家や社会にいかにして吸い上げていくか、という点にあったからだろう。職業についた後に生じるであろう「問題」については、まだ課題として意識されておらず、したがって、女の職業従事を制限するために、内職や副業が奨励されたわけではなかった。そして女の就業は、国家社会の利益、国家の発展へと直接的につながっていくと考えられたのであり、その意味で非常に楽観的に、彼は内職や職業能力の陶冶を奨励することができたのだった。

このような下田の主張は、実はこの時期の女子職業論の一つの典型を示しており、中川謙二郎や中島半次郎、福島四郎などが、下田と同様な趣旨の発言を行っている。すなわち内職や副業の奨励、労働意欲の高まりや勤労の習慣の形成といった道徳的観点からみた職業の利点、そして女の労働がもたらす経済的利益が指摘されていた。

たとえば、中川は内職の斡旋機関として内職供給会社の設立を提案するとともに、家事労働と職業との両立を図るために、既婚女性の労働時間の短縮を主張していた(45)。また中島は労働力としての女性に着目し、「戦後の経済戦に堪ふる力」という観点から、家庭工業（内容は不明だが、内職の一種か）の発達を期待している。そしてそのために、高等女学校に選択科を設けて職業にあたる素地を作ることや、小学校を卒業してから一八歳までの補習教育を充実することを提案している。しかも彼は、「か丶る教育を奨励する事は必ずしも従来の女徳と云ふ事と矛盾しない。寧ろ女徳を発達させる事に役立つやうに施して行く様に講ぜねばならぬと考ふるのであります[46]」と述べている。つまり職業を、良妻賢母としての女の生き方と矛盾するものではなく、それどころか、それをより強化するものとしてとらえたのである。嘉悦孝子（日本女子商業学校長）もまた、既婚女性が職業婦人となることを否定しつつも、「科学的智識を習得して、大いに文明の利器を利用し、家事の余暇をつくるにつとめて、自分に適する相当の内職をする[47]」ことを主張している。

ところで、この内職・副業の奨励という問題は、すでに明治二〇年代より言説としては存在していたものであった。それは、たとえば『日本近代思想大系23　風俗　性』に収められている史料をみてもわかる。しかし注意せねばならないことは、ちょうど米騒動（大正七年）を前後する時期が、副業が積極的に政策として奨励されていく第一次最盛期にあたっており、農家に対してばかりでなく、都市の中流家庭に対しても、副業奨励が行われたことである[48]。その背後には、中流家庭といえども、第一次大戦中の好景気にともなう物価の上昇とそれに追いつかない給与によって、生活水準の相対的低下や生活難が進行し、それによって、節約型から収入増加型への家計の転換が余儀なくされていたという事情があった。ここでふれた女子教育論における内職や副業の奨励は、生活難の問題を正面から論じてはいないが、このような動きと無関係ではなかったと考えられる。

さて、これら下田次郎らの意見に対し、三輪田元道や宮田脩は、もっと別の観点から職業問題にアプローチしていた。すなわち、下田などが国家の論理を前面に出し、いかにして女性労働を活用するかという観点から論じているのと異なり、三輪田らは職業が女にとってどのような意味をもつのかという視点をも加えてこの問題を論じている。その結果彼らは、女の職業への進出が必然的であると認識するのである。

三輪田は、職業につく女が増加している原因は生活難のみに求められないとして、次のように述べている。「教育の程度の進むにつれて、婦人も亦内部に充実する処が多くなつて来ると同時に、外部に発展して行く事を希ふのは自然の要求で、それが今日婦人の社会的活動を余議《ママ》なくさせた重大な原因の一である」(49)。これは注目すべき発言ではないだろうか。経済的要因ばかりでなく、女の自己実現への欲求が職業への進出をもたらした大きな要因であると、彼は考えていたのである。それゆえ、女子教育の発達によって、女は「在来の如き単純な意味に於ける家庭生活に安んずる事が出来なくなつたのであ」(50)り、女子教育が発達する限り、今後ともますます女の職業への進出は不可避になるととらえたのであった。そして「女子が人としての資格を要する以上は、婦人にも男子同様職業なり地位なりを与へるのは当然である」(51)、とさえ述べている。

また宮田は、「女子も人であり、而してその人たることを自覚した以上、男子と等しく此に自由を求め人権を欲するのは、蓋《けだ》し当然の要求でなくてはならぬ」という前提にたち、職業に携わっている女は、「独立自営が出来るとすれば、彼等は男なみに働く愉快と自恃心とを得ることになる」という。(52)彼もまた三輪田と同じく、女は職業に対して主体的に関わり、そこに楽しさや喜びをも見出す、したがって女が職業につく傾向は今後も続き、その流れは押しとどめがたいと考えたのである。

このように三輪田にしろ宮田にしろ、彼らは時代の変化に伴って生じてきた女の欲求に対して非常に敏感に反応し、それを正面から受けとめていた。これは大いに評価すべきことであろう。しかしながらその一方で、女の本来的役割が家庭にあるとする考え方は、彼らにあっても当然のことながら絶対命題として存在している。それゆえ彼らは、この矛盾の中で解決策を見出せず、ディレンマに陥っている感もある。三輪田は、職業を善導して緩和策を講ずべきだと述べているが、具体例として教員になることを勧めているだけであり、宮田にいたっては何も述べてはいなかった。

良妻賢母思想というと、女の役割を家事・育児といった家庭内役割に限定するものととらえられがちであるが、以上検討してきたところから明らかなように、必ずしもそうではなかったことがわかる。家事労働に支障のない範囲で職業を奨励する下田らの良妻賢母思想や、もはや女の職業への従事は時代の趨勢であるとする、三輪田らの良妻賢母思想があったのである。

こういう違いをはらみながらも、両者はともに職業への従事を否定的にとらえることはせず、前節でふれた家事の合理化や生活改善を行いながら、できるだけ女性の社会的活動を促していこうとする志向性をもっていた。しかしながら、これらの良妻賢母思想はともに、女の第一義的役割が家庭にあると考えていたので、結果的には、職業と家事・育児との二重負担を女に課す機能をもつことにもなるのである。その意味で、たとえ女が職業についたとしても、それは補助的労働や家内労働を中心としたものにならざるをえなかっただろう。しかしそういう枠内のものであったとしても、家事労働ばかりでなく、社会的労働が女性に求められはじめたということは、歴史的にみれば画期的なことであった。ただこれが女性の社会的自立化を帰結していくかといえば、独身であったり、教員などの職業につく一部の女性を除いては、残念ながらそうではない。というのも、補助的労働や家内労働といった、男に比べての第二次的労働に女性がつくことが求められたにすぎないからである。

それに、そもそもなぜ女性に職業が期待されるようになったかといえば、欧米諸国との対抗上、第一次大戦後においては、女はもはや家庭内役割だけに甘んじていられる存在ではないと認識されたからであった。それだからこそ、当時の代表的意見であった下田らにあっては、妻・母役割と職業従事とを両立させる困難性に全く無自覚であり、職業に道徳的価値があると主張してまで、女の能力を活用することに意を注いだのである。つまり、女性の労働に社会性が付与されるようになったとしても、その先には、新たな形での統合の道が拓けていたともいえそうである。

2　「女の特性」の発揮

職業への参加は、女の能力を社会や国家に向けて発揮していく一つの方法であったが、これだけが期待されていたわけではなかった。職業という、いわば「男性的な」役割を遂行するのではなく、男にはない、女性特有の能力、いわば「女の特性」を社会に活用していくことも、求められている。

良妻賢母思想においては、男女は生理的にも心理的にも大きく異なる対極的な存在としてとらえられ、女は母性機能を有しているがゆえに、その結果として、男にはない力、たとえば愛情や慈悲心などの精神的豊かさをもっていると考えられていた。つまり母性は、単なる身体的機能をこえて、精神的な意味をも付与されていたことになる。ただ従来の良妻賢母思想においては、このような女の精神的特性は、もっぱら家庭内に向けられていたのだが、ここに至り、社会へ向けて発揮することも期待されるようになったのである。そしてこのような主張が登場してくるのも、良妻賢母思想の論理からすれば、当然のことであった。

しかし、このような「女の特性」がたとえ存在するとしても、実際問題として、それをどのようにして社会へ向けて発揮していくのかを、具体的に誰もが納得できるわかりやすい表現で示すことは困難である。したがって、議論はどうしても抽象的なものに終始してしまうことになる。

この「女の特性」の発揮については、高等教育論のところでふれた成瀬仁蔵だけでなく、平沼淑郎、石田新太郎（慶応大学教授）、市川源三など七名ほどが主張していた。たとえば平沼は、『婦人問題』大正八年一月号に、「廿世紀の精神革命は婦人の職」という文章を寄せている。ここで彼は、男女は全く異質な存在であるという二元論に立脚し、男は物質文明を代表し、女は精神文明を代表すると措定している。そしてその上で、「十九世紀以来の文明は男子の専売であつたから、女子の天分を活動せしめてゐない」という。それゆえ、その文明は「欠陥」や「弊害」を有しており、それを是正するためには、女に活動できる地位を与え、その天分を発揮させることが必要なのであった。さらに彼は次のように述べている。

今後社会が益々《ますます》繁劇になつて男子の事業が複雑になつて来るに従ひ、物質文明の弊害を矯正して行くには女子の天分を発揮せしむる方面に於て大に努力しなければならぬ。是れが今後の婦人問題に於て根本の問題となる所である。……第二十世紀以後の国家社会に於て男子の作つた文明を補ふ点に於て、女子の天分を発揮せしむる、これが根本である。その結果、茲《ここ》に始(ママ)めて文明の完全を期し得らるる。

そして彼によれば、このことによって真の平和や人道主義も成立するのであった。ただここで興味深いのは、このような物質文明の弊害を是正することは、従来から閑却されてきた女の能力を社会的に認知させることであり、それが「婦人問題」の解決、すなわち女の地位の向上に結びつくと考えられていることである。いわば物質文明と精神文明との相補性を主張することは、男女の能力を均等に社会的に評価することにつながっていくのであり、それは女性を男性と社会的にも対等な存在とみなすことにもなると認識されたのである。

このように平沼は男女の特性を截然と分け、議論を展開しているが、これはジンメルの女性論を彷彿とさせる。そしてこの発想は石田や市川などにも共通にみられることであった。石田は、男性的要素は征服、侵略、戦闘であり、女性的要素は平和、親切、慈愛であるとして、「男子の文化に加ふるに女子の文化を以てしなければ世界は新しい活路を開くことは出来ないであらう[53]」と述べている。また市川は、女には乱暴を抑える柔和の力や残虐を退ける慈悲の力があるといい、それは「自ら平和主義を信ずると共に他人をも平和主義に改宗せしむる力[54]」であるという。そして彼は、女の手になる女性文化の建設を主張している。あるいは、安井哲子（東京女子大学学監、後に学長）は、平和の樹立を女の役割として期待していた[55]。というのも彼女によれば、女には愛の力や戦争を嫌い平和を尊ぶ性向が、先天的に備わっているからである。

どれも似たような主張であるが、このように彼や彼女らは、男にはない「女の特性」に視点をすえ、それを社会的に価値づけることによって、そこに女の果たすべき社会的役割を見出したのである。

しかも、ここで取りあげた意見と同様な趣旨の発言は、この時期の『婦人公論』誌上でもみられたし[56]、帆足理一郎・帆足みゆき『婦人解放と家庭の聖化』（大正一五年）などにおいても、展開されていた。また、後述する修身教科書においても登場してきている。それゆえ、本書で検討した三誌で「女の特性」の発揮を主張したものは、人数としては少数でしかなかったものの、その思想的意味は決して小さくはないと考える。しかも、良妻賢母思想の延長線上にある、一般に受け入れやすい主張であった。

さて、このような抽象的な議論と違い、もっと具体的に、社会事業に女を参加させることによって、「女の天分」を社会に活かそうとする考えもあった。これは、田子一民（内務官僚）や下田次郎によって主張されていたが、とりわけ内務省で社会行政に携わっていた田子は熱心に主張している。田子は自らのことを「婦人職業を厳格に制限しやうと云ふ論者」と述べていたが、児童保護事業、生活改良事業、生活維持事業などの社会事業は、「婦人に最も適当した事業である。否な寧ろ婦人でなければ成し得ない事業であるとも謂へる。即ち深い同情心と、周到な注意とは、社会事業家として適当なのである」という。[57]

つまり彼は、社会に出て活動するにしても、職業につくことには反対であったが、社会事業に従事することは、女の「本性」を発揮するものであるがゆえに望ましく、かつ適した役割であると考えたのである。ただ、何の条件もなく、女であれば誰もが社会事業に携わってよいわけではなく、「家庭に余力のある人、又は特別な婦人」にその対象は限定されている。「良妻賢母」としての家庭内役割を果たすことこそが、第一に女に期待されたことであった。

従来の良妻賢母思想においてももちろん、精神的な面における、男とは違った「女の特性」が存在すると考えられていた。しかし、それは家事や育児という家庭内役割において発揮されるものであった。がここに至り、従来の文明の欠陥を補って、完全な文明の形成に努力するにしろ、社会事業に従事するにしろ、いずれにせよ、その「女の特性」は社会に向けて直接的に発揮すべきことが期待されるようになっている。いわば精神的「女らしさ」が、家族に対する私的な価値をもつだけでなく、社会的にも価値づけられることとなったのである。そしてこのことは、家族を通しての関係性しかもちえなかった女に、「女らしさ」を通して、直接的に社会とのつながりを確認しうる回路が拓かれたことを意味していた。

しかしながら、これが女の社会的地位の向上につながっていくかといえば、必ずしもそうとはいえないだろう。それは、第三章でふれた、平塚らいてうの女性解放思想と比べてみれば、はっきりする。両者は、男女の異質性に立脚するという点において、思想的枠組みが共通していた。けれども、平塚が経済的問題にまで言及していたのと異なり、ここでの議論はそうではなく、両者はこの点で大きく相違している。その意味で、ここで検討してきた主張は、「女らしさ」に社会性を付与することによって、良妻賢母思想が本来もっていた、男女は対極的存在ではあるが同等であるという「幻想」を、より一層強めていったのである。

しかも、自らの能力を社会や国家に活かすことのできる女が求められる状況の中で、この「女の特性」の発揮は、職業という「男の領域」への参加と違い、「女らしさ」を否定せずに、かつ「男性化」することもない、能力の発揮の仕方であった。それゆえ、それは女の役割や性向を男とは全く違ったものとして措定する良妻賢母思想の立場からすれば、歓迎すべきことであった。ただ最初にも述べたように、「女の特性」の発揮といっても、具体的にはどのようなことなのかが明確ではなく、女の感性に基づいた発言を社会に向けて熱心に行っていく、といったことくらいしかイメージできないものであった。しかし「男性化」をできるだけ食いとめ、良妻賢母思想の枠組みを壊さずに、女の社会的役割を主張していくには、このような、社会に向けての「女の特性」の発揮という論理が有効だったのだろう。このことはそれだけ、女の能力を社会や国家に向けて発揮することが求められ、かつ職業という「男の領域」への進出が顕著化している、当時の社会的状況を映し出しているのである。

3 主婦役割と母性

第一次大戦後の女子教育論においては、明治三〇年代の良妻賢母思想と異なり、女は職業などの社会的活動をも遂行することが期待されていた。しかし実はこのような新しい役割が付け加わっただけではなく、良妻賢母思想の中心である、期待される妻役割・母役割も変化しつつあった。もちろん従来通り、家政を管理し、内助に尽くす女性、子どもを育て、教育する女性が期待され、これらの妻・母役割が十分に遂行される堅実な家庭こそが国家の基礎となり、国家の発展を支えていくと考えられていた。しかしながら、もっと別の視点で良妻賢母役割が論じられていくのである。

(1) 民本的家庭における主婦

中でも最も興味深い主張を行ったのが、帆足理一郎(早稲田大学教授)であり、彼は『婦人問題』大正八年一〇月号に「現代婦人に対する要求」を執筆している。彼は女の天職は家庭にあるとし、とりわけ母親の教育的役割を重視していた。この点においては従来の良妻賢母思想と何ら違いはない。彼の新しさとは、女が活動すべき家庭とは、旧来の「男子の専制王国」ではなく、「婦人の王国」たるべきだと考えたことであり、国家改造の礎となる「民本的家庭」の建設こそが女の任務であると主張したことであった。彼は次のように述べている。

民本的の家庭では婦人が主人公である。即ち主婦である。男子は外に対してする社会関係に於て主人なるが故に、家内にありては婦人が主人でなければ釣合ひが取れぬ。民本的の家庭とは主人のない家庭ではない。只何もかもに一人の人が主人である家庭でないだけである。万事に一人が主人公たる家庭は専制的の家庭である。されば、今後は只対外関係に於てのみ男子は其家の主人となり、対内関係の一切に於ては女子が其家の主人たるべきである。斯《かか》る家庭に於て、婦人が男子よりも教育程度低くして、どうして主婦となることが出来やう。今後の婦人は男子の隷属者ではない。男子と共に家庭を経営して往くのである。

彼がここでいう「民本的家庭」とは、もはや家長が一切を取りしきり、舅姑に従順に仕えることが求められる家庭ではない。また、女たちが農家や商家におけるような過重な家内労働に携わっている家庭でもない。それは夫婦を単位とした核家族を指しており、女は「主婦」として登場するとともに、自らの主導のもとに家政を管理していくことができる家庭を意味していた。そしてこのような「民本的家庭」を作るために、彼は、夫婦間で教育レベルや年齢差が大きく開いていない（ただしもちろん、夫の教育程度や年齢が妻より上である必要があるのだが）、相互の愛情に基づいた「夫婦出し合せの対等な結婚」を提唱している。さらに結婚後は、衣食住の改善を行うことによって、家庭生活を単純化し、子どもは男女の別け隔てなく、親や「家」のためではなく、子ども自身のために育てることが必要であった。

このような家庭観は、もちろん日清戦争後の良妻賢母思想の延長上に位置づけられるものである。

すなわち、良妻賢母思想は、近代的な性別役割分業の成立を意味していたが、ここにおいては、それはさらに徹底され、「婦人の王国」としての家庭、愛情によって結ばれた対等な成員からなる家庭が描き出されている。しかも、日清戦争後において現実に求められていた女性が、家事能力と婦徳とを身につけた女性であり、良妻賢母思想が掲げていた理念と現実との間に、ずれがあったことを考えあわせてみれば、このような家庭観が登場するに及んで、「主婦」は、夫に経済的に従属した存在であるとしても、家庭内においてある程度夫と対等な存在へと上昇する可能性ももったのである。それに「主婦」という言葉自体も、明治二〇年代後半に総合雑誌に現れてはいたものの(58)、目になじんでいたとは言い難く、新鮮な印象を与えるものであった。

ところで、大正後期から昭和初期にかけて、『主婦之友』や『婦人倶楽部』などに連載され、女たちに好評を博した小説に、ユーモア作家佐々木邦の一連の家庭小説がある(59)。たとえば、『主権妻権』（大正一三年）、『新家庭双六』（昭和三年）、『夫婦百面相』（昭和四年）などには、新中間層の家庭生活が生き生きと描かれているが、それは帆足のいう「民本的家庭」の姿と相似たものであった。つまり、このような家庭像が小説に描かれ、よく読まれたということは、帆足の描く「民本的家庭」が一つの新しい家族のあり方を示すものとして、広く受け入れられつつあったことを示しているだろう。そしてその背景には、すでに第三章で述べたように、都市新中間層の成立とそれにともなう核家族の増加という、「近代家族」概念の実態化が進行していた。

すなわち、このような社会状況の変化と歩調を合わせながら、「主婦」としての、新しく、かつ女たちにとって魅力的な役割を提示したという点で、帆足の主張は、同じく女の役割を家庭に限定しつつも、旧来の良妻賢母思想とは違った、新しい良妻像の登場を意味していたのである。

このように帆足は、夫婦の関係性のもち方や家庭そのもののあり方に関して、その変更を迫る主張を行っていた。そして彼ほど徹底してはいなかったが、同様な趣旨の発言を、いくつか散見することができる。たとえば、高島平三郎は、民本主義の時代であるから、夫婦の間も「朋友の関係」に改良すべきだと述べ、市川源三は相思相愛の対等な夫婦関係の成立をめざして、結婚制度の改善を主張している。[60] あるいは家族制度の弊害を指摘し、その改善を求める声や、妻を夫の理解者、相談者として位置づける主張もあった。[61] これらの意見はいずれも、妻と夫とを上下関係ではなく、対等な関係としてとらえることを志向しており、そのことによって、家庭内での女の地位を向上させようとしたのである。

このことは、性別役割分業の枠組みを保持しつづけながら、良妻賢母思想がもともと内包していた、理念としての男女の同等性をできるだけ実質化しようとする試みであったといえるかもしれない。確かにそれは、女たちにとっても一見望ましく、魅力的なものにみえたに違いないだろう。しかし良妻賢母思想がその内実において有している、女の男に対する経済的従属や、男女の分業の社会的・国家的有用性の相違に変更をもたらすものでない以上、男女が平等の存在になりうるはずもなく、結果的には、女は夫婦の対等性という「幻想」にますます絡めとられていくことにもなったのである。

（2）母役割の再認識

このようにこの時期には、「民本的家庭」の主人公としての「主婦」という概念が新たに登場し、妻役割にはその内実の変化がみえはじめていた。が、母役割に関しては、基本的枠組みにおいて何の変化もなかった。すでに述べた通り、良妻賢母思想においては、子どもを産み、育て、教育するという母役割が妻役割よりもはるかに重視されており、「優秀な」母親から「優秀な」子どもが育ち、そのことが国家の発展に結びつくと考えられていた。そしてこれは第一次大戦後の女子教育論においても同様であった。「国家としては、国民の心身を造る母の能率の増進に大に力を入れねばならぬ。これを忽《ゆるがせ》にしたならばその報《むくい》は忽《たちま》ち次代に現はれる。国と国との競争は……母と母との競争である。その競争に勝つ国こそは、真に優者たり得る国である」[62]という発言は、やはりこの当時の共通認識といってもいいだろう。

ただ、女と母役割とを結びつける理論的装置として、明治三〇年代にはなかった概念が登場してきている。それは「母性」である。ちなみに母性という言葉は、沢山美果子によれば、エレン・ケイの用いたスウェーデン語の moderskap（英語の motherhood, maternity）の翻訳語であり、大正中ごろから使われはじめ、昭和期になって定着した言葉である[63]。

そもそも、明治三〇年代に良妻賢母思想が成立したとき、女と子どもの育児・教育とを結びつけるものとして、母親の愛情の深さが指摘されていた。しかしここに至り、子を育てる際に母親が払う犠牲心や愛情を、「母心」「母性の喜び」とみなし、それは自然が女に与えたもの、先天的に女に備わったもの、とする見解が登場してきている。いわば母性がその愛情のよってきたるゆえんとして認識され、身体的な母性機能と精神的な「母性の愛」とが堅く結ばれたのである。その結果、母親と子どもとの結びつきは「自然なもの」「当然のこと」とみなされ、より強固なものとなっていった。しかもこの時期、子育てや子どもの教育に専念できる、いわゆる専業主婦たちが都市部に多数出現していた。したがって、この価値観は広く受け入れられ、女たち自身をも内面から縛っていくことになる。またそれゆえに、母役割からの逸脱は困難となり、母子一体関係が「自明のこと」として強まっていった。

すでに第二章で述べたように、第一次大戦後は、明治三〇年代についで家庭教育論が隆盛となった時期であり、家庭教育や育児について論じた書物が多数出版されている。その代表的なものとして、下田次郎『母と子』（大正五年）、鳩山春子『我が子の教育』（大正八年）、小原国芳『母のための教育学』（大正一四年）などがあげられるだろう。これらの本はいずれも、明治三〇年代の家庭教育論において提出された論点を基本的に継承しつつ、それをより一層徹底させていた。そしてその際使われたのが、「母性」あるいは「母性愛」というキーワードだったのである。しかもこれらの本は短期間のうちに版を重ねており（たとえば『母のための教育学』は四年間で四一版）、このことからも当時の女たちに非常によく読まれ、受け入れられていったことがわかる。

そしてさらには、次の発言のように、母権の擁護、母性の尊重の必要性も認識されはじめていた。

「母権を擁護して、母親の地位を安固ならしめ、母たることを名誉なりと感ぜしむるやうになれば、これ母親自身の幸福にあらずして、将来の国民たるべき其の子女の幸福である。やがては国家自身の幸福である。これ実に国家繁栄の根本的政策である」[64]。

このように母性という翻訳語の登場によって、女は本能的に母役割を果たすべき存在とみなされていったが、もう一点、母親の重要性を理論的に補強するものが登場している。それは「遺伝学」である。たとえば、福島四郎は次のように主張していた。「近来優種学（優生学――引用者）の研究が進んだ結果、生後の教育の力が思ひの外微弱にして、その有つて生れた種の素質その親から受けた遺伝の力の、案外有力であることが証明せられた。而して、母の腹は単に借り物でなく、父の勢力と同じ割合を以て子に影響するものである事も分明した[65]」。ここにおいては、教育といった環境要因ではなく、遺伝という先天的な要因が重要であること、しかもその遺伝は父母から等しく伝えられることが指摘されている。従来であれば、胎教と育児・教育という視点で、母役割が論じられたにすぎなかったが、ここに至り、遺伝学の知識の普及によって、改めて母親の重要性が再認識されたのである。

前節でも述べたように、ちょうどこの時期は、次代の国民形成という観点から、乳児死亡率の高さや多産多死状態が問題視され、優生学や国民の「質」に対する関心が広まりつつあった。したがって、やはりこのような状況における発言として、この福島の言葉もとらえておく必要があるだろう。すなわち、「産」や「性」に対する国家的関心が高まっているとき、改めて子どもの「優秀さ」を決定する要因として、母の存在意義がクローズ・アップされたのである。

このように、第一次大戦後の女子教育論においては、「良妻賢母」の中核をなす賢母への期待そのものは、従来と全く変わりなく、その位置づけも変化してはいなかった。しかし、母役割を合理化する「母性」という理論的装置が新たに登場してきたことにより、母親と子どもの一体感は一層強められている。また遺伝の問題も言及されるに及んで、母親の意義もより強く認識されていったといえるだろう。

だが、このような母役割の重視という共通点をもちつつも、第一次大戦後には、旧来の良妻賢母像とはかなり様相の異なる女性像が登場していた。それはたとえば、家事・育児をうまくこなすだけでなく、主婦として家庭の「主人」となり、夫と対等な関係を保てる女性であったり、家事・育児に支障のない範囲で職業に従事する女性、社会事業に参加する女性、「女らしさ」を社会で発揮し、社会の改善に尽力する女性、などであった。そしてこのような新たな役割を遂行できる女性を育成するためにも、女子高等教育や体育の充実、科学思想の導入が必要だったのである。

このような新しい良妻賢母像は、いうまでもなく、総力戦体制における女性の重要性に対する自覚や、女性の潜在的能力開発の必要性から生まれてきたものであった。つまりこのような女性像の成立は、国家の側からみると、「良妻賢母」の枠組みを壊すことなく、女性の能力を国家・社会へ吸収していくことを意味していた。換言すれば、このことによって女は、妻・母という間接的な形ではなく、直接的に一個の国民として統合されはじめたのである。

では、女は一方的に統合される対象であったかというと、それはそうではないだろう。良妻賢母思想が妻・母役割に対する国家的価値づけであったと同じように、この新しい良妻賢母像は、女の側からみても意義をもつものであった。というのは、この女性像によって女たちは、従来の家庭内存在としての閉塞感を一部打ち破り、社会との直接的なつながりや社会における存在感を確認することができるからである。また主婦役割が、家庭内における一定の地位の上昇をもたらすからでもある。もちろんそれは限定つきのものでしかなかったが、女たち自身にとっても、このような女性像は現状打破的な「新しさ」をもっていたのである。それゆえ、女たちがこの女性像を受け入れていくことは十分考えられるし、これが女の地位向上につながっていくと観念されたとしても、ある意味、もっともなことであった。

ところで、高等女学校教育の実態を明らかにするために、高等女学校卒業生に対してアンケート調査を実施した山本礼子と福田須美子は、大正九年以降の高等女学校教育について次のような総括を行っている。「教育内容を近代化し、より高度な知識・技術を教育するとともに、一方では女性としての特性の発揮の必要性や家事労働の重要性を強調し、科学的知識をとり入れ、生活の合理化のできる人材の育成を目的としていた。……一概に体制イデオロギーの女子教育としての良妻賢母主義教育が浸透していったとはいえないのではないかと思われる(66)」。

彼女らが「良妻賢母主義教育」をどのようなものとして把握しているのかははっきり述べられていないが、おそらく、婦徳の育成などと関連づけられる、非常に抑圧的な「封建的」な女子教育としてとらえているのであろう。しかしこのような把握の仕方がおかしいのであって、良妻賢母教育を「近代的」な教育と相反するものととらえること自体が問題なのである。本論で明らかにしてきたように、良妻賢母教育は浸透していなかったのではなく、このような教育こそが良妻賢母教育なのであり、国家・社会が要求するに至った女子教育像なのであった。

三　高等女学校令改正へ

これまで述べてきたように、第一次大戦を契機として新しい良妻賢母像が模索され、そのための様々な方策が提案されていった。そしてそれは単なる女子教育論の開陳にとどまらず、女子教育政策にも影響を与え、大正九（一九二〇）年の高等女学校令改正をもたらしていく。そこでこの節では、高等女学校長たちの会議や臨時教育会議での女子教育論議を検討しながら、高等女学校令改正へと動いていく議論動向をさぐっていきたい。そのことによって、第一次大戦後の女子教育がどこに収斂していったのかが、明らかになるだろう。

1　全国高等女学校長協議会

第一次大戦勃発直後の大正三（一九一四）年一〇月に文部省によって全国高等女学校長実科高等女学校長会議が開かれている。ここでは、「欧洲陸戦ノ概要」、「海戦ノ概要」、「欧米ニ於ケル女子及女子教育」というタイトルの講話が、いくつかの講話に混じって行われていたが、第一次大戦の衝撃が意識化されているとは言い難かった。一木喜徳郎文部大臣も訓示の中で、次のように、抽象的な形で、国力の基礎としての女子教育の充実を主張したにとどまっている。「此ノ戦局ノ結果我国家ノ将来益々《マスマス》多事ナルベキヲ想ヘバ、国家富強ノ源泉ヲ涵養スベキ教育ノ振興ヲ促シテ国力ノ充実ヲ図ランガ為メニ、男子ニ対スル一般教育ノ改善進歩ヲ策スルト同時ニ、女子教育上徳性ノ涵養ニ智能ノ啓発ニ身体ノ鍛錬ニ益々適切ナル研究施設ヲ為シ、其実績ヲ挙ゲンコトヲ期セザルベカラズ」(67)。また文部省からの諮問事項も、時事的な問題関心を感じさせるものは何もなかった。

しかし、大戦下のヨーロッパでの女性の状況が明らかになるにつれ、あるべき新しい女子教育像が模索されはじめていった。その現れが、大正六（一九一七）年一一月の全国高等女学校長協議会の開催である。この会議は、従来の高等女学校長会議が文部省主催で行われていたのと違い、「戦後の女子教育を如何にすべきか」というテーマのもとに、校長たちが自主的に集まった初めての会議である。その意味で、これは注目すべきものであった。

なお、これはもともと、大正六年六月まで東京女子高等師範学校長を務めた中川謙二郎が呼びかけた女子教育研究会が拡大発展したものであったが、この会議の発起人として、次の人々が名前を連ねている。すなわち、東京女子高等師範学校附属高等女学校主事小林照朗、東京府立第一高等女学校長伊藤貞勝、東京府立第二高等女学校長鈴木光愛、東京府立第三高等女学校長小林盈、成女高等女学校長宮田脩、三輪田高等女学校教頭三輪田元道、日本女子大学校附属高等女学校主事松浦政泰である。このような肩書からみても、彼らが東京における女子中等教育界の中心メンバーであったことがわかる。

また彼ら以外にも、文部省督学官の槇山栄次と中川謙二郎の後任の東京女子高等師範学校長である湯原元一が、女子教育研究会に参加していた。文部省から槇山が参加していることを考えれば、単なる私的な会合ではなかったと思われ、この会議は実際に女子教育に携わっている校長たちの意見を取りまとめ、それを文部省に提示していくという役割を担っていたと考えられる。事実最終的には、後述するような建議が文部大臣へ提出されている。

では、この協議会ではどのようなことが話し合われたのかを、『全国高等女学校長協議会要録』(大正七年)に依拠しながら、明らかにしていこう。協議会での議題は甲と乙とに分けられ、「時局ニ際シ緊急ト認メタルモノ」が甲協議題であったが、それは次の五項目であった。

一、高等女学校ハ修業年限五ケ年ヲ本則トシ、土地ノ状況ニヨリ一ケ年ヲ短縮スルヲ得セシムルコトノ可否

二、高等女学校ヲ修了セル者ニ対シ、更ニ進ンデ高等ナル教育ヲ受ケシムル途ヲ拓クノ可否。

三、女子ノ理科思想ヲ一層深カラシムル方法如何。

四、高等女学校ニアリテモ中学校ト同様理科ヲ奨励セラレタキコトヲ建議スルノ可否。

五、時局ノ影響トシテ将来ノ女子教育ヲ如何ニスベキカ(『全国高等女学校長協議会要録』一六―二〇ページ、以下、ページ数のみ記す)。

このように、高等女学校長たちは、高等女学校の年限延長や女子高等教育の実施、理科の充実を、緊急性を要する課題としてとらえていた。そしてこれらはいずれも、すでに検討した女子教育論にお

いて言及されていた問題であった。しかも、この会議全体を貫くテーマでもある第五番目の議題の提案理由は、次のように述べられており、その問題意識においても、女子教育論と共通していたことがわかる。

交戦国ノ事情ヲ見テ、之ニ比較シマスト、我国ノ女子ハ体育上理科思想上及ビ国民トシテノ一般ノ観念上ニ於テ、余程欠乏シテ居ルヤウニ思ハレマス、良妻賢母ト云フ言葉ノ意味ハ、古今変ラズトシテモ、其内容ハ大ニ改善シテ与ヘテ往カネバナラヌヤウニ考ヘラレマス。斯《カ》カル問題ヲ等閑ニシテ置イテハ、他日我帝国ガ帝国トシテ独立ノ体面ヲ以テ欧米ニ当リ、又万一ノ場合ニハ進ンデ女子トシテ社会的ニ働ク点ニ於テ差支ガナカラウカ、顧ミルニ如何ニモ心細イヤウナ考ガセラレマス（五五―五六ページ）。

ただし、この会議においては、高等女学校の年限延長や高等教育の実施に関して、賛成論ばかりだった女子教育論と異なり、地方の女子教育の進展状況を念頭においた、反対論や時期尚早論も開陳されていた。これらの議題は最終的には可決されたものの、総意ではなかったといえるだろう。というのも、女子教育論の論者たちのほとんどが都市部の利害を代表し、時代先取り的な主張を行っていたのに対し、高等女学校長たちの中には、未だ女子中等教育が普及するには至っていない地方の状況を問題視し、その改善を重要な課題と認識していたものもいたからである。

このような五つの甲協議題以外にも、帝国大学への女子の入学、体育の振興、効果的な英語や家事の教授の仕方、学科目選択や教授時数増減の弾力化、女子教育尊重の方法など二五の乙協議題が論議されている。総体としては、イデオロギー的な側面からの議論が少なく、「女子教育尊重ニ関スル要項」において、「社会ヲシテ我国特有ノ家族制度并《ナラビ》ニ健全ナル家風ト女子教育トノ関係ヲ一層明確ニ自覚セシムルコト」(一一二ページ)が可決されたくらいであった。そして最終的には、文部大臣へ次の建議が提出されている。

一、高等女学校ハ修業年限五ケ年ヲ本則トシ、土地ノ状況ニヨリ一ケ年ヲ短縮スルヲ得シムルコト。
二、高等女学校ヲ修了セル者ニ対シ、更ニ進ンデ高等ナル教育(普通及ビ専門)ヲ受ケ得ル途ヲ一層広ク拓クコト。
三、女子ノ理科思想ヲ一層深カラシムルタメ、教授時数ヲ増加シテ各学年毎週三時間トスルコト。
四、理科教授設備ヲ充実スルタメ、高等女学校ニ於テモ中学校ト同様国庫ヨリ補助費ヲ支給セラレタキコト。
五、土地ノ状況ニヨリ、高等女学校ニ於ケル学科目選択及ビ教授時数増減ノ範囲ヲ一層拡張セラレタキコト。
六、高等女学校生徒体育改善ノタメ
一、国立体育学校ヲ設立セラレタキコト(体育教員養成のためである——引用者)

二、体操教授時数ヲ増加セラレタキコト
七、(略)
(希望事項)
一、女子ノ為一般ニ帝国大学ニ入学シ得ル途ヲ拓クコト。
二、(略)
三、(略)
四、戦後ノ教育ニ適応スベキヤウ教授要目ヲ改正セラレタキコト、且ソノ為ニハヨク地方ノ事情ヲ斟酌セラレタキコト(三七―三八ページ)。

結局、全国高等女学校長協議会では、高等女学校の年限延長や高等教育の実施による女子教育のレベル・アップ、理科の充実、体育の改善、カリキュラムの弾力化の四点が、戦後女子教育の課題としてまとめられたのである。そしてその論の立て方や主張点は、宮田脩らがオピニオン・リーダーとなったこともあって、第一節で検討した内容とかなり似通っていたといえるだろう。これが、大正六年段階での、高等女学校長たちが考えた女子教育再編の方向性であった。

2　臨時教育会議

ところで大正六(一九一七)年は、内閣直属の諮問機関として、臨時教育会議が設置された年でもある。臨時教育会議の課題は、長年の懸案事項であった、学制改革問題に解決を与えるとともに、第一次大戦後の社会状況の変化に対応した、教育再編の方向性を明確化することであった。そして臨時教育会議は大正八年までの三年間に、教育制度の全般に関して討議を行い、一二の答申と二つの建議を提出している。この臨時教育会議では、どのような女子教育論議がなされ、答申が行われたのだろうか。

諮問第六号「女子教育ニ関スル件」についての議論は、大正七（一九一八）年九月一七日の総会での討議を皮切りに開始された。そして九月二一、二五日の主査委員会での審議、二七日の主査委員会内の小委員会での答申案作成、再び三〇日の主査委員会での審議を経て、一〇月二四日の総会で答申が決定されている。

主査委員の任命権は総裁（平田東助）にあり、沢柳政太郎（元文部官僚、帝国教育会長、成城小・中学校長、貴族院議員）、江木千之（貴族院議員）、成瀬仁蔵（日本女子大学校長）、湯原元一（東京女子高等師範学校長）、三土忠造（衆議院議員・立憲政友会）、関直彦（衆議院議員・立憲国民党）、阪谷芳郎（貴族院議員）、小松原英太郎（枢密顧問官）、水野錬太郎（内務大臣・貴族院議員）が選ばれている。また委員長には委員の互選により小松原がなり、沢柳から三土までの五人が答申案の作成に携わっている。

この九人の中で、女子教育に関連した職についているのは成瀬と湯原だけであり、江木や関などは女子教育には不案内であると公言していた。また臨時教育会議のメンバー全体の中でも、女子教育に関心をもつ者は全くの少数派であった。それゆえ、会議員そのものの保守性に加えて、女子教育が抱えている課題などに対する会議員たちの不分明さのゆえに、これまで検討してきた女子教育論や高等女学校長たちの意見とは、質的に異なった議論が登場することになる。まずは九月一七日の総会での議論から検討していくこととしよう。

その相違とは、一つには、女子教育関係者があれほど熱を込めて語った第一次大戦の衝撃が、さほどふれられていないことである。したがって欧米女性に比べての日本女性の現状に対する危機感や女性の能力開発の必要性に対する自覚が全体として稀薄であった。そして二つにはその代わりに、国家観念の涵養といったイデオロギー上の問題が議論の俎上に載っていることである。たとえば、関直彦は「婦人ノ思想ヲ見マシテモ今日ハ最モ危険ナル状態ニ流レツヽアル」（『資料　臨時教育会議』第五集、六七ページ、以下ページ数のみ記す）と述べ、孝行の念や皇室・国家に対する観念の欠如、自由結婚の考え方に対する危機感を表明している。それゆえ、彼は祖先崇拝や皇室に関する観念などの国民道徳の信念を深く注入することを求めるのである。なぜなら女性は、「子供ニ対シテノ信念ヲ養フ所ノ母」（六九ページ）となるがゆえに、女性の国民道徳の有無は子どもに大きな影響をもたらすからであった。また鵜沢聡明（衆議院議員・立憲政友会、明治大学理事）も、女性が国家意識をもつことの必要性を強調し、忠君愛国の観念の養成を説いていた。

さらに三つ目の相違は、これが一番重要なのだが、女子教育そのものを真っ向から否定するような発言が行われていることであった。それが最も顕著なのが江木千之である。彼はまず次のように述べている。「今日ノ女子教育ト云フモノハ、ドウモ此婦人ノ虚栄心ヲ増長サセ、生意気ニスルト云フコトガ、私ハ確ニソレガアルヤウニ考ヘル、又学科ニ就《ツイ》テ見マスルト、必要ナ学科デアルト云フコトデ規定サレテ居リナガラ、ドウモ骨打《(ママ)》ッテ修メタ学科ヲ卒業後人ノ母ト為リ、人ノ妻ト為ッテ格別用ニ立タヌ」(六〇ページ)。

つまり彼にとって女子教育とは、女を生意気にするものであり、何の役にも立たないものなのであった。そして具体的には、高等女学校における外国語や音楽、舞踏の授業、本を通しての家政学の学習、靴を履く習慣などを問題視している。また当時社会問題として意識されていた女子死亡率の高さも、女子教育によってもたらされたものであるととらえていた。それゆえ彼は曹大家《そうたいこ》の『女誡』(後漢時代の書であり、女四書の一つ)、『揚子』や『論語』をひきながら、「幽間貞静ニシテ節ヲ守ルト云フコトノ教育ヲシナクテハイカナイダラウト思フ」(六三ページ)と、婦徳の育成を目的とした女子教育へと改善することを訴えるのである。『女誡』に全面的に依拠するなど、時代錯誤の観があるが、彼はそもそも女子中等教育の必要性すらも認めていなかったと考えられる。

このように、臨時教育会議での女子教育論議は、女子教育論や高等女学校長たちの教育意見を検討してきた目には、かなり特異なものとして映らざるをえない。なお、少数意見ではあったものの、女子高等教育に対する賛成論ももちろん存在した。それは成瀬仁蔵と嘉納治五郎(東京高等師範学校長)の主張である。中でも成瀬は、自ら執筆した『女子教育改善意見』という冊子を会議員に配布し、長年抱いてきた女子教育観を滔々と語り、かつ熱心に女子高等教育機関の設置を主張している。彼は、「真ニ其ノ国ノ文明ヲ進メ、国家ノ能率ヲ増進スルニハ、女子ノ高等教育ヲ必要ナリトスル結論ニ達スル」（三七ページ）という観点から、女子高等教育の必要性を述べていた。が、「女子ニハ女性トシテ特殊適切ナル教育ノ必要ナルコトヲ看過スルコトヲ得ヌ」（二九ページ）という考えから、男子大学の開放よりは、基本的には男女別学の方針をとり、女子大学の設置を求めている。そしてそれは次のような内容をもつものであった。

我国ノ女子ハ其本分責務トシテ我国ノ家族制度ノ真髄、国民性ノ美質及ビ博愛、仁愛、婦人ノ本領ヲ保全シ、男子ノ及バザル所ヲ補ウテ西洋文明ノ長所ヲ同化シ、東洋文明ノ復興ノ使命ヲ荷フ者デアルト云フコトヲ信ズルガ故ニ、吾人ハ我国ノ女子教育ノ方針ヲ決定スルニ当リ、男子ノソレヲ模倣シ、或ハ欧米ノソレヲ移スノ不可ヲ唱へ、女子ニ最モ適切ナル特殊ノ高等教育ヲ殊ニ主張セントスル者デアリマス、而シテ吾人ハ女子大学ノ中心学科ト致シマシテ、国情ニ鑑ミ時代ニ攷《カンガ》ヘテ、先ヅ家政学科……是ハ理科デアリマス、宗教科……是ハ文科デアリマス、医学科ヲ置イテ、漸次他ニ及ボス方針デアリタイト思フノデアリマス（三七―三八ページ）。

九月一七日の総会では、これらの論点以外には、いくつかの意見が散発的にみられる程度であった。それは、井上友一（東京府知事）の女子補習教育の充実や学科目の配当時間の弾力化、教員待遇の改善などを求めた主張、嘉納治五郎の家庭教育や社会教育の改善を女性に期待し、精神教育の重視を求めた意見、また鵜沢聡明の高等女学校教育では科学的知識が中途半端であるという指摘である。しかしこれらの意見が論議されるということはなく、単なる意見の表明に終わっていた。

そして議論の場は主査委員会へ移ることになる。しかしながら、議事速記録が現存するのは総会のものだけであるため、主査委員会でどのような議論が行われ、答申案がまとめられていったのかを窺う術は今のところない。そして議論は再び一〇月二四日の総会へと移っていく。この総会には、主査委員会がまとめた、次の八項目からなる答申案が提出され、主査委員長である小松原がその趣旨の説明を行った。

一、女子教育ニ於テハ教育ニ関スル勅語ノ聖旨ヲ十分ニ体得セシメ、殊《コト》ニ国体ノ観念ヲ鞏固《キョウコ》ニシ淑徳節操ヲ重ンズルノ精神ヲ涵養シ、一層体育ヲ励ミ勤労ヲ尚《トウト》ブノ気風ヲ振作シ、虚栄ヲ戒メ奢侈ヲ慎ミ、以テ我家族制度ニ適スルノ素養ヲ与フルニ主力ヲ注グコト

二、高等女学校ニ於テハ実際生活ニ適切ナル知識能力ノ養成ニ努メ、且ツ経済衛生ノ思想ヲ涵養シ、特ニ家事ノ基礎タルベキ理科ノ教授ニ一層重キヲ置クコト

三、高等女学校及実科高等女学校ノ入学年齢、修業年限、学科課程等ニ関スル規定ヲ改正シテ、一層地方ノ情況ニ適切ナラシムルコト

四、高等女学校卒業後更ニ高等ナル教育ヲ受ケムトスル者ノ為ニハ、専攻科ノ施設ヲ完備シ、又必要ニ応ジテ高等科ヲ設置スルヲ得シムルコト

五、高等女学校ノ教科目ハ成ルベク選択ノ範囲ヲ広クシ、最モ適切ナル教育ヲ施スコト

六、高等女学校長並《ナラビニ》教員ノ待遇ヲ高メ、優良ナル人物ヲ招致スルコト
七、女子ニ適切ナル実業教育ヲ奨励スルコト
八、以上ノ外高等普通教育改善ニ関スル第二回ノ答申ニ列挙シタル事項ハ、大体ニ於テ女子教育ニ関シテモ同様必要アルモノト認ム（第一集、一三五ページ）

この日、最も激しく論議されたのは、第四項の高等女学校卒業後の教育をめぐってであった。小松原は説明の中で、主査委員会において女子高等教育をめぐって三つの立場の対立があったことを明らかにしている。すなわち、一つは現行制度を維持しつつ、専攻科の改良や男子大学の開放を実施しようとするもの、二つには女子の大学制度を創設するもの、そして三つには高等女学校以上の教育機関の設置を認めないもの、である。そして結局、答申案には専攻科の充実と高等科の設置とが盛り込まれていた。これに対してこの日、山川健次郎（東京帝国大学総長、貴族院議員）や高木兼寛（東京慈恵医科専門学校長、貴族院議員）が反対論を展開した。

すでに述べたように、九月一七日の総会において、江木は女子死亡率の高さと女子教育の実施とを因果関係においてとらえ、女子教育に否定的な考えを開陳していた。この日の山川や高木の意見もまた江木と同様であった。つまり彼らは、学校教育の開始によって女子は脳を激しく使うようになり、それは女子には重い負担や圧迫となっている、その結果、女子の死亡率が高いと考えたのである。しかも様々な統計資料を使いながら、説得力をもたせた発言を行っている。そしてそのことは、「民族

生存ノ最モ大切ナ所ノ妊娠ト云フ重イ職務ヲ有ッテ居ル所ノ女、此女ガ斯《カク》ノ如ク死亡率ガ多イト云フコトハ是ハ国家存立上由々敷《ユユシキ》大事」（第五集、一五二ページ）なのであった。このように考えれば、論理的には高等教育はおろか、中等教育や小学校教育ですらも、女子には不必要なものとなるが、彼らはこのような論点から、高等科の設置に難色を示したのである。

ただ同じく女子教育不要論の立場にたちながら、江木だけは、高等女学校の高等科の設置には賛成していた。というのも、宗教家や外国人によって高等教育が実施される可能性があり、そのような学校に女子が通うことを防止するためであった。それゆえ、積極的な賛成では決してなかったといえるだろう。それは、彼が高等科について、「奨励ニナラヌヤウニ、十分之ヲ慎重ニ致サレルヤウニ当局者ハ長官等ニ対シテ十分ニ訓示セラル、ヤウニ」（一五九ページ）と述べていることからもわかる。いずれにせよ、彼らは女子教育そのものの存在意義を認めていなかったのである。なお、このようなとらえ方に対して、鵜沢聡明は女子死亡率の高さと女子教育との因果関係ははっきりしないと反論し、成瀬仁蔵は逆に教育を徹底し、衛生思想を普及させることによってこそ、死亡率が改善されると主張している。

この第四項に関する議論以外では、農民に対する女子教育や実業教育についての鵜沢の質問が行われた程度であった。そして採決の結果、起立多数により答申案が可決されている。ただ疑問に思うのは、九月一七日の総会でほとんど議論されなかった内容がこの答申にはいくつも盛り込まれており、しかもそれに対して、一〇月二四日の総会でもほとんど意見が出されていないことである。

従来の研究は、もっぱら「教育ニ関スル勅語ノ聖旨」、「国体ノ観念ヲ鞏固ニシ淑徳節操ヲ重ンズルノ精神」、「我家族制度ニ適スルノ素養」という言葉に注目し、「じゅうらいの伝統的な儒教主義的婦人観のいっそうの強化」を行い、「家父長的家族制度の維持・強化が要求する伝統的な婦人観を、国家主義的な文脈から補強しつつ、女子教育の基本目的をさだめ」たと総括してきた(68)。

確かにイデオロギー的強化が図られていることは否定できない。しかし注目すべきは、このようなイデオロギー的言辞ではなく、総会ではほとんどふれられていなかったのに、答申でいきなり登場してきた、そして当時の女子教育界の世論とも重なりあう、第二番目や第七番目の項目ではないだろうか。というのも、教育勅語にしろ、国体観念や家族制度という言葉にしろ、これらは、第二次大戦前の社会においては、いつも否定されることなく口にされるものであった。それに対し、二番目や七番目の項目は従来の女子教育界ではあまり問題とされていなかった、いわば当時の時代性を感じさせる新しい課題だからである。うがった見方をすれば、総会での議論がないままに答申に盛られたということは、これらの項目が戦後の女子教育を構想するにあたって必要不可欠とみなされたからである、といえるかもしれない。

もう少し詳しく、これらの項目について述べていこう。これらについては総会での議論がないため、答申理由書や小松原委員長による答申の説明しか参考にできないが、なぜ理科の充実が必要なのか、その理由は次のように述べられていた。

従来我国女子ノ通弊トシテ経済衛生ノ思想ニ乏シク、家政上日常知ラズ識ラズ不経済ノコトヲ為シテ意トセザルノ風アリ、又衣食住ノ事ヨリ子女養育ニ至ルマデ、実際衛生上甚ダ無頓著（ママ）ナルノ憾《ウラミ》アルヲ以テ、教育上此ニ留意シ、之ガ思想ノ涵養ニ力ヲ用フベク、殊《コト》ニ家事ニ関スル事項ハ、理科ノ応用ニ基クモノ尠《スクナ》カラザルニ拘《カカワ》ラズ、理科ノ知識ニ欠クル所アルガ為ニ、家事上幾多ノ欠点アルノ実況ナルヲ以テ、理科ノ教授ニ一層ノ重キヲ置クノ要アリ（第一集、一三六ページ）。

つまり、日常生活において経済的であることや、衛生的であることが求められ、その根底を作るものとしての理科の充実が語られているのである。もちろんこれは女子教育論のところでふれた、科学思想の導入、生活改善の思想とつながるものであった。

また実業教育に関しては次のように述べられている。

女子ニ対スル実業教育ニ付テハ、将来職業教育ヲ授クルノ必要ヲ生ズルニ至ルベキモ、今日ハ寧ロ実業補習教育ニ一層重キヲ置キ、女子ニ適切ナル教育ヲ施スノ最モ必要アルヲ認ム、現今欧米諸国ニ於テハ、女子ガ男子ニ代リテ諸種ノ職業ニ従事スルノ趨勢ハ近時益〻《マスマス》盛ナルノ情況ヲ致シ、我国ニ於テモ女子ノ職業ハ漸次発達スベシト雖《イエドモ》、一面ニ於テハ、之ガ為ニ往々家族制度ノ破壊セラルルノ傾向ヲ来スベキヲ以テ、教育上大ニ注意スル所ナカルベカラズ、故ニ女子実業教育ニ付テハ、今日ニアリテハ純然タル職業教育ヨリハ、実業科（例へバ農村ニアリテハ養蚕、養鶏、蔬菜栽培等ヲ課シ、商工業地ニ於テハ商工業ニ適当ノ学科ヲ課スルノ類）ヲ加味シタル普通教育ヲ授ケ、家事育児等ヨリ主婦タリ母タルノ心得等ヲ授ケ、国体ノ観念ヲモ涵養スル等、実際生活ノ情況ニ応ジテ適切ナル教育ヲ施スノ要アリ（一三八ページ）。

ここにおいては、家庭内役割を果たしつつ内職や副業にも従事する女性の育成が目標とされており、職業教育ではない、実業補習教育が構想されていた。第二節でふれた女子職業論と比べてみれば、臨時教育会議の方が、女の職業が家族制度の破壊を導くという危惧の念が表明されている点において、職業従事に対して慎重であったことがわかる。ただ、欧米諸国との比較において女の職業の必要性が認識され、養蚕・養鶏などの内職・副業が掲げられている点では、両者は共通していた。

第一次大戦後の女子教育論が、国家の論理を前面に押し出して女子教育の再編をめざし、それも単なるイデオロギー的再編ではなく、もっと具体的な女性の実力の養成を行おうとしていたことは、すでに述べた通りである。さきほどわたしは、臨時教育会議の総会での議論は、このような第一次大戦後の女子教育論を見た目には奇異に映ると述べたが、答申を読めば、今度は総会での議論と答申との間のずれに驚く。そして逆に答申はこの女子教育論の文脈の中に読み込むことができるのではないかと思えてくる。この答申がいかなる経緯のもとに生まれてきたのかは、主査委員会での議論がわからないためさぐりようがない。しかし少なくとも、第一次大戦中から行われてきた、新しい女子教育像を求めた議論と全く無関係に臨時教育会議が存在していたのではなく、その議論は一部ではあれ、答中の中に活かされていたといえそうである。そして答申のイデオロギー的言辞にのみ拘泥していては、この時期の女子教育の行方を見誤ってしまうように思う。

確かに臨時教育会議答申では、高等教育の実施は見送られ、高等女学校に高等科という、何とも中途半端なものが設置されるにとどまった。この点では、高等教育の実施が大勢となっていた女子教育論と大きく異なっている。また女子教育論では、国体観念や家族制度に関する言辞はほとんどみられず、少数意見ではあるが、むしろ家族制度と現実の家族との乖離を指摘する声も上がっているほどであった。しかしながらこれらの違いはあるものの、それは女子教育に対する関心の度合いの相違や、臨時教育会議の構成メンバーの保守性、あるいは都市と農村の女子教育への期待の相違によってもたらされたものと思われる。そういう意味では、第一次大戦を契機として登場してきた女子教育論は、高等女学校長協議会での建議に反映され、その主張の度合いはかなり薄まってはいたが、臨時教育会議答申に取り入れられ、戦後の女子教育像を作っていったといってもいいのではないだろうか。それはまた、第五章で検討する修身教科書の中の女性像をみれば、より一層はっきりするであろう。

ただ、臨時教育会議答申が女子教育論などに比べるとイデオロギー色を強め、高等教育に消極的だったのは、当時の岡田良平文部大臣の女子教育観がそれに反映されていたからかもしれない。大正五（一九一六）年一〇月、高田早苗の後を襲って文相に就任した岡田は、「女子教育ニ関スル件」の答申が出る直前の大正七年九月まで、その任にあった。彼は高田文相と違い、「子女の生産力」を減ずる恐れがあるとして、女子高等教育に難色を示していた。また、彼は視学官を前にして次のような訓示を行っている。「従来の弱点と通弊とに鑑み、女子の体育衛生に一層の改善を加へ、身体の健全なる発達を図り、又其の長所と国情とに顧みて、順良貞淑の婦徳を涵養するに努むると共に、又時勢の進運に後れざる覚悟あらしめ、実用の学科を重んじ、勤労質実の美風を養ひ、以て一層家庭の実際生活に適切ならしめんことを期せらるべし(69)」。つまり、答申とかなり似通った女子教育意見を彼は抱いていたといえるだろう。

3　高等女学校令改正

さて、この臨時教育会議答申が出たことにより、第一次大戦後の女子教育行政の方向性が定まった。岡田文相の後をうけた中橋徳五郎文相は、この答申に基づいて、大正八年一月、閣議に高等女学校令中改正の請議を提出している。翌年三月、原内閣は改正案を閣議決定して、枢密院へ送付した。枢密院では三月から六月まで、末松謙澄顧問官を委員長とし、浜尾新・穂積陳重・安広伴一郎・岡部長職・一木喜徳郎・久保田譲・富井政章・平山成信の各顧問官を委員とする審査委員会で閣議案が審議されている。枢密院では、高等女学校高等科の単独設置を認めるか否か、という点が最も議論されたが、単独設置は臨時教育会議の決議に抵触するのではないかと問題となり、見送られている。

結局、枢密院では四項目が修正されたが、一番大きな修正は、閣議案では「国民道徳ノ養成ニ力《ツト》ムベキ」とされていた高等女学校令第一条の目的規定の箇所に、「婦徳ノ涵養ニ留意スベキコト」という文章がさらに付け加えられたことであった。というのは、「即今人心ノ傾向ニ考へ、世態ノ趨勢ニ照シ、更ニ適切ニ女子教育ノ本旨ヲ顕彰スル」ためであった。(70)そしてこの枢密院決定をうけて、六月に閣議決定され、七月には高等女学校令及び高等女学校令施行規則の改正が公布されている。

この高等女学校令及び高等女学校令施行規則の主な改正点は四点ある。第一に、高等女学校令第一条であるが、従来の「高等女学校ハ女子ニ須要ナル高等普通教育ヲ為スヲ以テ目的トス」という文言に、「特ニ国民道徳ノ養成ニ力《ツト》メ婦徳ノ涵養ニ留意スベキモノトス」(71)という文章が付け加わっている。これは臨時教育会議答申におけるイデオロギー強化の方針と、枢密院での修正のなせるわざであった。なお、「国民道徳ノ養成ニ力メ」という文言は、高等女学校令ばかりでなく、同時期に改正された小学校令や中学校令でも、新たに登場してきている。

第二に、高等女学校の修業年限が「五箇年又ハ四箇年」とされ、従来の四箇年を本則としていた規定が改まったことである。五年制の高等女学校は、『文部省年報』によれば大正九年当時、官公私立合わせて三三校であり、全高等女学校の約七%をしめているにすぎなかった。が、これ以降徐々に増加し、一〇年後の昭和五(一九三〇)年には約二五%をしめるまでになっている。ただしこれ以降も、五年制のものが数において勝るという事態は生じず、せいぜい三割程度をしめるにとどまったのであり、あくまでも四年制のものが多数派であった。

第三の改正点は、従来設けられていた専攻科に加えて、臨時教育会議答申に基づき、新たに高等科が規定されたことである。そしてこの高等女学校令改正以後、高等教育に対する要求の高まりを背景として、高等女学校に専攻科、高等科が設置されていった。『文部省年報』によれば、たとえば大正九年には官公私立合わせて一一校に専攻科がおかれていたが、その五年後には専攻科が一七校、高等科が一四校になっている。しかし結局は、専攻科も高等科もともに伸び悩み、広範な普及には至っていない。とりわけ高等科は「卒業後の特典的資格獲得の可能性が少なく、大学入学資格も認められないなど制度的位置付けが不備[72]」なため、昭和に入ってからは著しく不振であった。せっかく高等科や専攻科が設置されても、数年のうちに廃止されたり、独立の女子専門学校へと組織変更されたりするところが、少なからずみられたという[73]。高等教育を希望する女子は、このような中途半端な高等科や専攻科ではなく、専門学校へ入学していったのである。

そして第四の改正点は授業時数に関するものである。次の表4－3からも明らかなように、規定上、数学・理科・家事の時数が増加し、その反面、修身・歴史地理・図画・音楽の時間数が減少した。また表からは窺い知れないが、学科目の選択や時数のより一層の弾力化が進められている。科学思想の導入は戦後の女子教育の大きな課題であり、臨時教育会議答申でも家事の基礎である理科の充実が謳われていたが、それがこのような形で実現したのである。臨時教育会議答申から高等女学校令改正に至る流れを、これまでの研究はもっぱらイデオロギー面での強化としてのみとらえており、それに対するわたしの疑問をすでに述べたが、修身の授業時数が減少していることを考えあわせると、やはりこのような総括は妥当しないのではないかと考える。

女子教育史研究、とりわけ大正期の女子教育史研究は、研究自体の遅れや被害者史観・抑圧史観の

表4－3　大正9年の高等女学校令施行規則改正による週あたり授業時数の変化

	5年制					4年制			
	1年	2年	3年	4年	5年	1年	2年	3年	4年
修身	2	2	2	1(2)	1(2)	2	2	1(2)	1(2)
国語	6	6	6	5	5	6	6	5	5
外国語	3	3	3	3	3	3	3	3	3
歴史地理	3	3	3	2	2	3	3	2	2(3)
数学	2	2	3(2)	3(2)	3(2)	2	2	3(2)	3(2)
理科	2	2	3(2)	3(2)	3(0)	2	2	3(2)	3(1)
図画	1	1	1	1	0(1)	1	1	1	0(1)
家事				2	4			2	4(2)
裁縫	4	4	4	4	4	4	4	4	4
音楽	2	2	1(2)	1(2)	0(2)	2	2	1(2)	0(2)
体操	3	3	3	3	3	3	3	3	3
計	28	28	28*	28	28	28	28	28	28

（　）内は明治34年の高等女学校令施行規則上の規定。変化があった箇所のみ記載。

＊合計すると29時間になるが、法令全書や官報をみてもこのように記載されているので、どの学科目の授業時数が誤りであるか不明である。

（『明治以降教育制度発達史』第5巻、363～365ページより作成）

影響もあり、これまでもっぱら臨時教育会議答申や高等女学校令改正のみに目を奪われ、そこにみられる「婦徳」や「国体観念」といった言葉に拘泥し、そのイデオロギー性を指弾する傾向が強かった。しかし、当時の女子教育論を検討し、その中に臨時教育会議答申も位置づけてみることによって、もっと別の世界がみえてきたのではないだろうか。すなわち、歴史の流れに逆らうような、伝統的な女性観の復活・強化がめざされていたわけではなく、「良妻賢母」という枠組みをしっかり保持しながらも、女のもつ社会的可能性を引き出し、それを国家に吸収していこうとする試みとして、この時期の女子教育論をとらえることができるだろう。それはまだ時代先取り的な主張であり、女の潜在的能力を開発していくことの必要性が意識化されはじめたにすぎないという意味で、観念的ではあったが、それはやがてくる戦時体制、そして第二次大戦後の主婦労働者化の時代の露払いをすることになるのである。

注

（1）深谷昌志「日本女子教育史」（『世界教育史大系　34　女子教育史』講談社、一九七七年）二九七ページ。また彼の執筆した、『良妻賢母主義の教育』黎明書房、一九六六年、や、「女子中等教育の変貌」（国立教育研究所編『日本近代教育百年史　5』一九七四年）、あるいは、遠藤明子「臨時教育会議と女子教育」（日本女子大学女子教育研究所編『大正の女子教育』国土社、一九七五年）も同様な位置づけである。

（2）船橋邦子「『婦女新聞』と福島四郎」（『婦人問題懇話会会報』第三八号、一九八三年六月）。

（3）「大学令案決定」（『教育時論』第一〇九六号、大正四年九月二五日）、「新大学令案」（同、第一一〇二号、大正四年一一月二五日）参照。
（4）中川謙二郎「女子と大学教育」（『教育時論』第一二二八号、大正八年五月二五日）。
（5）草生政恒「男女問題に関する予の所見（一）（二）」（『教育時論』第一一三三、一一三四号、大正五年一〇月五日、一五日）、寺田勇吉「戦後の女子教育」（同、第一二一四号、大正八年一月五日）参照。
（6）中島半次郎「世界戦に依る女子教育方針の変動」（『婦人問題』大正七年一二月号）。
（7）たとえば、下田次郎「独逸と女子高等教育」（『婦女新聞』第一〇二二号、大正八年一一月二一日）、同「英国女子高等教育の起原」（同、第一〇二七号、大正九年一月二五日）、同「米国の女子高等教育」（同、第一〇三〇号、大正九年二月一五日）など。
（8）下田次郎「女子高等教育に就きて」（『教育時論』第一一九三号、大正七年六月五日）
（9）第二次大戦前における女性の学歴と婚姻の問題に注目し、社会階層と学校との関連性を論じた論文に、次のものがある。参照されたい。天野正子「婚姻における女性の学歴と社会階層——戦前期日本の場合」（『教育社会学研究』第四二集、一九八七年）。
（10）境野黄洋「頭から問題にならぬ」（『婦女新聞』第九八三号、大正八年三月二一日）。
（11）たとえば、沢柳政太郎「男子の学校を開放せよ」（『婦女新聞』第九八二号、大正八年三月一四日）、福田徳三「今更の問題にあらず」（同、第九八四号、大正八年三月二八日）、平沼淑郎「女子の高等教育と大学開放問題」（『教育時論』第一二二五号、大正八年四月二五日）、中川謙二郎「女子と大学教育」（同、第一二二八号、大正八年五月二五日）、湯原元一「女子高等教育の普及に就て」（『婦女新聞』第一〇二六号、大正九年一月一八日）。
（12）境野前掲「頭から問題にならぬ」、鎌田栄吉「反対の余地なし」（『婦女新聞』第九八六号、大正八年四月一一日）、平沼前掲「女子の高等教育と大学開放問題」、境野哲「女子の高等教育と大学開放」（『教育時論』第一二二七号、大正八年五月一五日）。
（13）成瀬仁蔵「女子高等教育の必要」（『婦人問題』大正七年一一月号）。

(14) 福島四郎「男女共学問題」(『婦人問題』大正九年三月号)、「男女共学問題(上)(下)」(『婦女新聞』第一〇三七、一〇三八号、大正九年四月四日、一一日) 参照。
(15)『帝国議会衆議院議事速記録 46』東京大学出版会、一九八二年、六一一—六一三ページ、『帝国議会衆議院委員会議録 44』臨川書店、一九八七年、六〇一—六〇八ページ、を参照。
(16) (15) の注以外に、次の文献を参照。『帝国議会貴族院議事速記録 35』東京大学出版会、一九九一—二〇〇ページ、『同 36』一二一—一二九ページ、『同 37』四七—五一ページ、『同 45』六六—七六ページ、『同 46』六九〇ページ、『同 47』四〇五—四一三ページ、『同 48』九三〇ページ、『帝国議会衆議院議事速記録 48』東京大学出版会、六八、六〇七—六〇八ページ、『帝国議会衆議院委員会議録 23』臨川書店、六五七、六六一ページ、『帝国議会貴族院委員会議事速記録 11』臨川書店、二三三—二三五ページ。
(17) 大正九年以降の女子高等教育発展の過程と、そこに働いた「プル」「プッシュ」要因の分析に関して、天野正子「第一次大戦後における女子高等教育の社会的機能」(『教育社会学研究』第三三集、一九七八年)、同「戦前期・近代化と女子高等教育——性別役割「配分」の定着過程」(天野正子編『女子高等教育の座標』垣内出版、一九八六年) を参照されたい。
(18) たとえば、「久保田文相の演説」(『教育時論』第六九五号、明治三七年八月五日)、明治四一年の全国高等女学校長会議での小松原文相の訓示 (『高等女学校資料集成』第五巻、大空社、一九八九年、六二—六六ページ) や、大正三年の全国高等女学校長実科高等女学校長会議での一木文相の訓示 (同、二三五—二三七ページ) を参照のこと。
(19) 市川源三「女子教育の徹底」(『教育時論』第一三五八号、大正一二年一月五日)。同様の趣旨の発言として、橋元半次郎「軟弱なる現代の女子教育」(同、第一一一八号、大正五年五月五日) もある。
(20) 下田次郎「戦後に於ける女子教育」(教育学術研究会編『戦後に於ける我国の教育』同文館、大正六年) 四五〇—四五一ページ。

(21) 大正一一年のマーガレット・サンガーの来日を契機として、いわゆる産児制限の問題が、『主婦之友』などの女性雑誌ばかりでなく、『太陽』などの総合雑誌においても、論じられていった。そしてジャーナリズムでの話題となったばかりでなく、大正末年には無産運動と結びついて、産児制限運動が展開されている。ただ当時の産児制限論の特徴として、産む側の女の立場にたっての議論というよりは、国家的視点に立脚した議論が多いことと、賛成するにしろ、反対するにしろ、優生学の影響を色濃く受けていたことがあげられる。

(22) 桑門貫一「女子体育の徹底」(『教育時論』第一三三五号、大正一一年五月一五日)。

(23) 望月彰「女学校における服装の変化と体育——新潟県に関連して」(『新潟大学教養部研究紀要』第七号、一九七七年)、斎藤祥子「女子校服の洋服化 大正時代(1912年—1926年)」(『北海道教育大学紀要第二部C』第三五巻第二号、一九八五年三月)、西村絢子・福田須美子「高等女学校生徒の服装の変遷についての一考察」(『日本の教育史学』第三二集、一九八九年)を参照のこと。

(24) 西村・福田前掲論文「高等女学校生徒の服装の変遷についての一考察」、参照。

(25)『官報』第四〇五八号、大正一五年三月八日。

(26) 高野重三「改造を要する日本婦人」(『婦人問題』大正七年一一月号)。

(27) たとえば、安部磯雄「専門の智識と健康な身体」(『婦女新聞』第八三一号、大正五年四月二一日)、山本良吉「女子の体育問題」(『婦人問題』大正九年一月号)、桑門前掲「女子体育の徹底」。

(28) 大島正徳「婦人と社会改造」(『婦人問題』大正八年一〇月号)。

(29) たとえば、山脇玄「婦人奮起の秋(下)」(『婦女新聞』第八〇四号、大正四年一〇月一五日)、同「家庭改良実行案(一)~(七)」(同、第八一五—八二二号、大正五年一月一日—二月一一日)、帆足理一郎「現代婦人に対する要求」(『婦人問題』大正八年一〇月号)。

(30) 乗杉嘉寿「世界の大勢と我国の婦人」(『婦人問題』大正八年四月号)。

(31) 吉岡弥生「食物と婦人の体格」(『教育時論』第一二〇二号、大正七年九月五日)。

(32) 小林嘉宏「大正期における社会教育政策の新展開――生活改善運動を中心に」(『講座　日本教育史3』第一法規出版、一九八四年)三二四ページ。また同、三一九―三二八ページ、も参照。
(33) 棚橋源太郎「家事科学展覧会の開催に就きて」(『教育時論』第一二〇五号、大正七年一〇月五日)。
(34) 同「本邦婦人の頭脳を改造せよ」(『婦人問題』大正八年一〇月号)。
(35) たとえば、麻生正蔵「女子大学教育問題」(『婦女新聞』第九〇五号、大正六年九月二一日)、三輪田元道「女子教育の改善」(『教育時論』第一二〇六号、大正七年一〇月一五日)。
(36) 一例をあげれば、京都府立第二高等女学校は、文部大臣から特別の許可をもらい、週七―八時間の裁縫の授業を行っている。詳しくは、拙稿「高等女学校教育」(本山幸彦編『京都府会と教育政策』日本図書センター、一九九〇年)参照。また、明治四一年の高等女学校令施行規則改正により、授業時数の弾力的運用が可能となっていた。
(37) 湯原元一「家事教育の改善に就て」(『婦人問題』大正八年八月号)。
(38) 西亀正夫「裁縫教科軽減論」(『教育時論』第一二一八号、大正八年二月一五日)、同「裁縫教授革新論」(同、第一二八七号、大正一〇年一月一五日)、下田次郎「女学校の改善」(同、第一三〇六号、大正一〇年七月二五日)、野口援太郎「行詰った我国の女子教育」(同、第一三三二号、大正一一年四月一五日)などを参照。
(39) 棚橋前掲「家事科学展覧会の開催に就きて」。
(40) 常見育男『家庭科教育史』光生館、一九五九年、坂本智恵子「臨時教育会議以後の女子教育論・家事科教育論について」(『別府大学研究報告』第一号、一九七一年七月)、半田たつ子「大正期の家庭科教育」(前掲書『大正の女子教育』)参照。
(41) 例外的にあるのが、草生前掲「男女問題に関する予の所見(一)(二)」、大束重善「男女職業の混同に就いて」(『婦女新聞』第九〇五号、大正六年九月二一日)、寺田前掲「戦後の女子教育」である。
(42) 下田次郎「戦後の女子教育」(『婦人問題』大正八年一月号)。

(43) 吉岡弥生「医学上より見たる婦人の職業問題」(『婦女新聞』第八三九号、大正五年六月一六日)。
(44) 長瀬鳳輔「世界戦乱と婦人の職業」(『婦女新聞』第九七〇号、大正七年一二月二〇日)、鶴本よね「家庭と婦人の職業問題」(『婦人問題』大正八年三月号)、藤井利誉「家庭的労働と婦人の職業」(『婦女新聞』第一〇二八号、大正九年二月一日)、井上秀子「未婚婦人と職業教育」(『教育時論』第一四二四号、大正一四年一月五日)など。
(45) 中川謙二郎「国力増進と婦人の内職」(『婦女新聞』第八八〇号、大正六年三月三〇日)。他に、下田次郎「今後の女子職業教育問題」(同、第八八九号、大正六年六月一日)、同「女子の職分と其教育」(『教育時論』第一二三七号、大正八年八月二五日)、中川謙二郎「女子と職業」(『婦人問題』大正八年九月号)も参照。
(46) 中島半次郎「世界戦に依る女子教育方針の変動」(『婦人問題』大正七年一二月号)。
(47) 嘉悦孝子「我国の婦人と職業問題」(『婦女新聞』第八三八号、大正五年六月九日)。
(48) 阿部恒久「女性と米騒動」(近代女性史研究会編『女たちの近代』柏書房、一九七八年)参照。また、当時の家計実態を知るためには、千本暁子「日本における性別役割分業の形成——家計調査をとおして」(荻野美穂ほか『制度としての〈女〉』平凡社、一九九〇年)も参照されたい。
(49) 三輪田元道「女教員の員数問題」(『婦人問題』大正八年一月号)。
(50) 同。
(51) 同「道徳及び経済より見たる女子職業教育」(『婦女新聞』第八八八号、大正六年五月一五日)。
(52) 宮田脩「戦後に於ける婦人の職業問題」(『婦人問題』大正八年一月号)。また、同「戦後婦人の職業問題(下)」(『婦女新聞』第九七五号、大正八年一月二四日)も参照。
(53) 石田新太郎「世界改造と婦人」(『婦人問題』大正八年一〇月号)。
(54) 市川源三「女子教育の徹底」(『教育時論』第一三五八号、大正一二年一月五日)。
(55) 安井哲子「世界の平和と婦人の使命」(『婦女新聞』第九九八号、大正八年七月四日)。他に、社説

「戦争と婦人の使命」（同、第九三三号、大正七年四月五日）、同「原首相に呈す」（同、第一〇七三号、大正九年一二月一二日）参照。

(56) 染谷ひろみ「『婦人公論』の思想——形成期における」（前掲書『女たちの近代』）参照。

(57) 田子一民「婦人と社会事業」（『婦人問題』大正八年一〇月号）。

(58) 牟田和恵「明治期総合雑誌にみる家族像——「家庭」の登場とそのパラドックス」（『社会学評論』第四一巻第一号、一九九〇年六月）参照。

(59) 『佐々木邦全集』8及び補巻3、講談社、一九七五年、参照。詳しくは、小野一成「エリート・サラリーマンとその家庭——佐々木邦の小説を通してみた」（『服装文化』第一六五号、一九八〇年一月）を参照。

(60) 高島平三郎「我国家庭改良問題の根本」（『婦女新聞』第八三六号、大正五年五月二六日）、市川源三「日常生活改善と結婚制度」（『教育時論』第一二四七号、大正八年一二月五日）参照。

(61) たとえば、麻生正蔵「我国家族制度に於ける娘、妻、嫁」（『婦女新聞』第九二五—九二七号、大正七年二月八日、一五日、二二日）、山脇玄「家族制度は結局没落する」（同、第九三〇、九三一号、大正七年三月一五日、二二日）、安部磯雄「家族制度と個人の幸福」（同、第九三二号、大正七年三月二九日）、三輪田元道「家族制度の改善」（同、第九四五号、大正七年六月二八日）、島中雄三「婦人解放と家族制度打破」（『婦人問題』大正九年一月号）、石井満「家族制度の改造」（同、大正九年三月号）、などを参照。

(62) 下田次郎「健全なる母性教育の急要」（『婦女新聞』第八八三号、大正六年四月二〇日）。

(63) 沢山美果子「近代日本における「母性」の強調とその意味」（『女性と文化』白馬出版、一九七九年）参照。

(64) 社説「母権を擁護せよ」（『婦女新聞』第八八三号、大正六年四月二〇日）。

(65) 社説「戦後の根本的経営」（『婦女新聞』第八七四号、大正六年二月一六日）。なお、下田次郎なども同様な趣旨の発言を行っている。たとえば、下田前掲「健全なる母性教育の急要」を参照のこと。

(66) 山本礼子・福田須美子「高等女学校の研究(第二報)——高女卒業生のアンケート調査から」(『和洋女子大学紀要(文系編)』第二七集、一九八七年)参照。
(67) 文部省普通学務局編『大正三年十月全国高等女学校実科高等女学校会議要項』(前掲書『高等女学校資料集成』第五巻、二三五—二三六ページ)。
(68) 千野陽一『近代日本婦人教育史——体制内婦人団体の形成過程を中心に』ドメス出版、一九七九年、一七二—一七三ページ。
(69) 「道府県視学官会議」(『教育時論』第一一九三号、大正七年六月五日)。また、「高女程度が適当——岡田文相の女子教育談」(『婦女新聞』第八八八号、大正六年五月二五日)も参照のこと。
(70) 枢密院での議論に関しては、国立公文書館所蔵の、「高等女学校令中改正ノ件及学位令審査報告」(大正九年六月一六日)二A 一五—七 ㊟C二二、参照。なお、この問題に関して詳しくは、高橋次義「大正・昭和初期における女子高等教育史研究——高等女学校高等科の女子高等学校化をめぐって」(『日本教育史の論究』一九八三年)を参照。
(71) 『明治以降教育制度発達史』第五巻、三五八ページ。
(72) 高橋次義「高等女学校高等科・専攻科に関する一考察——実態及び問題点を中心として」(『教育学論叢』第四号、一九八六年一二月)。
(73) 同、参照。

第五章　修身教科書にみる良妻賢母像の変遷

　これまで、女子教育論の文脈で語られる良妻賢母思想を主に検討してきた。それはこれから女子教育を振興していこう、あるいは新しい時代にふさわしい女子教育像をさぐっていこう、という趣旨の発言であったから、どちらかといえば、積極的であり、時代先取り的な色彩の濃いものであったといえるかもしれない。そこでここでは視点を変えて、現実の学校教育の中で、どのような女性像が理想とされ、教育が行われたのかを、高等女学校の修身教科書に現れた女性像を検討することによって考察していきたいと思う。高等女学校の修身教科書は検定制度のもとにあったので、そのことによって、文部省が公認した「良妻賢母」の具体的な姿が浮かびあがってくるだろう。そしてまた、時代とともに良妻賢母像の内実がどのように変化していったのかも、明らかになるだろう。

　まず、具体的な考察に入る前に、時期区分を行っておきたい。高等女学校の修身教科書の内容は高等女学校教授要目によって規定されていたが、それは、明治三六（一九〇三）年に公布されて以来、明治四四年、昭和一二（一九三七）年と改正されていく。しかし修身教科書の内容は、高等女学校令

表5－1　検討した修身教科書の部数

	合格本	申請本	文部省	計
明治34(1901)〜明治36(1903)年	1部	0部	1部	2部
明治36(1903)〜明治44(1911)年	9	1	1	11
明治44(1911)〜大正9(1920)年	19	0	1	20
大正9(1920)〜昭和7(1932)年	10	16	0	26

が改正された、大正九（一九二〇）年ころに大きく変わるので、ここでは大正九年も画期として扱うこととした。また大正九年以後、準戦時体制下になると、再び女性観の変化が予想されるので、昭和七年の高等女学校令施行規則改正（公民科の設置）までを一区切りとしたい。

ちなみに、各時期毎に検討した修身教科書の部数は表5－1のようになる（具体的な教科書名は巻末の資料を参照されたい）。明治三六年までの教科書は少ないので、以下の叙述においては、明治三六年から四四年までの教科書と併せて論じていくこととする。

なお、教科書分析にあたっては、検定合格した教科書を考察対象とすることはいうまでもないが、東書文庫及び国立教育研究所附属教育図書館所蔵の教科書には、検定合格本が必ずしも揃っていない。そこで、検定合格本がない教科書に限って、検定申請本（見本本）をも考察の対象に加えることとした。というのは、申請本と合格本とがともに揃っている教科書の記述を検討したところ、そこには内容上のさしたる相違がみられなかったからである。以下、引用する際には、申請本を検討した教科書にはそのように明記する。

一　明治四四（一九一一）年まで

明治二八（一八九五）年六月の文部省令第四号によって、高等女学校用教科書は検定対象とすることが決定された。しかし、数年たっても修身教科書は発行されておらず、明治三三年の全国高等女学校長会議で、修身教科書編纂を文部省に建議するという議案が提出されたほどであった(1)。この翌年には、文部省（中島力造・篠田利英執筆）による『高等女学校用修身教科書』が発行され、また最初の検定合格となった、井上円了『中等女子修身書』も出されている。文部省の教科書は、修身教科書がないという現実やこの建議をうけて、急遽編集されたものであった(2)。おそらく、民間において修身教科書を執筆する際の一つのモデルにするという意図で出されたものであろう。そして明治三六年に初めて高等女学校教授要目が公布され、その翌年から井上哲次郎、加藤弘之・中島徳蔵、吉田静致らによって、次々と検定合格した修身教科書が生み出されていった。

なお、教授要目では修身について、一、二年生では、生徒心得、衛生・修学・起居動作・物品・修徳に関する心得、朋友に対する心得、家庭における心得、国家・社会に対する心得を、三、四年生では、自己・家族・社会・国家・人類に対する責務を、教えることが規定されていた。具体的にいえば、たとえば家族に対する責務としては、父母・舅姑・兄弟・姉妹・夫婦・子女・親族・祖先・家門・婢僕、国家に対する責務としては、国体・皇室・国憲・国法・兵役・租税・教育・公務・公権があがっている。そして各教科書は、これらの内容を網羅的に盛り込む形で執筆されていた。

1　文部省編『高等女学校用修身教科書』

それでは、各教科書でどのような良妻賢母像が描かれているのかを検討していきたいが、ここでは文部省編纂の教科書を中心に考察していこうと思う。なぜなら、「一九一〇年の調査によると、文部省のものを使用している学校が八三校にのぼり、他の検定本（八種）の使用校数を大きく引き離している」[3]と言われているからである。

文部省編『高等女学校用修身教科書』は、明治三四（一九〇一）年に初版が出版されているが、目を通すことができたのは翌年の訂正再版のものであった。ただし、三五年版の冒頭の言葉[4]から察すると、初版本も訂正再版本も内容においてはほとんど変わらないと思われる。そして各学年に一冊をあてるように、巻一から巻四まで発行されており、内容としては、教育勅語解釈のほか、個人道徳（正直、親切、質素など）、家族道徳（孝行、貞操など）、社会道徳（慈善、公衆衛生など）、国家道徳（国体、兵役など）の徳目から構成されていた。また明治三六年には、五年生のための巻五が発行されたが、これは倫理学的な内容となっている。

ところで、このような社会道徳や国家道徳が存在していることが、実はこの『高等女学校用修身教科書』、そして文部省検定済修身教科書の大きな特徴であった。この文部省の修身教科書が発行される以前に、高等女学校でどのような本が修身用の教科書として使用されていたか知るための史料として、『明治二六年一二月現在、公私立高等女学校教科用図書取調表』という冊子がある。これによるとこの当時使われていた修身用教科書は、『論語』などの経書、『勅語衍義』（井上哲次郎）などの教育勅語解釈書、『婦女鑑』（西村茂樹）や『修身女訓』（末松謙澄）などの女訓書であった。経書を除き、これらの書物はいずれも明治二三（一八九〇）年から二六年にかけて発行されたものである。これらの教育勅語解釈書や女訓書は、唯一の例外である井上哲次郎の『勅語衍義』を除き、個人道徳や家族道徳が徳目の大部分をしめ、社会道徳や国家道徳がほとんど存在しないという特徴をもっていた(5)。その意味で、高等女学校用として編集された修身教科書は、それ以前の修身用の書物と大きく一線を画すものだったのである。

さて、内容の面からいうと、どのような女性像がこの教科書には描かれているだろうか。当然のことながら、女性の役割は、家庭内にあって家事・育児を担当することであり、妻としては、貞操を守ると同時に、夫に仕えて万事に忠実であること、夫を補助して内助の功を果たすことが求められている。そして、「夫は多く外に出でて事業に従ひ、以て家のため、世のため、国の為にも尽すものなれば、妻は内にありてよく一家の家政を整理し、夫をして常に内顧の憂なく、勇み励んで其職を尽さしむべき(6)」ことが、必要であった。

また母としては、子を憐れみ、しつけ、教えることが必要とされる。とりわけ幼少の子どもは母の膝下で育つので、母としての役割は重要であった。なぜなら、「人生至要の務《つとめ》は、夫婦として世に立ち、家を斉《ととの》へ、国を益するのみならず、父母として子女を養育し、家のため、国の為に己が子孫を世に出すべきもの」(7)だからである。さらに嫁としての役割も期待されており、尊敬心をもって舅姑に仕えること、夫の親族と親しむこと、「夫の家風を重んじ、事に妨なき限は、勉めて之に忤《さから》はざるやう心掛くべき」(8)ことが主張されている。主婦としての徳目として、僕婢をいたわることも述べられていた。また、対国家道徳としては、兵役の必要性を十分に自覚すること、あるいは男子を通して間接的にではあるが、国益を図り、公務に尽くすことを求めている。

いってみれば、舅姑と同居し、家事使用人も抱えた家族にあって、夫や舅姑に仕え、子を育て、教育し、家政を管理できる女性、そして国民としての自覚をももちあわせた女性が、「良妻賢母」だったのである。

以上が、明治三五年の『高等女学校用修身教科書』に描かれた良妻賢母像であった。ところが、この五年後、文部省は全く文面を改めた『高等女学校用修身教科書』を再び発行している。そこでは、明治三五年版と同じような妻役割、母役割、嫁役割、兵役への自覚などが言及されていたが、それだけではなく、五年前のものとは異なった女性像も描かれていた。

それは一つには、妻として、あるいは嫁として、無条件の従順さが求められてはいないことである。たとえば、「妻は夫に対して素より従順なるを要すれども、若《も》し夫に過失・非行ありてその名を汚し、徳を損するが如きことあらば、言を和《やわら》げ、気を平にし、嫉妬・怨恨の念を含まず、静にこれを諫むるは妻の務《つとめ》なり」(9)というように、感情的にならずに夫へ諫言することが良妻の条件としてあげられている。また、「たとひ古来の家風にても衛生上・道徳上に害あるものはこれを改め、又有益なるものはこれを保存し以て社会の改良に資することを心掛くべきなり」(10)というように、家風を守るといっても、絶対的なものではなかった。

そして二つには、こちらの方が重要であるが、明治三五年版にはそれほど明確ではなかった、女の果たす家庭内役割を社会的・国家的観点から価値づける考え方が新たに登場していることである。たとえば、次のような表現がある。

経済・衛生・育児・看護等に関する知識を習得して日常無用の費を省きて余裕あらしめ、家族の人々の健康を進めてその繁栄と快楽とを得しむるは女子が社会の進歩に対する務《つとめ》の一なるべし(11)。家庭の風儀好尚はやがて社会の風儀好尚となり、延《ひ》いては国民の気風に関係し、国家の品位にも影響するものなれば、家庭改良の事は国風改良の根本なりといふべし。女子は直接に国家のために力を尽くすこと少しといへども、家庭改良の如きは国民の進歩を促す基《もとい》なれば、よくこの点に注意して、その重任を完《まっと》うすることを心掛くべし(12)。

すでに詳述してきたように、良妻賢母思想の特徴は、家事・育児を国家の視点でとらえ直し、そのことによって女性と国家の関係性を明確化したことであった。したがってここに至り、先に検討した良妻賢母思想が修身教科書に登場してきたといえるだろう。

2 修身教科書と女子教育論との乖離

この明治四〇年版の文部省教科書が、この時期の典型的な教科書であった。というのも、他の執筆者による教科書に登場している平均的な徳目が、ただ一点を除いて、四〇年版の教科書には網羅的にふれられているからである。その一点とは、女性の職業に関する叙述である。すなわち、文部省の教科書では職業について何も言及されていなかったのだが、沢柳政太郎執筆のものを除いた一〇種の教科書では、職業に関する何らかの記述がなされていた。

その典型的なものが、井上哲次郎執筆の『女子修身教科書』上級用（明治四〇年）である。これは第五学年用のものであるから、実際に教育の現場で使用されることはほとんどなかったかもしれない。しかし彼は、興味深い指摘をしていた。すなわち結婚しないで経済的に自立した独身生活を送ることは、「女子の本分を忘れたる謬見」であると言いつつ、自活の準備をすることは「奨励すべきこと」であるとして、次のように述べるのである。「今日の女子は、早くより心掛けて、何等かの技芸を修め、以て他日の不幸に備ふる覚悟なかるべからず。自活の道を知るは、結婚をなすに就ても必要なり。斯《か》かる女子は、今日の男子の喜んで迎へんとする所なり。且自活の道を知らざる女子は、将来の生活を慮《おもんぱか》るの余り、軽軽しく申込に応じて結婚し、後に至りて夫婦の間面白からず(13)」。

ここでいう「他日の不幸」とは夫の死亡などを指していると思われるが、特に日露戦争後は多くの戦争「未亡人」が発生し、自活の道を得るための専門教育や職業教育の要望が高まっていた(14)。このことが教科書に反映され、井上はじめ多くの教科書執筆者が、自活の準備を勧めたと思われる。しかし女性が自活するのは、あくまで不測の事態に備えてのこととのみ意識されており、日常的な職業従事は一切説かれていなかった。女は家庭内役割を果たすことが第一義的に求められていたのである。つまり、明治四四年までの修身教科書では、家事・育児が国家・社会の基礎であることを自覚しつつ、妻・母・嫁役割を遂行し、万一の場合に備えて職業能力も培っている女性が、最大公約数的な良妻賢母像であったといえるだろう。

この女と職業の問題は、日清戦争後の女子教育論においては全く言及されていない問題であった。それというのも、女子教育論は女子教育を振興する文脈で語られていたので、将来の自活に備えて女子教育を行うべきだとは、なかなか主張できなかったのではないだろうか。そしてこの点だけではなく、修身教科書に現れた良妻賢母像は、女子教育論の中で主張されていた良妻賢母思想と異なる点が二つあった。一つは、母役割に関してである。女子教育論の中では、次代の国民養成の観点から、良妻よりも賢母の面に圧倒的に比重がかけられ、家庭教育を担う母役割が強調されていた。しかしながら、教科書にあってはもちろん言及はされるものの、母役割が突出して主張されるということはなく、むしろ妻役割に関する記述の方が多いくらいであった。また女子教育論ではほとんど語られなかった嫁役割にも、教科書ではかなりのページが割かれていた。

ただしこの母役割の比重の軽さには例外もあった。それは、井上哲次郎の『女子修身教科書』上級用（明治四〇年）である。これには、「家庭教育」という章がわざわざ最後に設けられ、賢母論が展開されていたが、家庭教育は、「啻《ただ》に一人一家の事にあらずして、実に未来の国民に関する問題」と位置づけられ、「殊《こと》に直接重大の関係を有するものは母なり」と、母親の家庭教育における功罪が述べられていた。そして次の言葉でこの章は締め括られている。「近時女子教育の必要を認めて、各地に高等女学校を設くるは、将来家庭教育を完《まっと》うし得る賢母を養成すること、其の主要の目的たらずんばあらず、諸子の任務重且大なりと謂ふべし」(15)。このように賢母への期待をかなり強調した教科書もあったが、これはむしろ少数派であった。

なお、母役割への期待があまり語られないのは、小学校用修身教科書においても同様である。たとえば、国定第一期（明治三六年）の尋常小学修身書の第四学年用には、「男のつとめと女のつとめ」という課がある。ここでは「女のつとめ」として、男を助け、家の世話をすることがあげられているにすぎない。国定第二期（明治四三年）になって初めて、尋常小学修身書巻六の「男子の務と女子の務」において、母役割への言及がみられ、それとともに、女の果たす家庭内役割が国家的観点から価値づけられた(16)。

もう一つの異なる点は、男女同等論に関してである。すでに述べたように、女子教育論の中では男尊女卑でもなく、かといって男女同権でもない、男女の同等性が主張されていた。しかし、修身教科書においては、男女の同等性はあまりふれられていない。ただわずかに沢柳政太郎の『女子修身訓』（明治四三年）に、「男尊女卑の誤なるが如く、女尊男卑も亦その謂《いわれ》なし。同じく人間なり、何ぞ男女の別によりて品位に差等を附すべき理あらんや」(17)という記述がある程度である。

総じていえば、女子教育論において主張された良妻賢母思想がもっていた新しさ、すなわち江戸時代の女性規範にはみられなかった母役割への着目や男女同等論への言及が、修身教科書においては稀薄だったといえるだろう。

では、このような修身教科書の理想的女性像は、これ以降どのように変化していくのだろうか。そして女子教育論と修身教科書とのずれはどうなっていくのだろうか。

二　明治四四（一九一一）年から大正九（一九二〇）年まで

明治四四年の高等女学校及実科高等女学校教授要目改正は、同年二月に起きた南北朝正閏問題への対応のために行われたものであった。修身においては記述もすっかり改まり、明治三六年の教授要目にあった「人類ニ対スル責務」が消え去り、その代りに、新たに「教育ニ関スル勅語」「戊申詔書」「我国道徳ノ特質」が登場している。そして教授上の注意として次のように述べられていた。「本要目中何《イズ》レノ事項ニ就《ツ》キテモ、本邦古来ノ女子ノ美風ニ鑑ミテ適切ナル教授ヲ為シ、婦徳ヲ養成センコトヲ力《ツト》メ、殊《コト》ニ「家」ニ就キテハ意ヲ用ヒテ教授センコトヲ要ス」(18)。ちなみに「我国道徳ノ特質」としては、「我国道徳ノ由来、祖先尊崇、忠孝一致、愛国奉公」が掲げられている。全体的に、この教授要目はイデオロギー性が強い内容へと変化していた。その結果、忠孝一致という徳目や家族国家観に言及した教科書が、検討した教科書の約八割をしめ、前の時期に比べると倍増している。

しかしながら、期待される女性像には目立った変化はなく、前述の傾向は、大正五（一九一六）年ころまで続いていた。すなわち、家事使用人を抱えた家族にあって、舅姑と同居し、夫や舅姑に従順に仕え、子を育て、教育し、家政を管理できる女性、家事・育児が国家・社会の基礎であることを認識し、国民としての自覚をもちあわせた女性、万一の場合に備えて職業能力も培っている女性が、最大公約数的な良妻賢母像であった。また相変わらず職業については、文部省、沢柳政太郎、さらにこの時期から初めて教科書を執筆した村上専精の教科書が、何も述べていなかった。しかし、やがて若干の教科書に変化がみられはじめ、これが大正九年以降、一気に教科書記述の主流となっていくのである。そういう意味で、この時期は過渡期といえるだろう。

この変化の契機となったのは、良妻賢母思想の転換を促すきっかけともなった、第一次大戦下での欧米の女性の活動から受けた衝撃であった。このことにすぐさま反応し、教科書の叙述に変更を加えたのが、下田次郎、井上哲次郎、沢柳政太郎、吉田静致などである。特に下田は、大正初年から昭和初年にかけて、時代を先取りする叙述をし、教科書全体の論調を引っ張っていく感があるが、彼は早くも大正五年の教科書で第一次大戦のことにふれ、次のように述べるに至っている。「欧洲の大戦に於ては、各交戦国の女子が、従軍の男子に代り、各種の職業に従事して、何等の欠陥を感ぜしめず、世人をして其の能力を嘆称せしめたり。此《かく》の如きは、唯女子の健全なる身体と常識とのみに由りて、能くすべきことにあらず、必ず優秀なる知識、技能に待たざるべからず(19)」。

第一次大戦中から戦後にかけての女子教育論においてよくみられた主張であるが、修身教科書にも登場しているのである。そしてこれ以降、ことあるごとに欧米女性との比較で日本女性の「後進性」

が言及されていく。これもまた、女子教育論の主張と何ら変わりなかった。

また職業に関しても、良妻賢母思想の変化が修身教科書の叙述に反映されている。下田は明治四五（一九一二）年に執筆した教科書では、「今日は已《や》むを得ざる場合に、職業を執るは、敢《あ》へて咎《とが》めざるのみならず、時に女子にも適当なるものあるを認むるに至れり(20)」と述べていたにすぎなかった。しかし、大正五年の教科書になると、それにとどまらず、次のように、家事の余力として副業に従事することを勧めている。「女子が家事を営みて、尚余力あらば、副業として諸種の生産に従事するは、嘉《よみ》すべきことなり。女子のこの努力が、一家の生計を助け、一国の富力を進むる、決して侮るべからざるものあり。然るに、我が国中流以上の家庭に於て、生活の安きに居る女子は、生産に従事するを恥づる傾あり。これ最も謂《いわ》れなきことなり(21)」。ここにおいても、女子教育論と同じく、女性を何らかの形で生産労働に参加させようとする意図がみてとれる。

この変化は、他の執筆者の教科書にもみられるところであった。たとえば沢柳は、大正二（一九一三）年の教科書まで、女性の職業について何も述べていなかった。が、大正七年の教科書になると、女性の職業を、「必ずしも喜ぶべきにあらざるも、亦勢の然らしむる所、已《や》むを得ざるなり」ととらえ、「必要だにあらば女子の如何なる職業をも営み得ること、今や一点の疑を容れず。かかる力ある女子が世の為、国の為尽くすは戦時に限るべきにあらず、平時に於ても十分に其の潜める力を揮《ふる》って国家の隆昌に貢献する覚悟あらまほしきなり(22)」と述べるようになっていた。

そしてこのように職業への従事を容認する一方で、沢柳、吉田、下田は、柔和さ、やさしさ、愛情などの「女らしさ」を社会に向けて発揮することも求めている。たとえば下田は、女性を「平和の維持者」「愛の化身」とし、家庭内だけでなく、「広く世間の同胞にも、其の女性的感化と助力とを与ふることをも、努むべきにあらざるか[23]」と主張するのである。どちらかというと、夫や子どもに対する愛情の発揮に重点がおかれていたとはいえ、愛情を注ぐ対象が社会に広がってきていることがわかる。この点は注目すべきことである。

これらの記述は、女の役割を家庭内に限定し、女を家庭内存在とのみ規定するのではなく、女性と社会との直接的関係性を追求しはじめたという意味で、画期的なものであったし、まさに女子教育論の推移と軌を一にしていたといえるだろう。そしてこの時期にあっては、これらは少数意見でしかなかったが、やがて次の時期からは多数派を形成していくことになる。

ところで、大正二年には井上哲次郎が、第五学年用の教科書ではあったが、初めて「婦人問題」という章を設けている。大正二年というのは、『太陽』や『中央公論』などの総合雑誌で婦人問題特集号が組まれ、「婦人問題」の存在が一般の耳目をひきはじめた年である。この時すでに修身教科書で何らかの言及がされていたのであり、その反応の早さは驚くべきことであった。彼はそこで、「婦人の今日の現状は、決して吾人の満足を値するものにあらず。吾等は今後尚大いに改善を加へ、進歩を図るべき余地あるを思はざるべからざるなり[24]」とだけ述べている。これ以上何も述べていないため、井上自身がどのように改善すべきだと考えていたのかがはっきりしない。あるいは具体的な考えはまだもっておらず、ただ何か「問題」があるとのみ意識していたのかもしれない。しかし、このような記述が教科書において出てきたということは、女性の現状に対する改善の必要性をいちはやくとらえているという意味で、修身教科書が必ずしも守旧的な性格のものではなかったことを示しているだろう。そして具体的な改善の方向性は、次の時期において明示されていくことになる。

三　大正九（一九二〇）年から昭和七（一九三二）年まで

大正九年以降になると、教科書の内容は劇的に変化する。さきほど大正九年までの修身教科書に現れた最大公約数的な良妻賢母像は、家事使用人もいる家族にあって舅姑と同居し、妻・母・嫁役割をこなす女性、家事・育児が国家の基礎であることを認識し、国民としての自覚をもった女性、万一の場合に備えて職業能力も培っている女性であると述べた。このような女性像に変化がみられ出すのである。

1　家族道徳の変化

最初に目につく変化は、家族道徳の割合が次第に減少していく中で、「舅姑」や「僕婢」に関して、一章を割いて叙述している教科書が少数派になってしまったことである。検討した二六種類の教科書のうち、「舅姑」について一章をあてているものは四種類、「僕婢」については七種類でしかない。もちろん、一章をあてなくとも、別の章で数行述べていることはあり、これらに関する叙述が全く消え去ってしまったわけではない。しかしこれ以前の教科書では、七、八割から九割のものが少なくとも一章を割いていただけに、その激減ぶりは急激な変化であった。これには、第三章で述べた、新中間層の増加や近代家族の形成に示される、都市における家族実態の変容が関係していたと考えられる。そしてこれは、家族に関する叙述にも変化をもたらしている。

従来、ほとんどの教科書が、祖先から代々引き継がれてきた「家」という観点から家族をとらえていたが、それはこの時期も変わりなかった。けれども、新たに「家庭＝安息所、避難所」とみる家庭観が、従来の三割ほどの教科書から倍増して三分の二の教科書に登場し、家庭の和楽や一家団欒を図ることも女の役割として期待されるに至っている。つまり家族が、「家」としてばかりでなく、家族員相互の情緒的結合を重視した「家庭」という言葉でも、とらえられはじめたのである。中には下田次郎の教科書のように、「家」としてではなく、「家庭」としてのみ家族を規定する教科書も存在したほどである。

いくら大正期に新中間層が増加し、核家族化が進行したといっても、教科書の叙述がこのように変化するほど、家族実態がドラスティックに変わったわけではなかった。また高等女学校に子どもを通わせている家族では、まだまだ三世代同居や家事使用人の存在は珍しくなかった[25]。しかし大規模な家族実態の変化に先行して、教科書では「舅姑」や「僕婢」が言及されなくなる一方で、家族は愛情に包まれた憩いの場としてもみなされるに至ったのである[26]。そしてこれにともなって、「家」を守っていく、あるいは「家」の和を保ち、ととのえていくという役割が、さほど重点をおいて説かれなくなった。それゆえ、大正九年以降においては、嫁役割への期待が相対的に低下したといえるだろう。そしてこのことは、修身教科書と女子教育論との間に存在していた女性像をめぐるずれが、次第に埋められてきていることを意味していた。

このように、嫁役割への期待が薄らいでいったが、その一方で妻・母役割もまた質的に変化しつつあった。それは、家事や育児に対して合理性や科学性が求められはじめたことである。すでに述べたように、第一次大戦後、日常生活に対して「科学的」「合理的」なまなざしが向けられ、その改善が図られはじめていた。それが修身教科書にも反映され、わざわざ一章を割いて生活改善や科学思想の必要性に言及した教科書が、二六種類中一四種類にものぼっている。それらにおいては、弊風・陋習・迷信の除去、時間と労働の節約、科学的知識・技能をいかした家事の遂行が説かれている。もっと具体的にいえば、栄養価を考えた食事、採光や通風のよい住まい、家計簿による家計管理などが求められていた。

さらに家事のみならず、母役割を遂行するためにも、「科学」や「学問」に親しむことを求めた教科書があった。それは少数の教科書でしかなかったが、たとえば下田次郎の教科書は、優生学の原理、遺伝の法則、胎教、育児法、児童衛生学、児童青年の心理学、家庭教育法などの学習を女性に求めている(27)。第二章で述べたように、これらは「教育」の教科書においては、明治三〇年代よりふれられていたところであったが、修身教科書では大正後半になって、一部の教科書が主張したのである。それというのも、元来、修身教科書では母役割がさほど強調されてはいなかったし、賢母となるための学習は、「教育」に委ねられていたためであると思われる。ただ科学や学問にまで言及した教科書は少数でしかなかったが、多くの教科書においては、「母性」や「母性愛」という言葉が登場してきている。そして「女子最高の任務」、「尊い天職」、「女子の最大の道徳的・社会的意義」というように、母役割に一段と高い評価が与えられていた(28)。

また、妻と夫との関係性にも変化が現れていた。それを象徴するのが「貞操」の問題である。検討した二六種類の教科書の中で、貞操の必要性について述べているのは一六種類である。そのうち九種類のものが、「その（貞操の――引用者）重大さは、未婚と既婚と男女とに依つて、差異あるべきものでは決して無いのである(29)」と、夫婦相互の貞操を要求するようになっていた。貞操について述べていた教科書は、明治四四（一九一一）年までは一〇種類、大正九（一九二〇）年までは一三種類あったが、そのうち夫婦相互の貞操について述べていたのは、それぞれゼロと三種類であった。それゆえ、男女相互の貞操を主張するものが多数派になったことは、大きな変化であるといえよう。そしてこの傾向性はこの後も続き、昭和七（一九三二）年以降になると、貞操についてふれたすべての教科書が男女両性に対して要求するに至っている。なお、大審院で男子の貞操義務に関する新判例が出されたのは、昭和二年五月のことであった。

このように女に対してだけではなく、男に対しても貞操を要求する記述へと変化していったことと歩調を合わせるかのように、男女の人格的同等性も盛んに論じられるようになった。二六種類中、一五種類の教科書がこの問題にふれている。たとえば、下田の教科書は大正七（一九一八）年まではこの問題に何も言及していなかったが、大正一一年になると、次のように述べるに至っている。

女子の人格を男子と同等に尊貴なものと認めることは、固《もと》より当然の事であるが、さりとて男女の性別、職別を無視する事は第一、性の原理が許さないのみならず、生物の歴史、又人類の歴史が許さない。……男女が各々その特質を以て相補ふ時に、始《(ママ)》めて人としての完全な典型が現れるのである。それ故、男女各々の特質が鮮明であればある程、此の典型は完全の度を増すことになるのである。(30)

つまり、良妻賢母思想でみられた、男女を全く対極的な存在として措定しながら、優劣・上下関係としてはとらえない男女同等論が、教科書ではこのころからやっと多数派を形成するようになったのである。このことは、第一次大戦中から戦後にかけて、「婦人問題」が喧伝され、女性の地位改善の方策が様々に論じられていったことと無関係ではないだろう。そして「婦人問題」や婦人参政権について言及する教科書が増えてきたのも、この時期の特徴であったが、この問題に関しては後でまとめて論じることとしたい。

2　職業への従事

さて、もう一つの大きな変化は、すべての教科書が職業に対する何らかの記述をするようになり、万一に備えての職業の準備を説くものが急速に減少する一方で、ほとんどの教科書が日常的な職業従事を勧めるようになったことである。この変化を教科書執筆者たちは、「時勢の進歩」や「近時経済状態の変化」という言葉で表している。中には、「女子は家庭以外には一歩も活動してはならぬと考へるやうな窮窟な良妻賢母主義は、旧時代の思想[31]」ととらえるものもいたくらいであった。

たとえば、前の時期に時代を先取りしていた下田次郎の教科書は、大正一一（一九二二）年になると、さらに変化している。彼は次のように言う。

固《もと》より女子の思想は、どこまでも家庭の人として、幸福な生活を送ることであるが、それにしても、是と彼（職業――引用者）とは、必ずしも両立しないものではない。家政を怱《ゆるが》せにしない限り、育児を怱せにしない限り、余力を以て職業に従事することは妨《さまたげ》ない事である。否、現在に於けるよりも、一層合理的に、科学的に家政、育児を処理し得るやうになれば、現時のそれらは、もつと短い時間内に出来る筈である。そこに剰《あま》し得た時間を以て職業の時間に充つることは、必ずしも難事ではあるまい[32]。

つまり、家事の余暇に職業に従事することを勧める点では前の時期と変わりないが、当時盛んに主張されていた生活改善を行うことによって、家事労働時間を短縮し、職業従事の時間を捻出することを主張しているのである。しかもその職業は、内職の域をこえて、会社、銀行、工場、病院、学校、官衙の勤務や諸事業が想定されている。このような、時間を作ってでも職業につく、という積極的な意見は、服部宇之吉の教科書なども述べていた。そして彼らほど積極的でなくとも、他のほとんどの教科書が職業への従事を勧めるようになっていた。

では、なぜ修身教科書において、女にも職業が必要だと考えられるようになったのだろうか。様々な理由があげられていたが、大きく分けると三つあった。一つには、職業は女自身の人間形成に役立つというもので、下田次郎、深作安文、槇山栄次・伊藤恵の教科書がこれにあてはまる。たとえば、「職業によつて人は独立自助の精神を養成すると同時に、自己の人格を向上せしむることが出来る(33)」だとか、「女子の活動慾を満足せしめ、経済上のみでなく、道徳上にも人を向上せしむる……自己の生活価値を増大せしめ、個性発揮の方便となる(34)」などと述べられていた。

二つには、「何等かの技能職業の心得あることは、夫及び子女の職業に対する理解と同情とを深め、これに大なる精神的援助を与へ得る根柢である(35)」というように、職業は妻・母としてのより十分な役割遂行をもたらすという考え方である。大島正徳、服部宇之吉などの教科書がこの立場にたっていた。すなわち、職業という、家事労働遂行者としての女の「本来的」役割とは異なるものを、妻・母役割の十分な遂行という視点から位置づけ直し、そのことによって、職業従事を認めるのである。

そして三つめは、職業を勧める最も有力な理由であったが、下田次郎、大島正徳、吉田静致、友枝高彦、湯原元一、深作安文などの教科書のように、女性の職業を社会・国家の立場から価値づけるものである。たとえば、「社会の方でもますます女子が職業に従事することを要求するやうになつた(36)」

とか、「女子平時の勤労が、国富の増進に貢献すること大なるを知るべし[37]」という主張があった。いわば、女性の職業を求める意思の有無と関わりなく、社会・国家が必要とするに至ったとみなしているのである。

これら三つの理由から女の職業は容認されていた。ただ、注目すべきは、これらの論調はどれも、進行しつつある女性の職業従事を仕方なく追認するというよりはむしろ、女の職業従事を積極的に奨励する点に、主眼がおかれていたことである。つまり、教科書執筆者たちは、第一次大戦に学びつつ、女の能力を社会・国家に活用することを考えていたのだろう。それゆえ、職業を勧める理由として、第三の理由をあげるものが最も多かったのである。また吉田のように、「必ずしも喜ぶべきことにもあらねど、これ（職業従事者の増加――引用者）によつて、女子が如何なる方面の職業をも営み得る能力を有することを確認するを得たり[38]」と、女性の職業を心情としては否定的にとらえながら、客観的にはその必要性を主張することも生じていた。

しかしだからといって、女が男と同種の職業につき、男のように職業を第一義的な役割とすることが認められたわけでは決してなかった。それは第二の理由のごとく、職業を妻・母役割の十分な遂行と関連させてとらえていることからも窺うことができる。けれども、もっと重要なことは、先に引用した下田の意見にあったように、すべての教科書が家事・育児に支障のない範囲で、という条件をつけていることであり、女性の独身生活を堅く戒めていることであった。いくら職業につくことを勧めるようになってきたとしても、根幹となる性別役割分業は厳然として存在しているのであり、「女子の職業化といふことも、良妻賢母主義を基調とするものでなければならぬ[39]」のである。

それゆえ、明言しているのは野田義夫、湯原元一、亘理章三郎などの一部の教科書であったが、次のように、職業従事において「女らしさ」を発揮することが求められていた。「職業婦人として、世に立たうとする場合に……それが女子の性質に適当したものでなければならぬことは、もとよりである。女子が男子と同一の職業に従事する場合にも、やはり其の職業に女子としての性質のあらはれるのが当然である。教育・通信等の職業に従事しても、単に男子のみの時よりも、其処《そこ》に女子特有の綿密な注意や温和な性質が加味せらるべきが如きである[40]」。さらには、女性の職業には、「男子の荒き心を和ぐるの利[41]」があると主張するものもあった。

つまり、女性の職業が奨励されたといっても、従来の性別役割分業規範をそのままの形で温存し、なおかつ、職業においても「女らしさ」を貫徹させていくという、この枠組みにおいてのみ職業従事が認められたにすぎなかったのである。それゆえ教科書の考え方を敷衍していけば、「女向き」の職業にしかつきえないし、実際職業についたところで、家事・育児と職業という女性の二重労働の問題も惹起していくことになる。したがって、現実に女がつきうる職業とは、内職・副業や補助的職業などの限定されたものになってしまう。とすれば、この時期の教科書が、いくら女に職業を勧めるものであったとしても、その論理的特質からして、女性の地位向上を必ずしも帰結するわけではなかったことがわかる。欧米の女性との比較において、女性の能力を開発し、それを活用することが必要とされたからこそ、女性の職業が奨励されたのである。したがって女の職業進出がもっと本格化すれば、その進行に歯止めをかけ、職種の限定、二重労働という、新たな状況に女性を組み入れることになっていくだろう。そして事実、たとえば女性の職業への従事をあれほど積極的に求めていた下田次郎の教科書は、昭和七（一九三二）年以降の時期になると、その積極的な主張が消え、消極性が目立つ発言に変化していくのである。[42]

3 「女の特性」の発揮

このように女の職業従事が奨励されるようになったが、だからといって女が「男性化」することは絶対に避けねばならなかった。そこで改めて教科書において強調されるに至ったのが、男とは違った「女の特性」である。すなわちこの時期から、女子教育論においてと同じく、母性の重要性が説かれ、「愛の力」というような、きわめて抽象的な「女らしい特性」の発揮が主張されはじめるのである。それはあたかも、職業進出による「男性化」の防止でもあるかのごとく、職業進出を熱心に説く執筆者が、一方ではまた熱心に「女の特性」の発揮や母性を説いていった。

ところで教科書では、母性というとき二通りの意味で使われている。一つは、子を産み、育てるという、女が家庭内で果たしている母役割に着目し、愛情の発揮を説くものである。もう一つは、母性に象徴される「女の特性」を社会的に意義づけ、女に対して「愛」を通して社会を「美化・平和化」することを求めるものである。同じく母性の強調といっても、母性が発揮される対象が、前者の場合は我が子であり、後者の場合は社会・国家であるという相違がある。それゆえ、前者の文脈で語られる母性は、いわば賢母論の延長線上にとらえうるものであり、それは賢母論の理論的強化とはなっても、論理としての目新しさはない。そういう意味で、この時期の特徴は、後者の登場にあったと言わなければならないだろう。ただそれは第四章でも述べたように、非常に曖昧でとらえどころのないものであった。そこで以下、後者の意味あいでの教科書叙述に注目して検討していくこととしたい。

すでに述べたように大正初年から、一部の教科書ではこのことにふれはじめていた。が、大正九（一九二〇）年以降になると、ほとんどの教科書が述べている職業への従事ほどではなかったが、下田次郎、野田義夫、槙山栄次・伊藤恵、友枝高彦、沢柳政太郎、湯原元一らの多数の教科書が、この「女の特性」に言及するようになった。そしてそればかりではなく、「女らしい特性」を発揮することは、職業とはまた違った、社会に対する使命、役割であると主張されていった。つまり、女は単に家庭内で家事・育児を行うだけでなく、この時期からは家庭の内外で補助的職業や内職などに従事し、さらにはまた家庭の内外で別の新しい役割を果たすことが求められていくことになる。そしてその一つが「女性文化」の創造であった。たとえば野田は次のように述べている。

人類生活の理想は、母性愛を理想化した人類愛によつて、四海同胞が一家団欒のやうな幸福な生活を営むことです。男子のみによつて創造された文化は、女子の要素を欠いた偏頗な男性文化です。理想の文化は、男子と女子とが各其の長所・美点を遺憾なく発揮して、男性文化に偏せず女性文化に偏せず、相待ち相補つて円満調和の発達を遂げたものでなければなりません。(43)

「女性文化」とはどういうものであるかがはっきり述べられていないが、女が生得的にもっている

「女性文化」とはどういうものであるかがはっきり述べられていないが、女が生得的にもっていると考えられている「母性」に基づいた文化こそが、「男性文化」とは異なる「女性文化」を作り出す源泉だと考えられていたのではないだろうか。そして教科書において「母性」は、身体的な生殖能力としてのみとらえられるものではなく、精神的なもの、たとえば「やさしさ」や「愛情」あるいは「犠牲的精神」として理解されていた。いやむしろここにこそ、母性の本質があるとされたのである。したがって、次に引用するように、この女性特有の「愛」を家庭だけでなく、社会に敷衍させ、人類社会全体を愛で包むことが、第二の新たな女の役割として期待されていくこととなった。

女子の本性、女子の誇として最も大切なものは愛の力である、愛は女子の生命である。……近来社会の変動に伴ひ、物質上の生活が脅かされるばかりでなく、精神的生命をも害はれるものが多いのは、実に痛ましいことである。その害はれた精神的生命を甦へらせ、新しい向上の生活を創《はじ》めしめるのは、一に美しい愛の力による外はないのである。それは独り私達の周囲の小さな社会ばかりでなく、世界を通じて人類全体の要求である。(44)

このような「女の特性」の強調は男女の相違を際立たせるとともに、それを厳然たる「事実」としてとらえ、各々の「特性」に応じた領域での活動こそが「天職」とされることにつながっていく。が、

その一方では、「女の特性」に評価を与えることによって、男女には優劣はなく、たとえ体質、性質、役割などに相違があっても、同等の価値をもつという、やはりこの時期から修身教科書において喧しく言われ出した、男女の同等論を帰結するものでもあった。その意味で、この時期に修身教科書では女子教育論との乖離が埋められ、良妻賢母思想が完成するのである。

　そして重要なことは、「女の特性」の発揮こそが女の地位向上をもたらすと強く主張されたことである。たとえば職業への従事を積極的に勧めた下田次郎は、他方でまた「男子の組立てた世界に出て、事毎に男子と拮抗し角逐した所で、女子が男子と肩を比べることが出来ないのは明白である。今後、女子独自の活動に由つて、男性のそれに対する女性文化を創造し、「婦人の王国」が建設せられるならば、その時こそ始《（ママ）》めて真に男子と比肩することが出来るであらう」[45]と主張している。男と同様な活動をし、「男の世界」に進出していくのではなく、「女らしい特性」の徹底こそが「真」の女性解放につながるというのである。三分の一ほどの教科書が「婦人問題」に一章を割いて言及していたが、いずれも、このような「女の特性」の徹底によってこそ、女の地位の向上が可能であると主張していた。

　つまり、職業という形での女の能力の活用が求められる社会状況の中で、一方で家事労働に支障のない範囲での「女にふさわしい職業」への従事を認めながら、他方でこのように母性を社会的に価値づけることは、性別役割分業の一定程度以上の崩壊を防ぐ意味があっただろう。そしてそれは、職業の領域での性別分業を理論づけていく役割も果たしたのではないだろうか。しかし考えてみれば、「女性文化」の創造にしろ、「愛の力」の発揮にしろ、実に曖昧で、女の役割というには不明確なものであった。が、たとえ曖昧で実現可能性が低いものであったとしても、これを主張することは、女たちに対して「産める性」としてのアイデンティティを保持させながら、男とは違った役割を直接的に社会の中で発揮させていこうとすることを意味している。その意味で、母性の強調は、我が子を「立派な」国民に育て、その子を通して社会・国家に貢献するという、いわば社会・国家に対して間接的な関係性しかもちえない従来の賢母論とは、一線を画するものであったといえよう。

なお補足として述べておけば、「婦人問題」について論じる教科書が増加する中で、婦人参政権に関しても一一種類の教科書が言及している。教科書によって、国政への参政権まで認めるものもあれば、一部に限定するものもあるなど、慎重派から積極的賛成派まで、かなり幅があったが、反対論を展開したものは一つもなかった。婦人参政権獲得期成同盟会（後の婦選獲得同盟）が結成されたのが大正一三（一九二四）年、制限付きの婦人公民権法案が衆議院本会議で初めて可決されたのが昭和六（一九三一）年であったことを考えれば、四割強の教科書が参政権にふれていることは、注目すべきことではないだろうか。

しかし、同じ参政権ではあっても、女と男とでは、その位置づけが異なっていた。すなわち、女がたとえ参政権を獲得しても、男のように政治世界で活動することは否定されている。[46] また女性の参政権には、「女子の温き心を以て政治の局面を潤ほすの利」[47]があると述べるものもあった。職業への従事を認めても必ずそこでは男女の差異化が行われていたように、政治的権利を認める際にも、女性が「女らしさ」や家庭内役割から逸脱することは絶対に許されなかったのである。

以上、およそ三〇年間の修身教科書を検討してみると、教科書に描かれた理想的女性像は第一次大戦後に大きく変化していったことがわかる。その変化は、一つには、女性の職業従事が奨励され、従来の性別役割分業に若干の修正がなされたことである。つまり女性は、職業に従事することによって、たとえわずかであれ経済的地位が向上し、夫や子どもを通してでなく、直接的に社会・国家と関係性をもちうることとなった。さらに、「女の特性」とされる母性もまた、単に子どもに対して発揮されるのではなく、社会・国家に向けて発揮することが期待されている。そして、職業という「男の領域」への進出や「女の領域」である母性に対する社会的意義づけは、良妻賢母思想における具体的人間としての女の第二次性に変更をもたらすものであった。これが、この時期の第二の変化点であり、これによって女性の地位はある程度上昇することになる。しかもそれは、第一次大戦を通して、女が家庭の外へ目を向け、活動することの必要性を、国家の側が自覚した結果生じたものであり、国家自身が欲していたことであった。

しかし他方で、従来の性別役割分業の根底に存在していた、男女の体質・性質・役割などを絶対的相違とし、男女を対極的存在ととらえる考え方は全く変更されてはいない。むしろ男女同等論の主張や母性の強調によって、これは強化された感があり、性別役割分業の修正といっても、女にのみ職業という新たな役割が付け加えられたにすぎなかった。それゆえ、従来の性別役割分業が規範として強まっていきながら、女に二重労働を課し、なおかつ職業の中に新たに性別分業をもちこむものとなったのである。その意味で、教科書における職業の奨励は、一方では女を新たな抑圧状況へと組み込んでいく機能をもっていたといえるだろう。しかもこのような理想的女性像の転換は、修身教科書においてのみみられたことではなく、まさに女子教育論における良妻賢母思想の転換と軌を一にしていたのであった。

注

（1）「全国高等女学校長会議」（『教育時論』第五五七号、明治三三年一〇月五日）参照。

（2）文部省の教科書の緒言には次のように述べられている。「高等女学校修身教科書ハ目下全ク欠乏セル際ナルヲ以テ、更ニ鄭重ナル調査ヲ遂グルニ暇ナク直ニ之ヲ出版ニ付スルコト欠セリ、若シ教授ノ実際ニ照シテ不適当ナルモノアルトキハ他日ヲ待テ修正スル所アラントス」（文部省編『高等女学校用修身教科書』巻一、明治三五年、訂正再版（『高等女学校資料集成』第一〇巻、大空社、一九八九年、三ページ））。

（3）山本礼子「解説」（前掲書『高等女学校資料集成』第一〇巻、ページ数記載なし）。ちなみに『学制百年史　資料編』によれば、明治四三年における全国の高等女学校数は、一九三校である。

（4）次のように述べられている。「本書再版ニ際シ目録ヲ附シ少許《バカリ》ノ字句ヲ訂正シ、更ニ第三巻ニ於テ第二十一課以下ノ課ノ順序ヲ変更スル等、其他二三ノ修正ヲ加ヘタリ」（前掲『高等女学校用修身教科書』巻一（前掲書『高等女学校資料集成』第一〇巻、四ページ））。

（5）井上哲次郎『勅語衍義』と他の教育勅語解釈書との徳目の相違などについては、小山常実『天皇機関説と国民教育』アカデミア出版会、一九八九年、を参照されたい。

（6）前掲『高等女学校用修身教科書』巻三（前掲書『高等女学校資料集成』第一〇巻、三六ページ）。

（7）同、三七ページ。

（8）同、三六ページ。
（9）文部省編『高等女学校用修身教科書』巻四、明治四〇年、初版、二三ページ表。
（10）同、巻三、三二ページ表。
（11）同、三三ページ裏。
（12）同、巻四、三五ページ表・裏。
（13）井上哲次郎『女子修身教科書』上級用、明治四〇年、再版、八八―九〇ページ。
（14）永原和子「良妻賢母主義教育における「家」と職業」（女性史総合研究会編『日本女性史』第四巻、東京大学出版会、一九八二年、一五九―一六一ページ）、『日本婦人問題資料集成』第十巻、ドメス出版、一九八〇年、六四ページ、参照。
（15）井上前掲書『女子修身教科書』上級用、九四―九六ページ。
（16）「女子が内に居て一家の世話をなし、家庭の和楽を図るはやがて一国の良風美俗を造る所以《ゆえん》なり。女子の母として子供を育つることの良否は、やがて其の子の人となりに影響し、延《ひ》いては国家の盛衰にも関係するものなり。されば女子も男子と同じく己が務《つとめ》の大切なることを思ひ、常に其の本分を全《まっと》うせんことに心掛くべし」（『日本教科書大系　近代編、第三巻、修身（三）』講談社、一九六二年、一二一ページ）。
（17）沢柳政太郎『女子修身訓』巻四、明治四三年、修正再版、五九ページ。
（18）『明治以降教育制度発達史』第五巻、一九五ページ。
（19）下田次郎『新訂女子修身書』巻二、大正五年、訂正八版、九五―九六ページ。
（20）同『新定教科女子修身書』巻四、明治四五年、訂正再版、一二―一三ページ。
（21）同『新訂女子修身書』巻四、大正五年、訂正八版、一二―一三ページ。
（22）沢柳政太郎『新訂女子修身訓』巻四、大正七年、修正五版、三九―四〇ページ。
（23）下田次郎『新定女子修身書』上級用、大正二年、訂正再版、九六ページ。
（24）井上哲次郎『新編女子修身教科書』上級用、大正二年、初版、一〇九ページ。

表5－2　高等女学校生徒の家族実態

	核家族	大家族	使用人の数
大正 4(1915)年	58%	41%	1,2人
9(1920)	57	39	1,7
14(1925)	61	37	1,3
昭和 5(1930)	70	30	1,3

(25) 山本礼子と福田須美子による高等女学校卒業生に対するアンケート調査から、次の表5－2のような高等女学校生の家族実態が明らかにされている。詳しくは、「高等女学校の研究（第二報）――高女卒業生のアンケートから」（『和洋女子大学紀要（文系編）』第二七集、一九八七年）を参照。
(26) 高等女学校家事科教科書を分析した、会田京子・武井洋子「中等教育における「家族」に関する指導内容の研究」（『東京学芸大学紀要　第六部門』第三八号、一九八六年）によると、家事科教科書においても、舅姑との関係の説明は大正中期以降ほとんどみられなくなるという。
(27) たとえば、下田次郎『女子新修身書』（申請本）巻四、大正一〇年、初版、七八ページ、参照。
(28) 下田前掲書『女子新修身書』（申請本）巻四、七六―七七ページ、野田義夫『中等教育女子修身書』（申請本）巻三、大正一五年、初版、五七ページ、友枝高彦『女子修身』巻四、大正一二年、訂正再版、一一六ページ、参照。
(29) 下田前掲書『女子新修身書』（申請本）巻四、六一―六二ページ。
(30) 下田次郎『女子新修身書』巻五、大正一一年、訂正再版、九九―一〇〇ページ。
(31) 吉田静致『新訂女子修身教科書』（申請本）上級用、大正一四年、初版、七四ページ。
(32) 下田前掲書『女子新修身書』巻五、六二―六三ページ。
(33) 槙山栄次・伊藤恵『女子修身教科書』巻四、大正一三年、訂正再版、六三ページ。
(34) 下田前掲書『女子新修身書』巻五、六六ページ。

(35) 服部宇之吉『女子新修身』上級用、昭和三年、訂正再版、七〇―七一ページ。
(36) 湯原元一『新制女子修身教本　五年制用』巻四、昭和三年、訂正六版、一〇二ページ。
(37) 吉田静致『女学校用修身教科書』巻四、大正一一年、訂正五版、一〇一ページ。
(38) 同。
(39) 吉田前掲書『新訂女子修身教科書』(申請本) 上級用、七四―七五ページ。
(40) 亘理章三郎『女子修身書』(申請本) 巻四、大正一四年、初版、二一八ページ。
(41) 沢柳政太郎『改訂女子修身訓』巻三、大正一三年、修正七版、七九ページ。
(42) たとえば、下田次郎の『女子新修身書　第五修正版』(申請本、昭和一一年、修正一一版) では、次のように述べられていた。「女子が職業に従事するのは、女子に活動の満足を与へ、世間を知らしめることにもなるが、十分に注意しなければ、その間に思はぬ弊害を生ずる恐もないではない」(巻三、二四ページ)。「結婚前、家庭の外に出て、職業に従事することも、場合によつてはよい。但し、妻たり母たる職能を犠牲にまでして、女子が外部の職業に従事することは、好ましいことではない」(巻五、五一ページ)。
(43) 野田前掲書『中等教育女子修身書』(申請本) 巻五、一二七ページ。
(44) 友枝前掲書『女子修身』巻五、一〇七―一〇八ページ。
(45) 下田次郎『女子新修身書』(申請本) 巻五、大正一四年、修正三版、一一三ページ。
(46) たとえば、参政権を認めていた野田の教科書でも、次のように述べられていた。「男女には争はれぬ性の特徴があり、これによつて各自の長所を発揮することが、真に人生を幸福ならしめる所以《ゆえん》であるから、女子に政治思想や参政権が必要であるとしても、其の天職を擲《なげう》つて、男子と同様に官吏となり、軍人となり、将《は》た又政治家となつて、政治生活を其の本領とすることは、自然の途ではありますまい」(野田前掲書『中等教育女子修身書』(申請本) 巻五、一一六―一一七ページ)。
(47) 沢柳前掲書『改訂女子修身訓』巻三、七九ページ。

最後に——良妻賢母思想とは何だったのか

江戸中期から昭和初期までの、期待される女性像を跡づける旅も終わりを迎えつつある。序でも述べたように、本書は、従来の研究が良妻賢母思想を特殊日本的思想として把握することに対する疑問から出発し、国民統合という観点から良妻賢母思想について論じていくことをめざしていた。そこから何が明らかになったのかを、最後にまとめておこう。

本書で扱った江戸中期から昭和初期までの時代には、大きく分けると三つの期待される女性像が歴史の中に登場してきている。それは、江戸時代の女訓書が語る良妻像、日清戦争後の女子教育論の中で示された良妻賢母像、そして第一次大戦後の女子教育論や修身教科書にみえる新しい良妻賢母像である。これらの女性像はいわば規範としての女性像であり、必ずしも現実の実態に即してはいない。が、当時の社会において何が女に求められていたのか、そして歴史的状況の変化とともに理想とされる女性像がどのように移り変わっていくのか、さらにいえば女が「家」のため、国家のためにいかに利用されていたのかを、これらは如実に示してくれる。

すなわち、「家」の存続・強化が求められる江戸期の社会において、女訓書のなかで女が最も期待されていたことは、女を男に比べて愚かなものとし、劣等視する価値観のもとで、夫や舅姑に対して従順な妻や嫁となることであった。他方で、母役割はほとんど言及されていない。女を子産みの道具として重視することはあっても、子どもの教育は期待されていなかったといえよう。

ところが明治以降、近代国家の建設、それを支えていく国民の養成が国家的課題として登場してくる中で、まず子どもを育て、教育する母役割が、やがては家事を責任をもって遂行する妻役割が強調され、そのための女子教育の充実が主張されていった。しかも女性が責任を負うべき家事・育児・内助などは、たとえ家において行われるものであるとしても、単に家にとってだけでなく、国家の発展にとっても重要な意義をもつものと価値づけられていた。つまり、男が生産活動や兵役に従事することによって直接的に近代国家の国民となるのと異なり、女はその男の活動を家にあって支え、次の世代を育てていくことによって、間接的に国民としてとらえられ、国民統合されていったのである。そしてそれを合理化する理想が良妻賢母思想であった。その意味で、江戸期の期待される女性像と、明治以降における「良妻賢母」とは、はっきりと一線を画するものであり、「良妻賢母」というイデオロギーは、「男は仕事、女は家庭」という近代的な性別役割分業に即応し、近代社会の形成にとって不可欠のものであったといえるだろう。

しかも注目すべきは、このような良妻賢母思想の確立が、公教育体制の成立と大きく関わっていたことである。公教育制度の成立は子どもの社会化のありようを一変させ、子どもは次第に学校に囲い込まれていった。それにともない家庭内でも意図的に教育を行うべきだという、いわば家庭教育領域の意識化が進行していった。そしてそれは、学校教育の補完的な役割を担うべき家庭教育、その担い手としての母親という家庭教育概念の確立を意味していた。この家庭教育概念のもとで、女性は母親として家庭にあって公教育体制を支えていく存在となったのである。

このような歴史的意義をもつ良妻賢母思想が成立したのが、世紀転換期である。しかも、これはこれから女子教育を振興していこうという文脈での、いわば「新しい」女性観の登場であった。しかしながら実際には、相変わらず、裁縫に代表される家事能力や従順さなどの婦徳を身につけた女性に対する期待が大きく、思想と現実との間にはずれが存在していた。ところが大正期に入ると、第一次大戦の影響や女をめぐる状況の流動化のなかで、旧来の女性観に対する不満の声が大きくなっていく。そしてこの時代の動きに対応した新しい女性規範が求められはじめ、良妻賢母思想は再編されていくことになる。つまり、一方では潜在的能力を開発し、活動力や積極性を備えた女性を育成していくことをめざし、他方では従来の性別役割分業を温存しつつ、女性の「男性化」を避ける、という課題が追究されていったのである。

言葉を代えていえば、このことは女の能力やエネルギーを一方的に抑えつけるのではなく、それらを国家や社会へうまく吸収していこうとする動きがはじまったことを意味していた。いわばこの時期から、女性は直接的な国民統合の対象となっていくといえるだろう。その結果、女は単に家庭内役割だけではなく、職業への従事や「女の特性」の発揮を通した国家・社会への直接的な貢献をも要求されていった。そしてそのためにこそ女子教育の改善が必要だったのであり、高等教育の実施による女性の知的能力の向上はもちろんのこと、体力をつけ、気力を充実させるための体育教育の振興、科学思想を家事教育に導入することを通しての進取的態度の育成など、広範囲な女子教育の課題が俎上に載せられている。

このように良妻賢母思想は、近代社会における性別役割分業を支えるイデオロギーであるとともに、歴史的状況の変化に応じて、女性の欲求を吸収しながら、その内実を変化させていった思想であった。そしてその延長線上に現代の状況があるのではないだろうか。すなわち現代の日本では、既婚女性の半数以上が仕事をもっているにもかかわらず、性別役割規範は今なお規範力を保持し続けている。女たちは、家庭内役割と社会的労働との二重労働に携わり、子どもの教育や老人介護などの責任を一手に引き受けている感がある。それは、第一次大戦後の女子教育論が描いてみせた良妻賢母像と何と似通っていることであろうか。もちろんこの間に女を取りまく物理的状況や家族のあり方は大きく変化したが、良妻賢母思想はまだまだその思想的有効性を保っているのである。

これまでの研究においては、良妻賢母思想を特殊な戦前日本の女性規範・女性観として把握し、国体観念や家族国家観、あるいは儒教との関連で考察してきた結果、良妻賢母思想は「保守的」「反動的」な思想であるととらえられてきた。それゆえ良妻賢母思想は、女性解放思想あるいは人格主義や教養主義と相反する関係、かたや女性を抑圧する体制思想であり、かたやその抑圧された状況から女性を解き放っていく思想であると考えられてきた。しかしながら、これまで詳述してきたことから考えると、両者は、決して真っ向から対立しあっている、全く相入れない思想とはいえないのであり、いわば複雑に絡み合う関係にあったのではないだろうか。そして、従来の研究が行ってきた総括では、良妻賢母思想の反動性や抑圧性を言挙げすることはできても、その本質を見誤ってしまうのではないだろうか。したがって問題は、両者がどのように関連しあっているのかを明らかにすることであろう。

そもそも良妻賢母思想とは、「男は仕事、女は家庭」という、生産領域と再生産領域との分離、ならびに男と女という性による各々の領域の分担、この二点を前提として成立した思想であった。そして良妻賢母思想においては、男女は単なる生物学的相違だけでなく、心理的にも生理的にもそしてもちろん役割上も全く異なる対極的存在とされる一方で、形式上は男女は対等な存在とみなされていた。しかしそれは幻想でしかなく、実質的には女は男に比べて第二次的存在であったことはすでに述べたとおりである。

このような思想的枠組みをもって、良妻賢母思想は明治三〇年前後に成立したが、それは当然、妻・母役割以外の生き方を求める女性にとっては桎梏となり、また女子向きの低レベルの教育や参政権などの権利の制限をも帰結することになった。それゆえ、「大正デモクラシー」のもとで「婦人問題」が社会問題化し、女性解放思想が登場してくることになる。さらには第一次大戦によって受けた衝撃も加わり、良妻賢母思想は新たな社会状況に合致すべく、再編を余儀なくされていった。そしてそれは、女性のもっている能力を社会に活用していく、欧米女性のような活動力を備えた積極的な女性を育成していく、という方向性での再編であった。このことは、女の側からすれば、家庭内役割を果たすべきものとしての閉塞した存在感に少し風穴をあけることであり、社会とのつながりを確認することでもあった。このような良妻賢母思想を、与謝野晶子や平塚らいてうの女性解放思想と対比してみるとき、両者は奇妙な仕方で密接に関連しているように思える。

すなわち良妻賢母思想は、一方では平塚のごとく、男女の相違を強調するとともに、母性を社会的に意味づけ、産める性としてのアイデンティティを保持させながら、男とは違った役割を直接的に社会の中で発揮させていこうとしていた。しかも他方では、与謝野のごとく、職業従事の考え方を取り入れていた。しかし良妻賢母思想においては、母性は精神的なものにとどまり、平塚のように、母親に経済的保障をすることなど全く考えられてはいなかったので、実質的に男女が対等な存在となることはできない。その意味で、ただ単に直接的に社会へ貢献しているという幻想を女性に与えるにとどまったといえるだろう。また職業への従事にしても、与謝野と異なり、良妻賢母思想では家事に支障のない範囲に限定されていた。したがって、良妻賢母思想においては、職業に従事することによって女性が経済的独立を達成することなど、そもそも論理的に不可能であった。

平塚にしろ、与謝野にしろ、彼女たちは女性の経済的独立を達成し、男女が平等となること、すなわち女が解放されることを願って、それぞれの立場から思想を形成していった。もちろん彼女たちの思想は、女性解放論としての理論的有効性を考えると、多くの問題を抱えている。たとえば与謝野の場合、女が男と同様に職業についた時に、家事・育児をどのように行っていくのかが十分に検討されているとは言い難く、結果的には女が二重労働を担うことになってしまう。また平塚が主張した母親に対する国家による経済保障は、ほとんど実現可能性のないものであった。しかし二人はともに、女の解放をめざして自らの思想を展開していったのである。

けれども良妻賢母思想にあっては、二人の主張と共通した点がありつつも、主観的意図においては大きく異なり、二人が切望した女の解放や経済的独立には一顧だに与えられていない。つまり良妻賢母思想は、当時の女たちが提起した課題を一部取り入れ、女たちの欲求や願望を一部吸収していったけれども、それは主観的にも、そしてまた客観的にも、第二次的存在としての女性のあり方を解消するわけではなかったのである。

このようにみてくれば、良妻賢母思想は、女性解放思想ではないが、改良思想であったといってもいいのかもしれない。というのも、一方では時代状況を先取りする形で新しい良妻賢母像が提出され、それは女たちの欲求や願望、あるいはエネルギーを一部魅きつけていく力をもっていた。しかし他方では、それと同時に、それは新たな統合の枠を女性にはめるものであり、男女は同等であるという幻想性がますます強められていくことになったからである。当時にあって、国家の側から、女性の現状が改良すべき対象として認識されたのは、紛れもない事実であり、改良の方策も様々に提案されていったが、それは女性にとってある種の「魅力」をもっていたのである。

しかし考えてみれば、良妻賢母思想と平塚の主張とは思想的枠組みが共通していたので、両者の間に関連性があっても当然である。が、全く思想的系譜を異にする与謝野の主張、しかも職業への従事という実現可能性の高い主張をも良妻賢母思想が一部取り入れていたことは、何を意味するだろうか。

このことは結局、女のもっている潜在的能力の開発とその把握が国家にとっていかに必要だったかを示しているのではないだろうか。ただ、この時期はその必要性が国家によって意識されはじめた時期であり、現実問題として女の力をいかにして活用していくかが課題になっていたわけではなかった。第一次大戦に学びつつ、先取り的に言説として登場している段階であったといえるだろう。

それに変化がみえはじめるのは、昭和五（一九三〇）年一二月の文部省訓令「家庭教育振興ニ関スル件」以降のことになる。そして、翌年九月の満州事変（柳条湖事件）の勃発にともなう準戦時体制への突入によって、女性政策は俄然、緊急性を帯びた課題として浮上してくるのである。では、そこではどのような政策が打ち出され、女たちはどのような形で新たな統合の網にからめとられていくのだろうか。また戦前・戦後社会を通して初めて専業主婦が女性の典型的な姿となった一九六〇年代、そして現代へと、現実の女たちの生き方はどのように移り変わっていったのだろうか。さらにその中で、良妻賢母思想はどのように修正されてきただろうか。これらの問題についてはまた別に論じることとしたい。

あとがき

今まで書いてきた論文をまとめてみないか、という誘いを受けてから、三年ほどの月日が流れてしまった。最初に良妻賢母思想に関する論文を発表したのが一九八一年のことであるから、それが一〇年目にして、やっと何とか形のあるものになり、ほっとしている。が、それと同時に、これだけしかやれなかったという自己反省やら、これがわたしの手を離れてどのように読まれていくのかといった不安やらが混じりあって、複雑な心境でもある。

本書を書きながらいつも頭の片隅にあったのは、女性史研究における二人の先達の言葉である。一つは、女性史研究の実証力や論理構成の弱さに対する鹿野政直さんの指摘。もう一つは、良妻賢母教育の評価について論争が行われたことがなく、それは女子教育史の未成熟さを示すものであるという、中嶌邦さんの指摘である。それゆえわたしは、二人が指摘するような女性史及び女子教育史研究の不十分性を、できるかぎり克服しようとしたつもりである。もしかしたら、その結果、筆が走り過ぎていたり、妙に肩に力が入ったりしているかもしれない。あるいは、堅苦しい印象を与えるかもしれない。しかしそれは、「良妻賢母」に対するもっと新しい視点や位置づけがあってもいいのではないか、しかも地に足のついた歴史叙述を行いたいという、わたしの思いからきている。そしてこのことが、より豊かな女性史の形成、それを通じた歴史総体の見直しへとつながっていくことを願っている。

ただ、本書を書いたことによって、逆にやり残したこともはっきりしてきた。一つは、良妻賢母思想と現実とがどのように関連していたのか、という問題である。つまり、高等女学校教育、あるいは親の娘に対する教育期待や現実の家庭での教育のあり方と、良妻賢母思想とはどのように相互に影響を与えあっていたのか、また女たちが思想としての「良妻賢母」をどう受け入れ、拒絶したのか、という問題がほとんど手つかずのまま残っているのである。序で述べたように、わたしは国民統合という問題を常に国家の側が一方向的に、強制的に行っていくものであるとは理解していないし、統合するものとされるものという図式が簡単に描けると思っているわけではない。しかし、本書ではまず、ものの順序として、どう統合しようとしたのかという国家の論理の解明に力を注いでいる。が、その結果、規範と現実とのせめぎあいの解明という宿題が残ってしまった。

もう一つは、「家」制度の存在をどう位置づけるかという大きな問題である。本書では、「家」制度についてほとんどふれていない。それは、「家」制度について言及しなくても、良妻賢母思想の思想構造は十分に解明できたからである。しかし、思想と現実との関わりを考えていけば、当然、良妻賢母として女たちが生きていた家族とはどのような家族だったのか、という疑問が生じてくる。その際には、民法上の「家」やイデオロギーとしての「家」制度とともに、現実の家族のありようまで考察の対象に含めた上での、家族ないし「家」制度の解明が必要となるだろう。戦前家族のキーワードを

「家」ではなく、「家庭」という近代家族イメージでとらえる見方も徐々に出てきているが、今一度、「家」制度とは何なのかを、考察する必要性を感じている。

さらにもう一点をつけ加えれば、これはわたし一人の手に余ることではあるが、改めて、比較女性史の必要性を痛感している。「良妻賢母」という期待される女性像一つをとってみても、日本が「近代化」を学んだ欧米諸国、あるいは日本に「近代化」を学んだ中国や朝鮮における女性像との比較検討が必要なことは、論をまたない。しかしこれまで、良妻賢母思想の解明に限らず、日本と諸外国との共通点や相違点の把握を志向した研究は、全くといっていいほどなされていない。もちろん困難な諸条件が横たわっていることは十分承知しているが、日本の女性史研究をより活性化するためにも、これは是非やらなければならないだろう。

なお、本書は、もともと次に掲げる論文から成り立っている。しかし今回、原形をとどめないくらいに書き直し、全体の三分の一ほどは新たに書き下ろした。参考のため、初出の論文名と掲載雑誌および書名をあげておきたい。

「高等女学校教育と良妻賢母観」『京都大学教育学部紀要』第二七号、一九八一年三月

「近代的女性観としての良妻賢母思想——下田次郎の女子教育思想にみる一典型」日本女性学研究会『女性学年報』第三号、一九八二年一一月

「与謝野晶子における女性解放思想——良妻賢母主義教育批判を中心に」日本女性学研究会『女性

学年報』第四号、一九八三年一一月
「第一次大戦後における良妻賢母観の再編——雑誌『婦人問題』を通して」日本教育史研究会『日本教育史研究』第五号、一九八六年七月
「良妻賢母主義の黎明——女子用往来本を通してみる賢母論の登場」日本女性学研究会『女性学年報』第七号、一九八六年一一月
「大正後期における良妻賢母主義思想の変容——高等女学校用修身教科書を通して」『本山幸彦教授退官記念論文集　日本教育史論叢』思文閣出版、一九八八年三月
「「家庭教育」の登場——公教育における「母」の発見」谷川稔ほか『規範としての文化』平凡社、一九九〇年三月

本書ができるまでには多くの方々にお世話になった。まず最初にお名前をあげたいのが、学生の時からの恩師である、本山幸彦先生であり、先生が担当された日本教育史ゼミに集った仲間たちや諸先輩である。わたしは本山ゼミの中で、批判的にものを見る目と実証への貪欲さとを学んだ。また日本女性学研究会、とりわけ近代女性史分科会の女たちや、近代社会史研究会の西洋史研究者たちとの出会いは、わたしの問題意識を明確化していく上で、随分刺激的であったし、広い視野からものを見ていくヒントを与えてくれた。特に、両方の研究会の仲間である荻野美穂さんには、忙しいなか、論文に目を通していただき、いろいろと貴重な意見や教示を賜った。本山先生をはじめ、これらの多くの

方々に、ここであらためて心からの感謝とお礼を申しあげたい。
そしてわたしの拙い話を聞いては、いろいろと疑問や意見を述べてくれた、京都、大阪、西宮で出会った多くの女たち、ありがとう。また最後になったが、なかなかできない原稿を粘り強く待っていただき、本書の誕生に際してお世話になった、勁草書房の町田民世子さんに感謝したい。元来、怠惰でのんびり屋のわたしは、町田さんの励ましと催促とがなかったならば、とても本書をまとめることはできなかっただろう。

一九九一年四月

小山　静子

人名索引

ア　行

カ　行

サ　行

タ　行

ナ　行

ハ　行

マ　行

ヤ　行

ラ　行

ワ　行

事項索引

ア　行

カ　行

サ　行

タ　行

ナ　行

ハ　行

ラ　行

文　献

1　検討した修身教科書

(1) 明治 34〜36 年

井上円了『中等女子修身書』5 巻、明治 34 年 8 月、訂正再版

文部省『高等女学校用修身教科書』4 巻、明治 35 年 4 月、訂正再版

——『高等女学校用修身教科書』上級用、明治 36 年 3 月、初版

(2) 明治 36〜44 年

井上哲次郎『女子修身教科書』4 巻、明治 37 年 2 月、訂正 3 版

井上円了『中等女子修身訓』4 巻、明治 39 年 2 月、訂正再版

加藤弘之・中島徳蔵『明治女大学』4 巻、明治 39 年 3 月、再版

吉田静致『高等女学校修身教科書』4 巻、明治 39 年 12 月、訂正再版

井上哲次郎『訂正女子修身教科書』4 巻、明治 40 年 1 月、訂正 5 版

加藤弘之・中島徳蔵『中等教科明治女大学』4 巻、明治 40 年 2 月、再版

文部省『高等女学校用修身教科書』4 巻、明治 40 年 4 月、初版

井上哲次郎『女子修身教科書』上級用、明治 40 年 12 月、再版

文部省『高等女学校用修身教科書』上級用、明治 42 年 4 月、初版

吉田静致『改版高等女学校修身教科書』4 巻、明治 42 年 12 月、改訂 4 版

三輪田真佐子『女子修身書』4 巻、明治 43 年 2 月、訂正再版

井上哲次郎『再訂女子修身教科書』4 巻、明治 43 年 10 月、訂正 6 版（申請本）

沢柳政太郎『女子修身訓』4 巻、明治 43 年 12 月、修正再版

(3) 明治 44 年〜大正 9 年

下田次郎『新定教科女子修身書』4 巻、明治 45 年 2 月、訂正再版

吉田静致『女子教育修身教科書』4 巻、明治 45 年 2 月、訂正再版

——『女子教育修身教科書』上級用、大正元年 11 月、初版

井上哲次郎『新編女子修身教科書』4巻、大正元年11月、初版
下田次郎『改訂女子修身書』4巻、大正元年12月、訂正4版
　――『新定女子修身書』上級用、大正2年1月、訂正再版
村上専精『女子修身啓蒙』4巻、大正2年1月、訂正
沢柳政太郎『修訂女子修身訓』4巻、大正2年1月、修正4版
　――『修訂女子修身訓』上級用、大正2年1月、修正再版
加藤弘之・中島徳蔵『中等教科大正女大学』4巻、大正2年1月、訂正4版
吉田静致『改修女子教育修身教科書』4巻、大正2年9月、訂正3版
井上哲次郎『新編女子修身教科書』上級用、大正2年12月、初版
文部省『高等女学校用修身教科書』4巻、大正3年3月、修正再版
下田次郎『改訂女子修身書』4巻、大正3年12月、訂正6版
吉田静致『女子修身書』4巻、大正3年12月、訂正再版
　――『女子修身書』上級用、大正3年12月、訂正再版
山本良吉『大正女子修身書』4巻、大正4年1月、訂正再版
嘉納治五郎・亘理章三郎『女子修身書』4巻、大正4年10月、初版
　――・――『女子修身書』上級用、大正4年10月、初版
山本良吉『大正女子修身書』上級用、大正5年1月、訂正再版
吉田静致『女学校用修身教科書』4巻、大正5年12月、訂正再版
　――『女学校用修身教科書』上級用、大正5年12月、訂正再版
下田次郎『新訂女子修身書』4巻、大正5年12月、訂正8版
井上哲次郎『新訂女子修身教科書』4巻、大正6年1月、訂正3版
沢柳政太郎『新訂女子修身訓』4巻、大正7年9月、修正5版
　――『新訂女子修身訓』上級用、大正7年9月、修正5版
吉田静致『女学校用修身教科書』4巻、大正7年10月、訂正3版
　――『女学校用修身教科書』上級用、大正7年10月、訂正3版
下田次郎『新訂女子修身書』4巻、大正7年11月、修正9版
山本良吉『訂正大正女子修身書』4巻、大正7年12月、訂正4版
　――『訂正大正女子修身書』上級用、大正7年12月、訂正5版

(4) 大正9年～昭和7年
井上哲次郎『最新女子修身教科書』4巻、大正10年11月、訂正3版（申請本）
下田次郎『女子新修身書』5巻、大正11年1月、訂正再版（巻4のみ

申請本）
吉田静致『女学校用修身教科書』5巻、大正11年1月、訂正5版
山本良吉『再訂大正女子修身書』4巻、大正12年1月、訂正6版
——『再訂大正女子修身書』上級用、大正12年1月、訂正6版
友枝高彦『女子修身』5巻、大正12年12月、訂正再版
沢柳政太郎『改訂女子修身訓』4巻、大正13年2月、修正7版
——『改訂女子修身訓』上級用、大正13年2月、修正7版
山本良吉『女子の教養』5巻、大正13年9月、初版（申請本）
湯原元一『新制女子修身教本』5巻、大正13年10月、修正3版（申請本）
槙山栄次・伊藤恵『女子修身教科書』5巻、大正13年12月、訂正再版
吉田静致『新訂女子修身教科書』4巻、大正13年12月、初版（申請本）
——『新訂女子修身教科書』上級用、大正14年1月、初版（申請本）
野田義夫『中等教育女子修身書』5巻、大正14年6月、初版（申請本）
下田次郎『女子新修身書』5巻、大正14年10月、修正3版（申請本）
井上哲次郎『井上女子修身教科書』5巻、大正14年10月、初版（申請本）
亘理章三郎『女子修身書』4巻、大正14年11月、初版（申請本）
深作安文『現代女子修身』5巻、大正15年10月、修正再版
友枝高彦『改訂女子修身』5巻、大正15年10月、訂正再版（申請本）
深作安文『現代女子修身』5巻、昭和2年1月、修正3版（申請本）
下田次郎『女子新修身書』5巻、昭和2年7月、修正5版（申請本）
大島正徳『女子修身』5巻、昭和2年9月、初版（申請本）
槙山栄次・伊藤恵『女子修身教科書』5巻、昭和2年10月、訂正3版（申請本）
湯原元一『新制女子修身教本』4巻、昭和2年10月、修正5版（申請本）
——『新制女子修身教本』5巻、昭和3年1月、訂正6版
服部宇之吉『女子新修身』4巻、昭和3年2月、訂正再版
——『女子新修身』上級用、昭和3年2月、訂正再版
野田義夫『新訂女子修身書』5巻、昭和4年1月、訂正再版
亘理章三郎『女子修身書』5巻、昭和4年10月、改訂（申請本）
小西重直『昭和女子修身訓』5巻、昭和6年1月、訂正再版

（なお、申請本と特に断わりのないものは検定合格本のことである。検定合格本と検定申請本の判別は、中村紀久二編『検定済教科用図書表』2〜5、芳文閣、1985〜1986年、によって行った。）

2　参考文献

阿部恒久「女性と米騒動」近代女性史研究会編『女たちの近代』柏書房、1978

会田京子・武井洋子「中等教育における「家族」に関する指導内容の研究――戦前の家事科教科書について」『東京学芸大学紀要　第6部門』38、1986

天野郁夫・浜名篤・吉田文・広田照幸「戦前期中等教育における教養と学歴――篠山高等女学校を事例として」『東京大学教育学部紀要』29、1989

天野正子「第一次大戦後における女子高等教育の社会的機能」日本教育社会学会『教育社会学研究』33、1978

――「戦前期・近代化と女子高等教育――性別役割「配分」の定着過程」天野正子編『女子高等教育の座標』垣内出版、1986

――「婚姻における女性の学歴と社会階層――戦前期日本の場合」前掲『教育社会学研究』42、1987

有地亨『近代日本の家庭観　明治篇』弘文堂、1977

Ariès, Philippe, *L'enfant et la vie familiale sous l'Ancien Régime*, Plon, Paris, 1960. 杉山光信・杉山恵美子訳『〈子供〉の誕生――アンシャン・レジーム期の子供と家族生活』みすず書房、1980

有賀夏紀『アメリカ・フェミニズムの社会史』勁草書房、1988

Badinter, Elisabeth, *L'amour en plus: histoire de l'amour maternel (XVIIe-XXe siècle)*, Flammarion, Paris, 1980. 鈴木晶訳『プラス・ラブ――母性本能という神話の終焉』サンリオ、1981

千本暁子「日本における性別役割分業の形成――家計調査をとおして」荻野美穂ほか『制度としての〈女〉』平凡社、1990

千野陽一『近代日本婦人教育史――体制内婦人団体の形成過程を中心に』ドメス出版、1979

Delamont, Sara, "The domestic ideology and women's education", in Delamont & Duffin (eds), *The Nineteenth Century Woman: her Cultural and Physical World*, Croom Helm, London, 1978.

Dyhouse, Carol, "Social Darwinistic ideas and the development of women's education in England, 1880—1920", *History of Educa-*

tion, 5–1, 1976.
——"Good wives and little mothers: social anxieties and the schoolgirl's curriculum, 1890—1920", *Oxford Review of Education*, 3–1, 1977.
遠藤明子「臨時教育会議と女子教育」日本女子大学女子教育研究所編『大正の女子教育』国土社、1975
Frevert, Ute, *Frauen-Geschichte Zwischen Bürgerlicher Verbesserung und Neuer Weiblichkeit*, Suhrkamp Verlag, Frankfurt, 1986. 若尾祐司ほか訳『ドイツ女性の社会史——200年の歩み』晃洋書房、1990
藤目ゆき「戦間期日本の産児調節運動とその思想」歴史科学協議会『歴史評論』430、1986.2
深谷昌志『良妻賢母主義の教育』黎明書房、1966
——「女子中等教育制度の形成」国立教育研究所編『日本近代教育百年史4 学校教育(2)』1974
——「女子中等教育の変貌」『同5 学校教育(3)』1974
——「日本女子教育史」『世界教育史大系34 女子教育史』講談社、1977
船橋邦子「『婦女新聞』と福島四郎」『婦人問題懇話会会報』38、1983.6
船津勝雄「『女大学』の成立と普及」大阪市立大学文学部『人文研究』20–9、1968
芳賀登『良妻賢母論』雄山閣出版、1990
花井信『近代日本地域教育の展開——学校と民衆の地域史』梓出版社、1986
半田たつ子「大正期の家庭科教育」前掲書『大正の女子教育』
原聡介「教育思想史における母の時代——研究課題設定の試み」『山梨英和短期大学紀要』23、1989.12
長谷川権一「民権運動家と地域啓蒙——土居光華の思想と行動」鹿野政直・高木俊輔編『維新変革における在村的諸潮流』三一書房、1972
橋本紀子「戦前日本の女子の高等教育要求と制度構想——男女別学か共学かをめぐって」日本教育学会『教育学研究』43–3、1976.9
蓮池義治「近代教育史よりみた女学生の服装の変遷(3)」『神戸学院女子短期大学紀要』15、1982
樋口恵子「賢母と良妻——良妻賢母主義の女性論」田中寿美子編『近代日

本の女性像——明日を生きるために』社会思想社、1968
姫岡とし子「労働者家族の近代——世紀転換期のドイツ」前掲書『制度としての〈女〉』
平塚益徳編『人物を中心とした女子教育史』帝国地方行政学会、1965
広嶋清志「現代日本人口政策史小論——人口資質概念をめぐって（1916〜1930年）」厚生省人口問題研究所『人口問題研究』154、1980.4
ひろたまさき「福沢諭吉の婦人論にふれて——近代日本女性史研究の若干の問題点」岡山大学法文学部『学術紀要』39、1979.1
——「文明開化と女性解放論」女性史総合研究会編『日本女性史　第4巻　近代』東京大学出版会、1982
——「ライフサイクルの諸類型」女性史総合研究会編『日本女性生活史　第4巻　近代』東京大学出版会、1990
久木幸男「良妻賢母論争」『日本教育論争史録　第一巻　近代編（上）』第一法規出版、1980
堀場清子『青鞜の時代——平塚らいてうと新しい女たち』岩波新書、1988
堀内守「女子教育」海後宗臣編『井上毅の教育政策』東京大学出版会、1968
井手文子『平塚らいてう——近代と神秘』新潮社、1987
井野瀬久美恵「家族、それは「大英帝国」の絆——女性をめぐる世紀転換期の議論を中心に」比較法制研究所『ユスティティア』2、ミネルヴァ書房、1991
井上章一『美人論』リブロポート、1991
伊勢田耀子「諮問第六号　女子教育ニ関スル件」海後宗臣編『臨時教育会議の研究』東京大学出版会、1960
石田雄『明治政治思想史研究』未来社、1954
——「「家」および家庭の政治的機能——「政治的社会化」の視点からみた連続性と変化」福島正夫編『家族　政策と法 1』東京大学出版会、1975
石川謙『学校の発達』岩崎書店、1951
石川松太郎「解説・解題」『日本教科書大系　往来編　第15巻　女子用』講談社、1973
——「解説」『女大学集』平凡社東洋文庫、1977
石塚正英「良妻賢母主義の解明によせて」家族史研究会『女性史研究』25、1990.12

伊藤幹治『家族国家観の人類学』ミネルヴァ書房、1982
伊東壮「不況と好況のあいだ」南博編・社会心理研究所『大正文化』勁草書房、1965
岩下清子「第一次大戦後における「職業婦人」の形成」日本社会学会『社会学評論』19-4、1969.3
籠谷次郎「大正期女子高等教育機関への進学について」大阪歴史学会『ヒストリア』60、1972
筧久美子「江戸初期三儒者の女訓思想にみる母と女——藤原惺窩、山崎闇斎、熊沢蕃山の場合」脇田晴子編『母性を問う　歴史的変遷（下）』人文書院、1985
上沼八郎『近代日本女子体育史序説』私家版、1967
金子幸子「大正期における西洋女性解放論受容の方法——エレン・ケイ『恋愛と結婚』を手がかりに」国際基督教大学『社会科学ジャーナル』24-1、1985.10
兼重宗和「明治中期の女子教育について——とくに井上毅を中心として」『徳山大学論叢』13、1979
鹿野政直「解説」『近代日本思想大系 34　大正思想集Ⅱ』筑摩書房、1977
——『戦前・「家」の思想』創文社、1983
——『歴史のなかの個性たち——日本の近代を裂く』有斐閣、1989
唐沢富太郎『女子学生の歴史』木耳社、1979
片野真佐子「良妻賢母主義の源流」前掲書『女たちの近代』
片山清一『近代日本の女子教育』建帛社、1984
加藤幸子「土居光華及び彼の『近世女大学』に関する一考察」日本女子大学教育学会『人間研究』9、1973
河辺宏「戦前における中等教育の普及と出生力との関係」前掲『人口問題研究』158、1981.4
川越修・姫岡とし子・原田一美・若原憲和編『近代を生きる女たち——一九世紀ドイツ社会史を読む』未来社、1990
河原美耶子「啓蒙思想家の女子教育観」『日本大学人文科学研究所研究紀要』19、1977
河村貞枝「ヴィクトリア後期及びエドワード期の家族史の一考察——中流家庭の女子教育をめぐって」『富山大学人文学部紀要』15、1989
木村涼子「婦人雑誌にみる新しい女性像の登場とその変容——大正デモクラシーから敗戦まで」前掲『教育学研究』56-4、1989.12

木下比呂美「日本人の母性観について――江戸から明治初期まで」『林学園女子短期大学紀要』9、1980
――「明治後期における育児天職論の形成過程」『江南女子短期大学紀要』11、1982
――「明治期における育児天職論と女子教育」前掲『教育学研究』49-3、1982.9
――「近代的婦人・家庭論の展開――堺利彦を中心として」前掲『歴史評論』446、1987.6
北本正章「農村共同体の子どもから産業都市社会の子どもへ」宮沢康人編『世界子どもの歴史6　産業革命期』第一法規出版、1985
――「近代小児医学と保育の社会史――イギリス近代を中心として」小林登ほか編『新しい子ども学　第2巻（育てる）』海鳴社、1986
Klein, Viola, *The Feminine Character, History of an Ideology*, London, 1946. 水田珠枝訳『女とは何か――イデオロギーの歴史』新泉社、1982
小林輝行『近代日本の家庭と教育』杉山書店、1982
小林嘉宏「大正期における社会教育政策の新展開――生活改善運動を中心に」『講座　日本教育史3　近代Ⅱ／近代Ⅲ』第一法規出版、1984
小路田泰直「大正・昭和期の生活難と女性問題」『京都橘女子大学研究紀要』15、1988
近藤弘「明治中期の家庭教育論――家庭雑誌の分析を通じて」『立教大学教育学科研究年報』21、1977
小柴昌子『高等女学校史序説』銀河書房、1988
高等女学校研究会編『高等女学校の研究――制度的沿革と設立過程』大空社、1994
香内信子「解題」『資料　母性保護論争』ドメス出版、1984
小山静子「高等女学校教育」本山幸彦編『京都府会と教育政策』日本図書センター、1990
小山常実『天皇機関説と国民教育』アカデミア出版会、1989
窪田祥宏「良妻賢母教育思想の形成とその役割」『日本大学人文科学研究所研究紀要』20、1978
桑原三二『高等女学校の成立――高等女学校小史・明治編』高山本店、1982
前田愛『近代読者の成立』有精堂、1973

前田詇子「近世における女性観」『立命館文学』226、1964.4
丸岡秀子『婦人思想形成史ノート（上）』ドメス出版、1975
松本三之介「家族国家観の構造と特質」『講座　家族８　家族観の系譜』弘文堂、1974
三井須美子「福沢諭吉の近代家族道徳論」『都留文科大学研究紀要』28、1988.3
——「〈婦女新聞〉と福沢諭吉の婦人論」『同』30、1989.3
——「家族国家観の形成過程——福島四郎編集の〈婦女新聞〉にみる」『同』31、1989.10
光田京子「近代的母性観の受容と変形——「教育する母親」から「良妻賢母」へ」前掲書『母性を問う　歴史的変遷（下）』
宮坂広作「天皇制教育体制の確立と社会教育」碓井正久編『講座　現代社会教育２　日本社会教育発達史』亜紀書房、1980
宮下美智子「近世「家」における母親像——農村における母の実態と女訓書の中の母」前掲書『母性を問う　歴史的変遷（下）』
水野真知子「全国高等女学校長会議議案一覧」『東洋大学文学部紀要　教育学科・教職課程編』13、1987
——「旧制東洋大学における女子学生——学籍簿の検討を通して」『東洋大学史紀要』6、1988.3
望月彰「女学校における服装の変化と体育——新潟県に関連して」『新潟大学教養部研究紀要』7、1977
森田尚人「アメリカにおける家族の構造変化と子ども観・女性観の転回」村田泰彦編『生活課題と教育』光生館、1984
森田伸子『子どもの時代——『エミール』のパラドックス』新曜社、1986
村上信彦「婦人問題と婦人解放運動」『岩波講座　日本歴史　18』岩波書店、1975
——『日本の婦人問題』岩波新書、1978
——『大正女性史　上巻（市民生活）』理論社、1982
——『大正期の職業婦人』ドメス出版、1983
村上直「近世・増上寺領における『女学校発起之趣意書』について」『法政史学』30、1978
村田鈴子『わが国女子高等教育成立過程の研究』風間書房、1980
牟田和恵「「近代家族」概念と日本近代の家族像」『佐賀大学教養部研究紀要』20、1988

——「明治期総合雑誌にみる家族像——「家庭」の登場とそのパラドックス」前掲『社会学評論』41-1、1990.6
——「日本近代化と家族——明治期「家族国家観」再考」筒井清忠編『「近代日本」の歴史社会学——心理と構造』木鐸社、1990
永原和子「平民主義の婦人論——『国民之友』と『家庭雑誌』における」前掲『歴史評論』311、1976.3
——「良妻賢母主義教育における「家」と職業」前掲書『日本女性史 第4巻 近代』
——「女性統合と母性——国家が期待する母親像」前掲書『母性を問う 歴史的変遷（下）』
永井多恵子「大阪毎日新聞にみる良妻賢母思想」大阪市教育委員会への内地留学報告書、1990
中江和恵「福沢諭吉の家族論——国内社会の秩序形成と家族道徳との関係」東京都立大学『人文学報』121、1977.3
中泉哲俊『日本近世教育思想の研究』吉川弘文館、1966
中嶌邦「明治二十年代の生活論——「家庭雑誌」・「家庭叢書」を中心として」日本女子大学史学研究会『史艸』10、1969
——「大正期における「生活改善運動」」『同』15、1974
——「大正期の女子教育」前掲書『大正の女子教育』
——「大正期の生活論」『明治国家の展開と民衆生活 和歌森太郎先生還暦記念論文集』弘文堂、1975
——「幕藩期女子教育論小考——良妻賢母主義教育の起点」前掲『史艸』19、1978
——「母性論の系譜」『歴史公論』49、雄山閣出版、1979.12
——「明治前期の賢母論」『日本文化史研究 芳賀幸四郎先生古稀記念論文集』笠間書院、1980
——「日本教育史における女性」女性学研究会編『女性学をつくる』勁草書房、1981
——「女子教育の体制化——良妻賢母主義教育の成立とその評価」前掲書『講座 日本教育史3 近代Ⅱ／近代Ⅲ』
中村弓子「セーブル女子高等師範学校の百年」お茶の水女子大学『女性文化資料館報』4、1983
中内敏夫『新しい教育史——制度史から社会史への試み』新評論、1987
——「家族と家族のおこなう教育——日本・17世紀〜20世紀」『一橋論

叢』97-4、1987.4
西久栄「富国強兵時代の女子体育——女子体育観の変遷史」『東京家政学院大学紀要』7、1967.12
西川祐子「住まいの変遷と「家庭」の成立」前掲書『日本女性生活史　第4巻　近代』
——「近代国家と家族モデル」前掲『ユスティティア』2、ミネルヴァ書房、1991
西村絢子「大正期高等女子学校用修身教科書にあらわれた「在るべき女性像」の変容について」お茶の水女子大学人間発達研究会『人間発達研究』8、1983.6
——・福田須美子「高等女学校生徒の服装の変遷についての一考察」教育史学会『日本の教育史学』32、1989
野口伐名「井上毅の教育思想——井上文相の女子教育について」『米沢女子短期大学紀要』3、1968.12
Oakley, Ann, *Women's Work: the Housewife Past and Present*, New York, 1974. 岡島茅花訳『主婦の誕生』三省堂、1986
大林正昭・湯川嘉津美「近代日本西洋教育情報の研究（4）——幕末・明治初期における西洋女子教育情報の受容」『広島大学教育学部紀要』第1部』35、1986.12
落合恵美子「〈近代家族〉の誕生と終焉——歴史社会学の眼」『現代思想』13-6、青土社、1985.6
——『近代家族とフェミニズム』勁草書房、1989
尾形裕康『学制成立史の研究』校倉書房、1973
尾形利雄「寺子屋教科書における夫婦道徳について」『上智大学教育学論集』16、1981
——「寺子屋教科書におけるヨメのあり方について」『同』、18、1983
小木新造・熊倉功夫・上野千鶴子『近代日本思想大系23　風俗　性』岩波書店、1990
荻野美穂「『婦女新聞』と福島四郎の思想」奈良女子大学大学院文学研究科修士論文、1985
——「フェミニズムと生物学——ヴィクトリア時代の性差論」奈良女子大学『人間文化研究科年報』4、1989
——「女の解剖学——近代的身体の成立」前掲書『制度としての〈女〉』
岡満男『婦人雑誌ジャーナリズム——女性解放の歴史とともに』現代ジャ

ーナリズム出版会、1981
——『この百年の女たち——ジャーナリズム女性史』新潮社、1983
岡本一彦「日本性問題研究史 7　大正編〈その 4〉 大衆の学としての性科学の展開」日本性教育協会『現代性教育研究』1983.4
大木基子「与謝野晶子のデモクラシー論（上）」高知短期大学『社会科学論集』41、1981
——「与謝野晶子と大正ジャーナリズム」田中浩編『近代日本におけるジャーナリズムの政治的機能』御茶の水書房、1982
小野一成「エリート・サラリーマンとその家庭——佐々木邦の小説を通してみた」『服装文化』165、文化出版局、1980.1
大柴衞『アメリカの女子教育——実力派女性のバックグラウンド』有斐閣、1982
太田素子「賢母主義・家族主義と幼稚園論争——20 世紀初めにおける集団保育と家庭教育」『保育の研究』3、保育研究所、1982
太田典礼『日本産児調節百年史』人間の科学社、1976
Rabaut, Jean, *Histoire des Féminismes Français*, Stock, Paris, 1978. 加藤康子訳『フェミニズムの歴史』新評論、1987
佐伯正一「イギリス女性教育史——19 世紀中産階級女性の教育」関西外国語大学『研究論集』47、1988.1
斎藤醇吉「江戸時代の家庭教育——女子の躾について」『日本私学教育研究所紀要』21-1、1986.3
——「江戸時代の家庭教育（II）——出産と胎教」『同』22-1、1986.12
斎藤祥子「女子校服の洋服化——大正時代（1912 年-1926 年）」『北海道教育大学紀要　第 2 部 C　家庭・養護・体育編』35-2、1985.3
阪上孝「王権と家族の秩序——近代化と家族」『思想』701、岩波書店、1983.8
坂本智恵子「臨時教育会議以後の女子教育論・家事科教育論について」『別府大学研究報告』1、1971.7
桜井哲夫『家族のミトロジー』新曜社、1986
札幌市教育委員会文化資料室編『女学校物語』北海道新聞社、1985
バーバラ・ハミル・佐藤「女性——モダニズムと権利意識」南博＋社会心理研究所編『昭和文化』勁草書房、1987
沢山美果子「近代日本における「母性」の強調とその意味」人間文化研究会編『女性と文化——社会・母性・歴史』白馬出版、1979

——　「なぜ、母性が問われるのか」『家庭科教育』54-9、家政教育社、1980.9
——　「平塚らいてうにおける母の権利と子どもの権利の統一の思想をめぐって」人間文化研究会編『女性と文化Ⅱ——新しい視点から考える』JCA 出版、1981
——　「近代家族の成立と母子関係——第一次世界大戦前後の新中間層」人間文化研究会編『女性と文化Ⅲ——家・家族・家庭』JCA 出版、1984
——　「近代的母親像の形成についての一考察——一八九〇〜一九〇〇年代における育児論の展開」前掲『歴史評論』443、1987.3
——　「母子関係史からみた母性」『順正短期大学研究紀要』16、1988
——　「子育てにおける男と女」前掲書『日本女性生活史　第 4 巻　近代』
——　「教育家族の成立」『〈教育〉——誕生と終焉』藤原書店、1990
瀬地山角・木原葉子「東アジアにおける良妻賢母主義——近代社会のプロジェクトとして」中国社会文化学会『中国——社会と文化』4、1989.6
関民子『江戸後期の女性たち』亜紀書房、1980
千住克巳「明治期女子教育の諸問題——官公立を中心として」日本女子大学女子教育研究所編『明治の女子教育』国土社、1967
渋川久子「女訓書と女子教育——近世女子教育への一考察」『お茶の水女子大学人文科学紀要』14、1961
志賀匡『日本女子教育史』琵琶書房、1977
志村鏡一郎「欧米女子教育史」前掲書『世界教育史大系 34　女子教育史』
白石玲子「一九二〇〜一九三〇年代日本における婦人関係立法についての一考察——婦人の政治的権利容認の立法意図をめぐって」『阪大法学』110、1979.3
Shorter, Edward, *The Making of the Modern Family*, Basic Books, New York. 1975. 田中俊宏ほか訳『近代家族の形成』昭和堂、1987
Simmel, Georg, *Philosophische Kultur: gesammelte Essais*, Klinkhardt, Leipzig, 1911. 円子修平・大久保健治訳『ジンメル著作集　7　文化の哲学』白水社、1976
副田あけみ「「母子一体」の歴史的変遷過程——大正・昭和時代の母親観、子ども観を探る」東京都立大学『人文学報』159、1983.3
染谷ひろみ「『婦人公論』の思想——形成期における」前掲書『女たちの

近代』
栖原弥生「女子リセの創設と「女性の権利」」谷川稔ほか『規範としての文化』平凡社、1990
鈴木正節「大正デモクラシーの群像（11）与謝野晶子」『歴史公論』83、雄山閣出版、1982.10
鈴木裕子『女性史を拓く1　母と女――平塚らいてうと市川房枝を軸に』未来社、1989
鈴木善次『日本の優生学――その思想と運動の軌跡』三共出版、1983
舘かおる「東京女子高等師範学校の大学昇格運動――戦前日本の女子大学構想」『お茶の水女子大学人文科学紀要』31、1978.3
――「良妻賢母」女性学研究会編『女のイメージ』勁草書房、1984
――「日本のフェミニズム理論――平塚らいてうにおける「母性」とフェミニズムを中心に」女性学研究会編『女の目で見る』勁草書房、1987
高木雅史「「大正デモクラシー」期における「優生論」の展開と教育――教育雑誌の内容分析の視角から」『名古屋大学教育学部紀要』36、1989
高橋次義「早稲田大学における女子入学許可の経緯――大正八年から昭和二十年に至るまで」『早稲田大学史記要』8、1975.3
――「大正・昭和初期における女子の高等教育に関する歴史的考察――女子の高等教育機関における女子大学設立計画」『関東教育学会紀要』4、1977
――「大正・昭和初期における女子高等教育史研究――高等女学校高等科の女子高等学校化をめぐって」『日本教育史の論究　仲新先生古稀記念論文集』1983
――「高等女学校高等科・専攻科に関する一考察――実態及び問題点を中心として」国士館大学教育学会『教育学論叢』4、1986.12
――「旧制大学における女子入学に関する一研究――入学資格の分析を中心として」国士館大学文学部『人文学会紀要』20、1988.1
――「昭和初期「学制改革諸案」の女子高等教育制度構想に関する基礎的研究」『アジアの教育と文化　多賀秋五郎博士喜寿記念論文集』巌南堂、1989
高群逸枝『女性の歴史　下巻（解放のあけぼの）』1958（講談社文庫、1972）

寺出浩司「大正期における職員層生活の展開」日本生活学会編『生活学』第七冊、ドメス出版、1982
寺崎弘昭「子育ての知恵と母親」前掲書『世界子どもの歴史6　産業革命期』
戸田貞三『家族構成』1937（復刻版、新泉社、1982）
鳥光美緒子「近代教育学の中の母性——ペスタロッチーにおける母・子ども・家族」小林登ほか編『新しい子ども学　第3巻（子どもとは）』海鳴社、1986
常見育男『家庭科教育史』光生館、1959
角山栄「家庭と消費生活」角山栄・川北稔編『路地裏の大英帝国』平凡社、1982
梅村佳代「高等女学校令成立の思想的基盤」『暁学園短期大学紀要』8、1975
碓井知鶴子「大正期の女子教育世論（1）——『婦女新聞』を中心に」『東海学園女子短期大学紀要』9、1974.6
——「近代的女子教育思想の出発」高橋春子編『女性の自立と家政学』法律文化社、1981
山本千恵「『みだれ髪』から『一隅より』へ——与謝野晶子の女性論」前掲書『女たちの近代』
——『山の動く日きたる——評伝与謝野晶子』大月書店、1986
山本礼子「解説」高等女学校研究会編『高等女学校資料集成　第10巻（修身教科書編）』大空社、1989
——・福田須美子「高等女学校の研究——一九二〇年代の教育実態をめぐって」『和洋女子大学紀要（文系編）』26、1986
——・——「高等女学校の研究（第二報）——高女卒業生のアンケート調査から」『同』27、1987
——・——「高等女学校の研究（第三報）——高等女学校長会議を中心に」『同』28、1988
安川寿之輔「福沢諭吉の女性論と女子教育論」安川寿之輔・安川悦子『民主主義と差別のダイナミズム——女性差別の社会思想史』明石書店、1987
横山浩司『子育ての社会史』勁草書房、1986
米田佐代子「平塚らいてうの国家観——国家と女性についての一考察」歴史学研究会『歴史学研究』542、1985.6

吉田昇「明治の家庭教育」『帝国教育』773、1943.3（『吉田昇著作集3 女性・子ども・学校』三省堂、1981）
——「明治以降における女子教育論の変遷」『野間教育研究所紀要』1、1947.10（『同』）
——「自伝による家庭教育の研究」『同』、10、1953.12（『同』）
（無署名）「子育てと子育ての書」山住正己・中江和恵編注『子育ての書1』平凡社東洋文庫、1976

著者略歴

1953 年　熊本市生まれ
1982 年　京都大学大学院教育学研究科博士後期課程認定退学
現　在　京都大学名誉教授
著　書　『家庭の生成と女性の国民化』（勁草書房、1999 年）
『戦後教育のジェンダー秩序』（勁草書房、2009 年）
『子どもと教育――近代家族というアリーナ』（共編著、日本経済評論社、2018 年）
『下田歌子と近代日本』（共著、勁草書房、2021 年）
『男女共学の成立』（共編著、六花出版、2021 年）

良妻賢母という規範　新装改訂版

1991 年 10 月 15 日　第 1 版第 1 刷発行
2022 年 6 月 20 日　新装改訂版第 1 刷発行

著者　小《こ》山《やま》静《しず》子《こ》

発行者　井村寿人

発行所　株式会社　勁《けい》草《そう》書房

112-0005 東京都文京区水道 2-1-1 振替 00150-2-175253
（編集）電話 03-3815-5277／FAX 03-3814-6968
（営業）電話 03-3814-6861／FAX 03-3814-6854
理想社・松岳社

ISBN978-4-326-65435-2　Printed in Japan

＊落丁本・乱丁本はお取替いたします。
ご感想・お問い合わせは小社ホームページから
お願いいたします。

https://www.keisoshobo.co.jp